中小学教师专业发展课程丛书

职业成长：就这样起步

——职业适应期教师校本研修课程指南与案例

南京市中小学教师专业发展课程丛书编委会

主　任　吴晓茅

副主任　张　生　陈舒泛

委　员　吴晓茅　张　生　陈舒泛　王　卫　杨　昭　孟　宇　谷　力　黄宁生　肖林元　严必友

执行主编　王　卫

本册主编　杨　昭

副主编　张　弛

编写人员　杨　昭　张　弛　项　平　应美华　李　洵　程莉君

江蘇鳳凰教育出版社
Phoenix Education Publishing, Ltd

图书在版编目（CIP）数据

职业成长：就这样起步：职业适应期教师校本研修课程指南与案例 /杨昭主编．—南京：江苏凤凰教育出版社，2015．8（2023．6重印）

ISBN 978－7－5499－5373－8

Ⅰ．①职… Ⅱ．①杨… Ⅲ．①师资培养—研究 Ⅳ．①G451．2

中国版本图书馆CIP数据核字（2015）第200178号

书　　名	职业成长：就这样起步
本册主编	杨　昭
责任编辑	吴文昊
装帧设计	王　怡
出版发行	江苏凤凰教育出版社（南京市湖南路1号A楼 邮编210009）
苏教网址	http://www.1088.com.cn
照　　排	南京前锦排版服务有限公司
印　　刷	扬州市文丰印刷制品有限公司（电话 0514-84225777）
厂　　址	扬州北郊天山镇兴华路25号（邮编225653）
开　　本	787毫米×1092毫米　1/16
印　　张	20
版　　次	2015年8月第1版
印　　次	2023年6月第8次印刷
书　　号	ISBN 978－7－5499－5373－8
定　　价	55.00元
网店地址	http://jsfhjycbs.tmall.com
公 众 号	苏教服务（微信号：jsfhjyfw）
邮购电话	025-85406265，025-85400774，短信 02585420909
盗版举报	025-83658579

说在前面的话

吴晓茅

我教书二十多年。在二十多年的教书生涯中,既在农村学校教过书,也在城里学校教过书;既在普通学校教过书,也在省重点中学教过书;既当过普通教师,也当过教研组长、教务主任、校长……回顾自己的职业成长经历和身边教师的专业发展路径,我有一种强烈的感受:虽然我们有各级的教师培训机构,有丰富的培训资源,有多样的培训方式,但实际上教师的专业成长,往往更多的还是依赖于老教师有针对性的点拨,和教师自身的悟性与自我的探索。

多年来,我一直在思考一个问题,为什么我们在教师继续教育方面投入了很多的人力与物力,培训者与受训者都花费了大量的时间与精力,效果却不尽如人意?究其原因,其中很重要的一点是我们极少考虑教师个体内在发展的需求,培训内容缺乏针对性,客观上造成了培训的“目标一致,内容一律”。譬如,初入职教师和骨干教师都接受同样内容的“如何开展教学研究”的培训,但听课感受却大相径庭:初入职教师如同听天书一般,但已经独领教坛风骚的教师却觉得内容很浅,“你有什么资源我就听什么,但我需要什么资源,你却无法提供”。我们的培训就是这样很少做到菜单式的、定向的、有具体层级的培养,受训教师只是被动接受知识。

就教师的职业成长历程而言,其专业发展有着不同的阶段,不同阶段教师的专业知识与实践能力有别,需求各异。从职业技能角度看,不同发展阶段的教师其具备的职业技能高低不同。初入职的教师工作时间不长,从教经验不足,仍在不断地熟悉职业,教学尚在与学生磨合之中,职业技能不高;已经站稳讲台的教师,掌握了课堂教学的基本技术,已能较熟练处理日常教育问题,教学日臻成熟,职业技能不断提升;已经形成教学风格的教师,经过长期教育教学实践的磨砺,对于教师职业已经有了自己的独到的认识与较深刻的理解,教育教学工作得心应手、游刃有余,职业技能较高。从职业目标角度看，不同发展阶段的教师职业目标的追求不同。初入职的教师的职业目标是站稳讲台；已经站稳讲台的教师的职业目标是尝试总结经验，形成教学风格；已经形成教学风格的教师的职业目标是引领、帮助他人成长。从职业行为的角度看，不同发展阶段的教师虽从事同一教学活动，但隐藏在相同行为背后的指导思想不同。比如，同样是听课，初入职教师听课，主要考虑的问题是如何模仿他人的教学行为，以解决自己教学中的实际问题；已经站稳讲台的教师听课，主要是揣摩别人上课有何风格，能有助于形成自己的风格；已经形成教学风格的骨干教师听课，侧重在这节课有哪些环节还需要调整，有哪些地方还需要点拨。这方面，我有切身的感受，工作初期我听课，主要是看别人怎么上课；到了做教研组长时的听课，主要目的是与上课的教师探讨如何上出好课。虽然都是听课，教师在不同的专业发展阶段，有着不同的要求，我们不能对所有人的听课都统一标准。如果我们把“怎么听课”当作一个体系来认识的话，它有着不同的阶段性要求。以此类推，“如何上课”、“如何命制试卷”、“如何做课题研究”、“如何写论文”等等，都是一个循序渐进的过程。

由此，我联想到了我们面对的学生教学工作。我们的学生年龄不同，特征不一，区别较大，我们是采用课程的方式实施教育，以满足不同阶段学生的不同需求。例如，小学一年级开始教数学，中学六年也教数学，到了大学一些系科还要上高等数学，虽然都是数学课，但课程的目标体系、结构体系、难度体系以及教学方法等都有变化，每个年级的课程都有其不同层次的目标与要求。我们正是用课程目标将教育目标明确化、具体化、可操作化，由此实现了国家所需人才的培养。一个国家在教育中呈现自己的国家意志，最有效的手段就是课程设置。国家厘定课程的目标，课程的载体为教材，实施课程的活动为教学，考核课程效果的评价为考试，最终将国家意志落实到受教育者的身上。触类旁通，我们也可利用课程设置的方式开展教师继续教育培训工作。虽然教育对象不同，但道理是相通的。

我们可以开发地方性的教师继续教育课程，构建完整的课程体系。遵循教师专业发展的规律，根据教师职业发展各个阶段的特点，设计出不同时期教师专业成长的目标，并通过具体的教材来呈现，通过多样化的教学方法来实施，最终促进教师教育教学水平循序渐进地提高。在课程的设计中，为满足教师不同阶段发展的层次性需求，我们还要注重教师继续教育课程体系的阶段性与连续性，关注教师职业发展不同阶段的差异性和承接性。同样的教育教学活动，针对教师不同的发展阶段设定不同的目标，呈现不同的内容，以环环相扣的方式，形成递进的课程结构，促进处于不同专业发展阶段的教师都能在原有基础上得到提升。

于是，我产生了一个想法，甚至因此而有了一个冲动——创新教师培训的方式与手段，构建教师继续教育的课程体系，促进教师的专业成长。其实，这个想法由来已久。我在做教研组长时就有了相关的思索，后来做了校长，这个想法更强烈。但因资源有限，单凭一组之力、一校之力根本不可能做成此项工作。到了教育局局长这个岗位后，我可以实现这个价值追求了。所以，就找了一批志同道合的教育管理者、教学专家和教育理论研究者，聚集起来做这件事情。我们计划花几年的时间，构建一个完整的课程体系，用于教师不同专业发展阶段的教育，帮助教师掌握不同阶段应知应会的通识性的教育实践知识与教学技能。

我们两年多努力的结果就是大家现在看到的这套丛书。编制时，我们没有向教师提供一堆应然性的理论，而是以很多真实、鲜明、生动的来自实践中的案例，来阐述教育教学的理念，引领教师与文本展开平等对话，反思日常教学中的难题，我们希望通过这种方式，能让教师获得些许启发与灵感。当然，对丛书我们自己也有清醒的认识，毕竟是首次尝试，带着很多经验的性质、地域的特点和教师个人教学风格的色彩，因而它还有很大的局限性，需要在使用过程中不断完善。在此，恳请使用教材的朋友们，能毫无保留提出自己的批评与意见，以便我们进一步丰富与改进教材。

同时，有了教材，有没有好的施教的教师，有没有更丰富的教学手段，这些也是影响教材发挥作用的重要因素。我们教学生时，有“备学生”的环节；同样，培训教师这个特殊的学习者群体时，也需要有“备受训者”的环节。从某种意义上讲，这个环节成功与否，决定了培训工作的成功与否，所以对培训者提出“备学生”的要求也是很重要的。

此外，考虑到教师的成长，必依托于所在学校的发展，我们还要引导教师传承学校的传统文化，思考学校的实际问题，研究学校具体情境中的相关课题。但因各校的实际情况千变万化，我们无法统一校本教材。对于这部分内容，我们制订出了相应的教师校本研修课程指南，设置了教学目标、课程模块、课程实施和评价建议，各校结合现状，按课程目标确定教材、落实教学。

拉拉杂杂说了这些，只想引起同行们的共鸣，够不上序，也谈不上前言，所以把它作为“说在前面的话”。

（作者系江苏省特级教师、南京市教育局局长）

引　言

《职业成长：就这样起步——职业适应期教师校本研修课程指南与案例》是《职业成长：从这里起步——职业适应期教师教育课程读本》的姊妹作。在为职业适应期里的新教师设计的教育课程框架中，大致有两个行动指导书，一是为区域研修服务的《读本》，另一个是为校本研修服务的《指南与案例》，即本书。

教师职业的“青葱”岁月是在学校度过的。“青葱”根植于校园热土，岁月承载着校园时光。“职初之旅”中，我们不会独自漫步，一定是在学校团队中结伴前行。如果说，《职业成长：从这里起步》让我们明晰了路途中一个个常规景点；那么，此书就是“职初之旅”的攻略，它为我们和挽手我们的“驴友”们，提供了明确的校本化跋涉指南。

全书分为两大部分，第一部分为《职业适应期教师校本研修课程指南》（简称《指南》），校本研修课程的理念——解读了不同人员参与“职初之旅”的旨趣；校本研修课程的目标与内容——介绍了校本研修的精华景点；校本研修课程的实施策略与建议——推荐了多条结伴而行的品质路线；校本研修课程的管理与评价——阐述了评估学校团队“职初之旅”的方法；校本研修课程的资源开发与应用——探索有校域特色的旅游资源。

为了诠释《指南》的思想，将理性的话语具象化、知性的述说情境化，在本书的第二部分《职业适应期教师校本研修课程实施案例》（简称《实施案例》）中，呈现了许多过来人讲述的他们“职初之旅”的那些事。编者在实践中探寻青年教师专业成长的关键事件，将零零碎碎发生的某件事，以学校文化、教学实践、德育实践三个维度架构起来，形成了实施案例中的三个部分。《指南》是规范“职初之旅”的标准，是校本研修课程“形而上”的内容，包括课程的理念、目标与内容、实施策略与建议、管理与评价、资源的开发与应用等。编者按照实践固有的综合性特征，将其编织融入到“形而下”的三个部分“旅行见闻”之中。如此，本书为我们拉开了“职初之旅”的“清明上河图”

的卷轴。一篇篇鲜活跃动的“游记”描述了职初教师的学校生活，使我们熟悉又陌生的场景得以展现，从而揭示那些看似平常，甚至当事人自己也习焉不察的行为背后所隐含的职初教师专业发展的内涵。

在开始旅行之前，先隆重推出参与“职初之旅”的明星团队：旅行的指导者——区域教师研修机构；旅行的管理者与组织者——学校；全陪导游——学科教研组；地接导游——导师；当然，还有不可或缺的主角——职初教师。看到如此豪华的阵容，我们心中对此次旅行已充满了期待，身未动，心已远，那就即刻上路吧！

教师职业成长的直接环境是学校。为了方便我们游历，编者送上了一个特殊的礼物——学校的认知地图。翻开《实施案例》的第一部分“学校文化与个人成长”，我们发现，当学校的物质、制度和精神文化有意识地成为教师教育的资源时，脑海中憧憬的学校画面就渐渐清晰丰满起来，校园的亭台楼阁沉淀着学校的历史沿革，一草一木彰显着学校的办学理念，学校的规章制度体现着对教师专业成长的支持，同事的教学行为宣扬着学校的教育主张，同事间体贴照顾表达着对他人的无私关爱……深入地了解身边的人、事、物，我们会慢慢熟悉这片土地，习惯、适应并融入这里的生活，开启自己的“职初之旅”。

“职初之旅”的最多时光定格于课堂教学。在《实施案例》的第二部分“导师指导和教学实践”里，我们将集中关注这些旅程的叙事：不能错过的良辰美景——孩子们纯真的笑靥；承载知识的观景平台——课标与教材对课程内容的呈现；获得教育智慧的沟沟坎坎——多元而复杂的问题。美好的时光，期待的旅程。这是一段将外显的理论知识转化为内隐的教学能力的旅程，一段教学相长的旅程，更是一段自主、合作与探究的旅程。我们模仿着导师的教学行为，慢慢体悟行为中蕴含的教学思想；导师斟酌着我们的教学奇思，尝试换一种眼光看教育。相同的课程，不同的校情和学情；同样的风景，不同的感受……因而，需要学校为我们量身定制旅程。于是，这一段会深深地烙上我们自己的印记，亲自经历，亲身受挫，瞬间的迷茫、刹那的感动与突然的觉悟，将永记于心。

德育映入我们眼帘的情景，既有集中的景区，又弥散在各个景点之中。在《实施案例》的第三部分“导师指导与德育实践”中汇集了游览这些景观的过程：出发前，我们充分准备，了解学生，知晓班级的规章制度；一路上，我们追寻前人的足迹——学习导师和同事的管理妙法与治班奇招，探寻险峻之地的行径方式——研究育人中重难点的实施与班级建设的策略；游历后，我们深入思考育德旅程，其玄妙之处就在于我们遇到的各具特色的人——学生、导师、同事、家长……他们丰富、改变着我们初为人师的岁月；梳理与他们相处的点点滴滴并记录成文，这些游记教会我们在后面的行程中如何探寻道路，引导着我们领悟今天的育人，不再是按照工业化、批量化生产的模式来"塑造"、"锻造"学生，而是要发现每一个学生的不同，唤醒每一个学生的潜能，启动每一个学生的内动力，让每一个学生成为自我发展的承担者。

全书无论是《课程指南》，还是《实施案例》，都反复告知学校与我们，怎样选择恰当的行走方式。其一，学校规划发展路径。学校精心设计游览的路线，我们跟着学校这个大部队按既定的路线前进，不必劳心旅途中的食宿行，可以安心地欣赏沿途的美景。成熟的旅行线路——《给新教师研制个人发展三年规划的建议》，新颖的项目——《角色扮演，在情境再现中反思教学》，一群志同道合的小伙伴，大家互帮互助结伴前行。其二，导师引领专业成长。经验丰富的教师给予我们《适时的引导与适切的点拨》。攀登教学的高山时，导师告知我们怎样细致地研究地形地貌——开展针对特定问题的课堂观察。当我们成为班级的主心骨——班主任时，导师帮助我们组建一个有凝聚力的班集体，开展适切的主题活动。其三，独辟蹊径自我前行。有一段旅途我们需要独自前往，自由、个性化的体验，也是一段宝贵的经历。我们一步一个脚印，扎扎实实地摸着石头过河，在行动中思考教育的真谛，在研究中探索教学的本质，践行《且行且思的成长之路》。其四，前行中重视回首与反馈。提醒校方拍摄和个人自拍沿途的风景照——收集一路上我们的所行所获，教研活动中的发言，导师修改过的游记，学生学业水平评价单……这些值得回味的照片，启发我们判断自己教育行为的优劣，引导我们修正前行的方向；指引学校重新审视旅行，促进全体团员反思"职初之旅"的组织与实施，以启动下一段的旅程。

旅行，能让你遇到那个更好的自己。让我们不要停下脚步，一直在路上……

目　录

下篇 职业适应期教师校本研修课程实施案例

第一部分 学校文化与个人成长

第三部分 导师指导与德育实践

上　篇

职业适应期教师校本研修课程指南

职业适应期教师是指处于职业生涯适应阶段的教师，这一阶段发生在职业生涯刚开始的大约三到五年的时间，因此我们也习惯将职业适应期教师称作职初教师。职初阶段是新教师个体的人生角色转换阶段，也是专业发展的关键期。在这一阶段里，他们的生活、学习和工作环境都发生了前所未有的变化，面临的大多是过去未曾经历甚至是未曾设想过的场景，当然也会遇见很多问题。而这些变化和问题又大多发生在他们所服务的学校中，校本因素是对新教师发展影响深远的力量。

教师的专业发展具有鲜明的个性化特点，必须根植于教育情境与教育实践。基于学校的校本研修活动，以学校教育教学实践中存在的问题作为研究对象，研修内容具有针对性。通过校本研修为职初教师提供必要的帮助，具有十分显著的现实意义。学校作为研修活动的组织者和领导者，要深度开发和整理校本资源，并努力突出以教师为主体，不断去激发教师发挥主动性，在发现与解决自己教育教学问题中实现专业发展。

职初教师充满朝气，固有束缚少，接受新事物比较快，是一所学校教育力量的希望和生力军，他们的成长应受到多方面的重视。为了帮助职初教师尽快适应岗位要求，也为了帮助所在学校更好地指导他们的成长，我们深入研究了关于教师职业生涯发展及成人教育方面的理论与实践成果，并从职初教师特征和南京教师队伍发展实际状况出发，编制本《指南》，提供给学校的管理者、处在职初阶段的中小学教师以及承担指导他们工作的骨干教师使用。

第一部分 校本研修课程的理念

一、基于工作实践的校本研修课程

（一）职初教师的特点是本课程研究的出发点

因材施教是教育原则，反映着教育的客观规律。刚刚踏进职业生涯的年轻教师，他们精力旺盛，思想活跃，保持着良好的学习热情和习惯。到了工作岗位，对环境的陌生和对前途的希冀，会让每位新教师产生强烈的进取心。但由于角色转换的需要和工作经验的缺乏，他们最需要的是适应岗位的针对性指导。因此，职初教师校本研修课程研究必须考虑职初教师在角色转换过程中学习的特点和规律。把“岗位适应”作为出发点，重视他们的个体差异，使他们感到可亲与可近。

（二）教师实践性知识是本课程研究的立足点

实践性知识是教师教育教学经验的积累，是教师在实践的情境中解决实践问题的知识。职初教师虽然经历了学科知识与教育理论的系统学习，但实践性知识匮乏，仅有的实践性知识也主要是从职前的教育实习或自己作为学生时的经验中获得的，而且这些知识彼此之间缺乏关联，缺乏情境适应性。他们走上讲台常常是按解决一般性问题知识来预设，很少能顾及学生的实际情况。因此，职初教师研修课程的主要内容要围绕与其职业有关的实践性知识来进行设计和组织。

（三）问题与问题解决是本课程研究的着力点

教师在职业发展的过程中会遇到许多问题，实现职业期待就是一个不断解决问题的过程。课程研究一定要分析哪些问题是成熟教师持续发展需要解决的问题，哪些是职初教师需要解决的问题；在职初教师需要解决的问题中，又有哪些是亟须解决的问题。教师的成长不可能“毕其功于一役”。因此，研修的课程内容要定位于新教师的“最近发展区”，从“可以”与“可能”

解决的教育教学实际问题入手，着力于真正解决问题，努力提供真正的、他们所需要的支持和服务。

二、基于自主学习的校本研修课程

（一）岗位研修是自己的事情，是“我要学”

职初教师不仅是研修的对象，也是研修的主体。要引导他们意识到参与研修不仅是学校“要我做”，更是自己的责任，是自己成长的需求与追求，不断强化“我要做”内在诉求；要引导他们明确，学校“要我做”，就是给自己提供条件、机会与平台，而“我要做”则能激发内在的动力，才能主动抓住机会。职业台阶的攀登，一是要有机会，二是要有内驱力。因此，职初教师的主体意识是有效校本研修的出发点与归宿，他们的自主和自律的精神是研修课程实施的保障。

（二）实践研修是成人的学习，应“做中学”

职初教师的校本研修主要是置身于工作情景的“在场”学习，需要引导他们把来自管理者和指导教师所提供的知识，转化为他们自己的知识，特别是其中蕴含着的默会知识。教师职业中许多技能、方法、能力、交往、态度、体会、情感等方面的知识都属于默会知识。因此，校本研修课程的实施需要坚持成人学习的基本方式：听中学，看中学，把听来和看到的做出来，使学到的知识与经验真正内化为个人的观念；做中学，把做好的说出来，在做的当中感受教育思想的深刻性和实践的复杂性，并且通过交流、随笔等形式，明晰自己做的体验与收获。

（三）职业研修是持续的过程，要“不断学”

职业适应阶段是教师成长的关键期，对于不同个体而言，经历时间可能或短或长一些；但“关键期”的深刻蕴意是教师职业行为习惯的养成时期，教师的职业特征决定了教师是终身学习者，在持续学习和不断完善自身素质的过程中实现专业发展，就如同在斜坡上向上推一只球，放松学习，形成“维持性”的工作方式，这只球就会自动下滑。因此，关键期研修课程的本质是进一步提升职初教师的学习力，增强他们专业的学习动力、学习能力与持续学习的毅力。

三、基于合作学习的校本研修课程

（一）指导职初教师是有经验教师的职业素养

教育事业的发展，就是一代代人筚路蓝缕、薪火相传的历程。在默默无闻的日常工作中，富有经验的教师为职初教师提供指导与帮助，是奉献精神的职业践行。诚然，在践行中指导教师不仅辐射与延伸着自己的专业思想，也会促进自己工作经验的梳理与提升；年轻教师对新事物的敏锐及理解，对指导教师也有一种文化“反哺”。帮扶职初教师是指导教师与他们共度的生命历程，共创的人生体验。因此，校本研修的课程也是指导教师自己的课程，是与职初教师站在同一的精神维度上实施的课程。

（二）获得有效指导是职初教师的幸福体验

在职业生涯刚开始的时候，能得到有经验教师的精心指导是十分幸运的事情。在接受指导的过程中，职初教师应当是主动的学习者与虚心的求教者，重视与有经验教师的“随时随地的交谈”，努力把学习的内容与自身的实际结合起来，逐步生成适合自己的做法，不断积累自己在指导教师帮助下克服困难、逐步走向成熟的经验。因此，校本研修课程的实施需要伴随职初教师自己的体验，使工作体验成为促使他们持续学习的兴趣源泉，起着使职业成长变得令人兴奋的作用。

（三）组织职初教师研修是学校的文化自觉

职初教师是学校的新生力量，对他们的培养是学校的一个“公共空间”，管理者与在校的教师都需要关注“公共空间”，使他们尽快融入学校的文化之中。对“公共空间”的关注，需要学校建立健全新教师的培养机制，从制度上加以引导和激励；需要发挥教研组与年级组的作用，使集体智慧和经验成为职初教师研修的资源；需要在师徒结对中重视双方的意愿，避免行政化的强制组合。因此，职初教师的校本研修不是随意实施的过程，而是学校有组织的、自觉的行为。

四、基于信息技术的校本研修课程

（一）技术与教学融合是研修课程的重要内容

职初教师在信息技术方面有着“新生代”的优势，在培养过程中要重视发挥他们的特长，鼓励他们将信息技术运用于自己的教育教学之中，重视信息技术运用的有效性。在指导他们的过程中，要运用各自的优势，共同研究和相互切磋，努力探求教育教学中运用信息技术的真实需求，不断挖掘其价值蕴藏与作用空间，逐步使信息技术融入教育教学之中。因此，校本研修是走出传统教育教学的活动，需要努力将信息技术由“辅助性工具”上升为教育教学的一个重要组成部分。

（二）网络研修是校本研修走向开放的重要路径

网络研修运用现代信息技术，极大拓展了教师学习的时空，它和传统研修方式的互补与融通，正在构成职初教师专业成长的立体环境。学校需要引导职初教师积极主动地利用网络资源，加强校园网中教师研修栏目的建设，逐步形成一个与真实环境相辅相成的虚拟研修社区，丰富实时和非实时的学习与交流方式，更好地发挥个别化与协作学习的优势。因此，校本研修是一个开放的教育系统，资源共享、多向交流及成长分享应当有意识地融入课程实施与课程环境之中。

（三）数字化平台是校本研修管理的重要工具

职初教师校本研修的管理过程是一个闭合系统，需要有研修的反馈、补偿与评价，网络可以成为落实这些环节的一个重要的数字化管理平台。在网络和数据库的支持下，职初教师可以用创建“学习主页”或“研修档案袋”的方式，对自己职业成长的信息形成结构化存储与呈现。学校则可以从数字化平台中把握他们研修的情况及效果，及时调整研修的节律。因此，校本研修的数字化管理平台是课程实施的重要条件，通过创建这个平台来完善研修课程实施的保障机制。

第二部分　校本研修课程的目标与内容

一、课程总目标

本课程的总目标是学校帮助处于职初阶段的教师尽快完成角色转变，以适应学校教育教学工作和教师岗位的要求。

具体地讲，就是通过实施校本研修，学校管理者和指导教师帮助职初教师明确岗位职责，初步适应教育教学的岗位要求和学校安排的角色分工；帮助职初教师熟悉职业特点，激起发展动力，初步确立适合自己的发展目标和遵循规律的发展途径；帮助职初教师规划职业生涯，明确教师职业的社会意义，初步确立适合自己的发展方向。

二、课程的具体目标和内容

本课程内容由三个模块组成，分别为《学校文化与个人成长》、《导师指导与教学实践》、《导师指导与德育实践》。

（一）学校文化与个人成长

教师职初阶段的个人成长与学校文化密切关联。教师从进入学校开始所产生的第一印象，到职业生涯延展而逐渐生成对学校各方面的认识和情感，都会受到这所学校各种文化因素的影响，因此在职初阶段通过学校文化向新教师施以积极有效的影响，帮助教师尽快适应岗位要求，达到教师专业标准，是教师职初教育的重要内容和途径。

1. 目标

（1）职初教师能认识学校，理解职业，准确定位，明确责任，并认清个人成长与学校文化之间的关系。

（2）职初教师能基本确立职业理想，初步形成职业操守，并能根据自身实际和所处学校情况，确定职业初始阶段个人发展计划。

(3) 职初教师能熟悉学校管理规章制度及运行机制，了解学校各项教育教学任务和活动的流程。

(4) 职初教师初步树立敬业爱岗的职业精神，初步形成融入工作环境和团队的归属感，能与工作伙伴友好相处，和谐共进。

2. 内容

本模块由三个专题构成：学校物质文化与环境适应，学校制度文化与个人行为适应，学校精神文化与个人成长。

(1) 学校物质文化与环境适应

这一专题主要帮助新教师初步了解自己即将开始职业生涯、进行教育服务所处学校的基本情况。对新教师而言，来到新环境，尽快了解、熟悉和适应是必然任务。对学校管理者和指导教师而言，这些内容本身没有多大难度，关键在于如何呈现。

(2) 学校制度文化与个人行为适应

这一专题所提及的学校制度在学校文化中居于中层，在表现形态上可能都是静态的，要么是纸质材料，要么是电子文档。新教师从进入学校的第一天起，就已经与这些制度有了联系。教师的所有学校行为都在这些制度文化中进行，而这些制度又是尽快促使新教师适应学校生活、完成角色转换的重要保障。这些内容的呈现可以通过口头宣讲，但更多的时候是通过活动体验进行的，表现出“未经刻意安排”的特征，以各种活动为载体进行。

(3) 学校精神文化与个人成长

这一专题主要是帮助新教师在职初阶段不断深入了解学校的过去、现在和未来，并在认识的基础上进行理解，直至形成认同感和归属感。帮助新教师学会目标思考，提高自我认知能力，并开展有效学习和职业规划，尽早真正成为学校组织中的一员。指导教师和学校管理者帮助新教师认真并准确地进行个人SWOT(优势、劣势、机会、威胁)分析，为自己刚开始的职业生涯设置SMART(明确的、可衡量的、可达到的、可实现的、有时间规定的)目标。在具体的实践活动或情境中努力养成提高效率、会规划时间、有效克服障碍的工作习惯，学会各种人际沟通技巧，积极参与组织活动并融入集体中。

(二) 导师指导和教学实践

教育教学工作是教师职业生活的主体部分。教育教学能力和水平是教师专业素养的重要指标。每位职初教师都要以站稳讲台为职业生涯基本要求，因此我们将提高职初教师的“教学适应”作为本课程模块的重点。

1. 目标

(1) 职初教师有自主发展的动机，提高对教学技术和教学能力的重要性认识，形成积极、自觉、主动发展的愿望。

(2) 职初教师掌握基本教学技能和支持教学的基本技术，以保障顺利完成课堂教学过程的实施，缩短由“完成任务型”课堂向成熟期“有效互动型”课堂转化的时间。

(3) 职初教师学会将专业知识转化为专业能力，初步把握从理论知识掌握到实践知识运用，从学科知识到学科教学知识转化的基本方法与路径。

(4) 职初教师能更好地融入学校教学、研修文化，尽早寻找到职业认同感和教学胜任力，稳妥地实现由“新手教师”向“成熟教师”转化。

2. 内容

本模块由三个专题构成：课标学习与教学准备，规范过程与教学实施，积极反思与教学反馈。

(1) 共同切磋：课标学习与教学准备

这一专题主要是通过导师的专题培训和相机指导，让职初教师了解学校的课堂教学常规要求，帮助他们理解学科课程标准，透彻把握所教年级的教材，并学习各类教学计划的拟定。帮助职初教师全面了解课堂教学各环节上的基本要求，了解自己所教学生的情况，并从中掌握相关的技能技巧。学习规范撰写教案，做好各种教学前的相关准备工作。

(2) 课例探讨：规范过程与教学实施

这一专题主要是通过导师的示范，让职初教师在模仿和改进的过程中，掌握课堂教学活动中的规范要求和技能。学会课堂教学导入的基本方法，学会规范课堂教学的组织形式，深入了解教学重难点并掌握突破教学重难点的基本方法，学习做好课堂巩固设计和组织，初步掌握学习效果反馈检测的方法等，能顺利完成课堂教学各环节中的任务。

(3) 合作跟进：积极反思与教学反馈

这一专题主要通过导师对职初教师在教学实践中的语言、行为等进行评价、矫正，掌握课堂教学活动后所需要完成的任务规范。顺利进行教学活动完成后的自我反思，对教学中的得失进行总结，学会对学生学业情况进行评价与反馈的基本方法，注重课外辅导并能独立开展辅导活动。

(三) 导师指导和德育实践

教师受全社会的委托对下一代实施教育，使学生成长为符合社会规范的社会新成员。教师在职业实践中要能有效地通过活动将社会道德规范进行传承。基于此，在职初阶段，设置导师进行专门的指导，可以帮助新教师尽快了解德育工作流程，并通过德育实践不断提高职初教师的道德实践能力。

1. 目标

(1) 职初教师了解与学习德育工作相关的文件、政策，知晓德育实践工作的规章制度；了解上级德育管理的职能部门，关注德育工作的前沿发展与政策变化。

(2) 职初教师熟悉班主任、团队的工作流程，了解班主任工作的对象和工作特点；明确班级教育的任务和内容；掌握学生心理指导、学习指导、闲暇生活指导的基本方法；熟悉班主任个别指导教育的策略。

(3) 职初教师掌握基本的班级管理常规和主题班队会设计的基本方法；学会班级管理与班集体形成的基本策略；掌握班级主题活动的策划、组织与实施的步骤与方法；学会创设德育活动的基地。

(4) 职初教师初步学会与任课教师沟通协调的技巧，找寻共抓班级管理的对策；初步学习与家长、社区等沟通的技术，探寻家校、社区协调，互利共赢的班级建设的策略。

2. 内容

本模块由三个专题组成：管理育人与班团组织建设，活动育人与主题教育，行为育人与师表示范。

(1) 切磋共建：管理育人与班团组织建设

这一专题主要是帮助职初教师初步了解班主任的基本工作常规，为适应班主任角色奠定知识与技能的基础。职初教师大多要担任班主任工作，而班级管理作为具有专业品质的教育活动，始终贯穿教师的日常工作，成为教师教育教学活动的重要背景。本专题帮助职初教师知道班集体建设的主要任务和内容，学会建立班级档案和各项规章制度；初步学习管理班团集体的策略和技能。

(2) 案例实践：活动育人与主题教育

这一专题主要是帮助新教师学会设计并组织主题教育活动。集体教育活动是学校学生活动的基本形式，也是班级文化建设的重要内容。我们帮助新教师学会选择班会的主题，能知晓三到五种班团主题活动的形式，学会用观察量表，评价学生活动前、活动中、活动后的参与态度，活动中情感发展等情况。能在导师的指导下设计一学期的主题德育活动，并有序地实施。

(3) 合作跟进:行为育人与师表示范

这一专题是帮助新教师知晓为人师表的重要意义,学会行为育人,开展课外教育实践。作为中小学职业初期的教师,在提升个人师德修养的基础上,跟随导师,开展德育实践,并在实践中努力做到:面对学生,言传身教,师德示范。面对教师同伴,尊重前辈,团结协作,顾全大局,视同事为挚友,在尊重、平等、友爱中完善自我。面对家长,谦逊有礼,平等相处,视家长为盟友,共同探讨育人策略,使学校和家庭形成教育的合力。

第三部分　校本研修课程的实施策略与建议

一、"学校文化与个人成长"模块的实施策略与建议

本模块的课程实施可以与岗前集中培训时的"职业道德规范"模块相呼应并互补。"职业道德规范"模块在形式上更加侧重集中宣讲，本模块则侧重岗位实践和深入体会。

本模块课程可以通过个别谈话交流进行，也可以通过情境渗透、同伴影响、现场观摩等形式进行。本课程模块中的学校文化主要包括制度和精神文化，更多的不是通过说教，而是积极引导教师去深刻感悟，去亲身实践。

本模块在实施时，可以根据学校自身实际有所拓展，即可以由学校自主开发出一些"弹性"内容，给真正的"校本"留点空间。这样有助于校本研修优秀案例的收集和整理，以及形成一些网络培训资源的雏形。

从内容角度考虑，专题一在职初教师到校后即安排，一周至一月内完成，无固定学时规定，学校可以作专门简介向职初教师介绍。专题二在第一年即安排，贯穿整个职初阶段，文件学习、导师指导、实践体验可以结合进行，重点在教育教学工作常规，课时可占本模块总课时 2/3 以上，可以将学校制度汇编作为基本读本。专题三从职初教师到校开始即安排，内容和形式上与以上两个专题都可以结合，本专题的重点是个人与学校工作目标的融合，课时可占本模块总课时 1/3。

在岗前阶段，教师培训机构可组织职初教师集中开展培训活动，他们到学校后，学校介绍学校概况，可以是校长或委托他人面谈。之后可以安排专人引领熟悉校园环境，进行实地参观。在第一学年里，以帮助职初教师认识学校和适应岗位为主要任务。可以开展校史教育，与前辈教师交流，学习了解校常规管理制度，并自觉遵守。在导师指导下，开展学科教学和学生教育工作实践，迅速积累工作经验。在第二学年里，以帮助职初教师融入学校为主要任务。可以开展"三风"教育，组织他们参加系统学习活动，以适应教育教学岗位，完成各项工作任务并能独立开展教学研究，初步确立自己专业发展目标。在第三学年里，以帮助职初教师学会规划职业生涯为主要任务。

可以在导师指导下，深入开展教学和教育研究，形成自我反思和团队合作习惯。初步掌握自我分析方法，认真总结工作中取得的经验和不足。进一步深入了解学校办学特色，并完全融入组织生活。

以上各阶段划分的主要任务，只是各有侧重而已，并非不可交叉。实际上职初教师的专业成长过程，是一个主体与客观环境之间不断互动的过程，也是需要不断做出价值判断、选择取舍的过程。

研修要点与操作建议（见下表）：

专题	基本内容	研修要点	操作建议
一、学校物质文化与环境适应	1. 初步了解学校概况	了解校园环境，熟悉地理位置	现场察看，主动询问导师
	2. 熟悉工作环境	了解并熟悉办公室环境，以及各种校内工作设施、教室环境布置。知道校外有关机构场所位置	现场察看，领导讲解，向有关工作人员请教
	3. 适应生活条件	熟悉学校里与自己个人生活有关的设施，包括食堂、宿舍、校外交通等	主动询问，现场察看
二、学校制度文化与个人行为适应	1. 了解学校内设机构	了解机构各自主要职能，知晓负责人具体分工情况	自学有关文件材料，指导教师给予指点
	2. 了解学校研修和会议制度	参加教工集中学习活动和各种会议	学校管理者集中组织学习，导师指导，职初教师参加有关活动
	3. 了解并熟悉学校教育教学常规管理制度	学习教师教学常规、班主任工作、团队工作知识	管理者组织学习，导师指导，学习学校有关文件，参加有关活动
	4. 了解奖惩制度	学校各类奖惩制度的有关规定	学习有关文件，主动请教导师
	5. 了解教育系统人事分配管理制度	学习关于聘用、工资、专业技术职务晋升等政策方面的内容	学习有关文件，向有关人员请教，导师指导
	6. 了解其他管理制度	学习关于作息、请假、校外进修、工作纪律要求方面的有关文件	学习有关文件，向有关人员请教，导师指导

续 表

专题	基本内容	研修要点	操作建议
三、学校精神文化与个人成长	1. 了解学校历史沿革	知晓学校发展历程，不同时期发展概况，在地方上主要贡献和地位，优秀教工、杰出校友等情况	参观校史室，阅读学校大事记，与老教师座谈，参加一些相关活动
	2. “三风”（校风、教风、学风）教育	学习“三风”的主要含义、来源、制定依据、对自身的要求或如何去贯彻等	学习材料，参加活动，努力践行，与其他活动融合
	3. 了解学校办学特色	了解学校主要办学特色，特色在工作中的具体体现以及自己可以参与的活动并参与	学校管理者和导师指导，学习领会特色方面有关内容
	4. 了解学校发展规划，制订个人发展规划	学习学校近期发展规划，学校年度工作主要目标和任务，与自身有关的工作目标的任务，制订自身发展年度计划和三年规划	查阅资料，学习体会，撰写个人发展规划
	5. 认识自我，准确定位	学习并使用任务分析方法、自我分析方法、科学制定工作目标的方法、个人时间管理方法等，充分认识自我，确定发展方向	导师指导，自我领悟体会，制订工作计划
	6. 初步掌握学校人际交往和沟通的技能	学会人际关系分析，初步掌握与学生、同事、领导、家长交流沟通的技巧，如何尽快融入组织	导师和其他同事指导，亲身实践，融入组织

二、“导师指导与教学实践”模块的实施策略与建议

在课程实施中，学校领导是课程的组织者、管理者、评价者。名师骨干（导师）、教研组同行、职初教师构成研修共同体，在共同参与、互动开放的研修活动中，营造积极合作的文化，实现合作共赢、共同成长；职初教师是课程学习和实施的主体，需充分理解课程并积极在课程培训中实现自主成长。

职初教师的教学专业成长是教师终身教学能力和业务水平发展的基础。校本研修课程的实施，要把教师的岗位成长与区级研训机构培训有机结合，着力解决职初教师教育教学实践活动中遇到的难点问题和操作问题。校本研修课程的实施，还要加强职初教师对教学工作的重要性的认识，引导体验教学实践中的成功感和幸福感，增加对学校、学生、课堂的亲近感。校本课程的实施，更要注重教学技术、教学能力、教学理解与教学思想的有机融合，立足培养有思想的教师。因此，要注重通过对话、沙龙、访谈、展示等方式，让职初教师“在游泳中学会游泳”。

以教师自学为主线。教师对学科《课程标准》内容的再认识，包括用院校学习到的教学论解决教学实际问题，对学校课堂教学规范和要求进行主动学习。这些均需要职初教师自己阅览相关文献和文字资料，进行消化吸收，再将自己的理解通过教材分析和教学设计呈现出来。

以模仿规范为基础。此模块的课程内容有规范性和经验性特点。因此，在职初教师明白规定是什么的基础上，需要通过模仿导师和有经验教师的课堂教学，来尽快掌握学校教学常规中的备课要求、上课要求、作业批改要求、辅导要求等。跟着导师“影子式”学习、听同年级有经验教师课后自己上课等模仿学习方法，是有效的方法。

以活动对话为形式。职初教师对教学有着极强的期待和好奇，他们有很多的问题，也对课堂怀有恐惧感和不自信。因此，通过学科组、教研组活动，让职初教师介绍自己，表达愿望，并提出自己的困惑，让大家帮助解决，是较好的实施途径；和导师的见面，可以设计成采访的形式，让教师充分了解导师，亲近导师；学校还可以通过让职初教师主动找教学副校长、教导主任、教研组长访谈，全面了解学校教学研究和教学常规，在认识教学中的伙伴的过程中，立体感知学校教学氛围和要求，从别人的行动中学会行动。

研修要点与操作建议（见下表）：

专题	主要内容	研修要点	操作建议
一、共同切磋：课标学习与教学准备	1. 理解课程标准和教材	参照课标，通读一年的教材，细读一学期教材，精读单元教材，包括了解编写思路、知识结构、学生认知发展点	导师讲解；教师自学；师徒交流；教师参阅相关资料，撰写教材分析

续 表

专题	主要内容	研修要点	操作建议
一、共同切磋：课标学习与教学准备	2. 拟定教学计划	学习规划学期教学内容，拟定教学计划	在导师指导下学会拟定规范的教学计划
	3. 知晓课堂教学基本要求	阅读学校教学管理规范，与教学校长或导师作一次访谈，导师进行面对面指导	阅读掌握教学“五认真”等基本要求；了解落实教学常规的基本做法，解决自己的疑难问题
	4. 了解生情	通过询问导师，参与学科组研讨，运用访谈和调查问卷工具等途径了解学生学情	了解学生已经掌握的知识和初步具备的学习能力
	5. 规范撰写教案	了解教案的板块内容，完整撰写详细教案；理解教学目标的基本表达要求，用规范语言撰写；把握教学重难点，并在教案中有突破重难点的方法设计	参阅导师教案并模仿撰写，导师阅览修改；参与学科教研；学习重点讲解和化难为易等课堂操作方法
	6. 做好相关准备	根据教学需要，多渠道搜集素材，恰当使用教学实验	导师指导，参与学科组研讨；建立学科资源素材库
二、课例探讨：规范过程与教学实施	1. 学会课堂教学导入	导入语言语速、语调、表现力等得当、合适；导入语有明确的导向，契合学科特点和课堂教学目标	导师指导，自我练习；课堂实践；观摩名师课堂实录和导师课堂；导师通过听评课指导
	2. 规范课堂教学的组织	掌握各种课堂教学组织形式；根据学科特点，运用多种方法激发学生注意力；根据年段特点，合理把握课堂教学讲、学、演、练等节奏；根据学习需要，进行合作学习，并对学生学习作有效组织	观摩名师课堂实录和导师课堂；进行课堂实施，导师指导矫正；储备课堂组织用语和课堂激励用语；进行合作学习组织策划

续 表

专题	主要内容	研修要点	操作建议
二、课例探讨:规范过程与教学实施	3. 掌握突破教学重难点的基本方法	提高课堂提问的准确性和适切性;给学生提供质疑的机会,学习处理学生质疑的方法	观看名师视频,观摩导师课堂;导师指导,参与教研组研究;进行让学生质疑的课堂教学尝试
	4. 学习进行课堂巩固的方法	学习设计与课堂教学重点、难点相匹配的课堂练习	独立完成课堂练习设计,并与导师的设计进行比较分析
	5. 学习反馈检测方法	注意给学生当堂巩固练习的时间保证,对学生课堂练习的组织与即时评价	导师指导;课堂实践与反思
三、合作跟进:积极反思与教学反馈	1. 学会自我反思	依据学生的作业情况,进行课堂教学效果反思;结合教学目标、教学过程、教学成效,展开教学反思	对学生作业进行简单分析;听取导师课堂评价;在导师指导下撰写课堂教学反思或者教学随笔;自拍课堂视频并进行分析
	2. 学会对学生学业情况评价与反馈	学习命制单元试卷,掌握基本题型的命制,了解不同题型与之匹配的考查指向和重点;学习运用单元检测数据,对学生进行有针对性的讲评和矫正	在导师指导下,命制符合信度和效度要求的阶段性反馈检测试卷;撰写试卷讲评教案稿;对全班进行分项目成绩分析与反思
	3. 学会课外辅导	学习了解学生学情,并用得当的方式与学生进行有效沟通;针对学习困难学生和成绩优异学生等个性情况,进行个别辅导	列出学生访谈提纲并进行访谈记录;列出帮助学习困难学生提高学习效率的方法,并且有例子佐证

三、"导师指导与德育实践"模块的实施策略与建议

本课程模块旨在帮助新教师学习、了解自我师德塑造的意义与方法,传递班级教育小组应该运用的好的教育办法,帮助新教师尽快适应学校的生

活，开展班级教育活动，凝聚人心，形成班集体。

学校安排的导师，要向新教师宣讲学校的德育管理制度，传授一些实用的教育方法，帮助新教师适应纷繁复杂的教育环境。

在课程的内容上，可以为新教师提供一些观察学校、观察教师、观察学生的量表，不仅可以帮助新教师搭建起教师世界通往学生世界的桥梁，而且能够帮助新教师把理论应用于实践。所以，各校要安排新教师在导师的指引下，大胆实践，学会使用这些量表，像导师那样科学地诊断教育教学的行为，在使用中熟练地掌握。

各学校要积极地组织新教师熟悉本校的德育组织，主动介绍学校的德育管理经验与特色文化，帮助新教师尽快地融入学校的管理文化中，注意为新教师搭建展示才华的平台，促进新教师的德育实践能力的提升。

学习要点与操作建议（见下表）：

专题	主要内容	学习要点	操作建议
一、切磋共建：管理育人与班团组织建设	1. 学会建立班团集体	知道建立班集体的各种组织；成立各组织，落实成员名单，明确分工；学会班团集体建设的若干技巧、策略	请教导师，了解班级行政小组、少先队、团支部的组织构成；组建班委会、少先队等基本组织；绘制班委分工图，细化职责；整理、筛选学生家长的相关信息，协调并组成班级家长委员会；掌握班委成员构成、小组分工、科学设置座位表等小技巧、小策略
	2. 明确班团集体的主要任务	发现和培养班级积极分子；确定班集体的共同奋斗目标；营造和谐的成长氛围；建立各种激励学生的阵地；形成完成班级教育任务的机制	选派积极分子担任班级的管理岗位；制订 3—5 条具体的细则，帮助学生实现奋斗目标；布置具有班级特色的学习园地；建立班级管理的各种台账；做好班级内务的管理，形成良好的班级管理机制；导师给予有效指导
	3. 组织班级教育的实施与考评	建立并形成班级立体教育网络，打通立体教育的通道；形成班团集体考评的内容和有效的评价方式	在导师指导下，制订班级教育小组的主要工作制度；定期了解学生的需求，并有重点地家访；建立学生成长记录档案；学习撰写学生的操行评语

续　表

专题	主要内容	学习要点	操作建议
二、案例实践:活动育人与主题教育	1. 学习主题班队会的设计与组织,有效展开教育活动	学会遴选班会主题;有序开展主题教育活动;学习诊断与评价主题班会活动效果的基本方法;学会有效组织团队活动的基本方法	制订主题班会的计划,分解月、周的教育主题计划;运用提供的观察量表,评价导师的一次主题活动,并撰写分析报告;请导师及同伴参与,观察自己组织的主题教育活动,并作评价;在导师的指导下,有序开展团队教育活动,学习活动组织程序,形成教育主题系列
	2. 学会在主题活动中关注学生能力的培养	关注学生习惯养成教育,形成良好的文明习惯;关注学生在主题活动中自我控制能力、团结协作能力的培养;关注学生在主题活动后自我进步的意识培养	制订主题活动的基本礼仪要求,强化学生文明礼貌能力的培养;在主题活动中采用积累考评的方法,跟踪学生礼仪习惯的培养;学习使用观察学生的量表和评价工具,增强活动实效;组织1—2次团队协作的主题活动,导师参与观察与指导;组织1—3次家访或个别访谈活动,追踪观察学生在主题活动后的显著变化
	3. 课外主题活动的组织与实施	学会在校内组织开展德育实践活动;参观德育实践基地,形成系列主题教育链;组织游学等德育实践活动	导师指导下,多形式开展课外德育实践活动,形成校园德育实践活动的评价体系;带领学生有序参观学校德育实践基地,形成教育主题系列;在学校安排下,带领学生开展游学活动,在游学活动中观察学生行为品质的养成,学会撰写游学德育实践的报告
三、合作跟进:行为育人与师表示范	1. 自塑良好师德形象,影响学生	重视自身的形象塑造,做学生的表率;调控自己的情感与态度,以积极的形象影响学生;尊重前辈,学会主动与同事合作,友善相处	按教师行为规范,约束自身言行,塑造良好师表形象,赢得学生及家长信任;导师现场观察或与学生座谈,考评新教师与学生之间的亲和力;访谈家长或同年级的任课教师,评价新教师的情感与态度;召开同班任课教师的座谈会或访谈,了解新教师自我师德形象的印象,评估与同事相处的和谐度

续　表

专题	主要内容	学习要点	操作建议
三、合作跟进：行为育人与师表示范	2. 注意教学过程寓教于乐，激励学生	了解学科教学中的德育因素，关注学生品德成长；学习在教学环节中特殊儿童的行为矫正与帮扶，掌握个别谈话的技巧；尝试正确运用评价技巧，保护学生学习自信心和自尊心	掌握科学观察学生的方法，学会观察学生；能撰写学科德育故事，能通过教育叙事表达对工作经历的感受；导师倾听新教师成长中的困惑，为其出招
	3. 注意家校合作、学校与社区合作	在家校协作中树立自尊自爱的形象，在社区的实践活动中展示师表形象，在校外实践基地的活动中以德育人	选择不同的教育对象，做家庭访问，体验师表形象的效应；组织家校联谊活动；在社区活动中，带领学生积极参与，形成良好的师德形象；在校外实践活动中，带头遵章守纪，做学生的表率；在校外的游学等教育活动中，形成高尚的师表形象

第四部分　校本研修课程的管理与评价

一、课程管理

本课程作为南京市中小学教师职初教育研修课程的重要组成部分，与区域研修课程相并列和互补。区域研修课程主要按一定区域，由各区教师研修机构负责实施，课程内容主要从师德规范、教育教学常规等方面进行设计和操作。本课程的实施主体是各中小学，基本形式是校本研修，内容上更多从教师所在学校自身实际出发，形式上更加强调学校组织、导师指导和教师自主研修。

本课程既对活动实施提出指导，也对职初教师学习提出指导，是对校本研修整个活动提出的建议。因此在使用时要充分认识到教与学的逻辑关系。它不是仅供学校管理者和指导教师使用的工作手册，也不是专给职初教师提供的学习读本，而是共同开展好校本研修活动的行动指南。我们既考虑了学校的实际，也考虑了职初教师的特点；既强调发生在职初教师身上的变化，也高度关注校本研修活动的改进。

本课程一方面是提醒各中小学在开展校本研修活动时能考虑到职初教师这一特殊群体或个体，另一方面也为各中小学实施职初教师培养提供重要参考。在课时管理上，本课程中针对职初教师开展的校本研修活动占每学年培训学时的1/3，即第一学年按照新教师培训计划，为120学时，其中校本研修为40学时；第二、三学年按照每学年72学时进行安排，其中校本研修为每学年24学时。各中小学根据本课程对各项活动开展的建议组织安排具体活动；各区教师研修机构给予指导和帮助，并对学校行为进行规范指导，每学年对区域内各中小学职初教师校本研修开展情况进行考核评价。

二、课程评价

本课程强调基于学校来开展职初教师的培训培养，所提供的框架只是一个思路或模型，更多的是期待各中小学校创造性挖掘校本资源，提出适合学校实际和青年教师成长规律的校本研修课程，真正实现课程的“校本化”，因此在编制本课程时我们为各中小学预留了“空间”。为了进一步完善本课程的教育功能，我们提出在重视本课程建设的同时，一定要高度重视课程的评价。

（一）充分发挥学校及学校教育自身所携的评价功能

学校本身作为专门教育机构就具有符合社会规范并引领时代进步的价值观，对教师个人的行为可以做出评判，对教师教育行为的结果也可以做出评判。学校管理者和前辈教师对职初教师的认知和印象，在构成学校舆论的同时，也可以产生影响新教师行为的因素。而职初教师在成长过程中也必然会给自己所服务的学校带来新鲜的气息，在优化教师队伍结构的同时，也在改善学校文化，优化学校的教育功能。

（二）全面反映职初教师的教育教学水平

教师的成长不是一蹴而就的。对本课程实施中所发挥的作用进行评价，一定要高度关注事件的主体——职初教师：在他们身上发生了什么样的变化？哪些变化是我们所期待的，又有哪些我们不曾想到？在评价中，我们应加强形成性评价，提倡采用成长记录的方式，注意收集、积累能够反映新教师成长的资料，记录成长过程。这些资料对于职初教师而言，是他们前进道路上的印迹，也可以帮助我们从中找寻到更多具有规律性和南京地方特点的因素，进而帮助我们更好地完善这一课程建设工作。

（三）促进评价主体的多元化

应注意将学校管理者的评价、指导老师的评价、与职初教师搭档同事的评价、学生的评价及学生家长和社会的评价结合起来，对职初教师的成长与课程实施的有效程度做出评价。这其中，我们更加关注作为主体存在的职初教师，因为本课程提出的以及我们将为之付出的行动，最终都将在他们身上有所反映。从这一意义上讲，我们与中小学管理者们、导师们以及职初教师们一同来完成这一具有开创性的工作，本身就具有十分值得关注的意义。

（四）突出本课程评价的整体性和综合性

各种校本资源或因素与个人成长之间存在着必然联系。但由于学校力量自身拥有对职初教师的影响力，在本课程实施中被有效利用，其中各种因素被细致剖析并作了顺序呈现。学校教育自身和教师职业行为及影响的整体性和综合性决定了本课程评价的整体性和综合性，课程呈现时不可能被划分得过细，要根据职初教师个体的不同特点和所在学校的实际情况，以发展目标为参照物，抓住关键，突出重点，强调实效来加以体现。

（五）可以运用的评价工具

评价可以包括两个层面：一是对学校实施《指南》的工作评价，二是对职初教师经过校本研修之后成效的评价。在操作上可以分别使用相应的评价工具。

1. 对学校的评价

学校可以向各区负责教师培训的部门提交《××学校职初教师校本研修课程实施的工作报告》，这是学校自己对这项工作开展及结果的自我诊断，其主要内容有：

(1) 基本情况介绍。包括三个模块课程的实施情况、活动次数、职初教师的成果显现等。

(2) 具体经验。在这些方面我们是怎样做的？我们为什么要这样做？这样做我们感觉怎样？有哪些成效？我们还可以怎样做？

(3) 反思和改进。我们的这方面工作可以从什么地方开始进一步改进？改进这方面工作，我们需要给予什么支持？等等。

教师培训机构针对报告内容，可以到学校实地走访调查，了解具体实施情况，整理出某校实施职初教师校本研修的评价报告，作为对全区中小学校本研修工作开展情况评估材料的一部分，纳入对学校整体工作和校长考核的指标中。

2. 对职初教师的评价

对职初教师经过校本研修之后成效的评价，可以通过自评和他评、组织综合评价等方式进行。

自评：职初教师每年完成一份专业成长报告，报告可以附上自己的成长记录袋和成果材料。

他评：导师评价、同伴评价。有导师对结对教师的评价报告。同伴评价可以以年级组、教研组成员的寄语方式进行。

组织评价：可以通过“问卷”与抽样访谈进行调查，由各区教师培训机构负责组织，学校具体实施。评价的内容可以包括：

①专业理念与师德。通过访谈（问卷、成品分析）的方法，因为理念和师

德具有很强的内隐性，须通过深度访谈或者观察才能捕捉到。②专业知识。通过问卷、测试的方法，因为知识具有客观性，可以采用问卷、测试。③专业能力。通过组织听课、看班会的方法，因为专业能力的高低由教师实践活动的质量决定，而教师实践活动主要表现为课堂教学行为。形成每个教师的评价意见。

各学校整理后形成学校职初教师发展现状的报告，并在此基础上，各区教师培训机构对全区三年教龄以内的教师实施整体评价，形成《××区中小学职初教师专业发展现状诊断报告》。

第五部分　校本研修课程的资源开发与应用

一、课程资源开发原则

课程资源是教师培训的重要保证。职初教师校本研修的资源选择应充分考虑就地取材。本着“从学校中来，在学校中，为了学校”的原则，做到资源主要来源于校本，注意职初教师研修课程资源与学校其他教师研修课程资源的融通。

（一）课程资源选择的自主性

职初教师的校本研修，组织者是学校，活动主体是职初教师。研修的终极目标是在促进职初教师适应学校文化，融入学校教学生活，更好承担学校工作任务，促进学生健康成长的过程中，成就教师专业发展，获得属于教师的专业幸福。因此，课程资源的选择权，一方面在学校，学校必须为教师的专业成长提供充分的资源，保证他们能够完成相应的项目课程；一方面在职初教师，职初教师要积极利用日常教学情境和事件，这些都是成就自我实践智慧的重要的资源，利用好这些习以为常的教学生活资源，是培养反思型教师、研究型教师的一条重要的途径。

（二）课程资源选择的开放性

教师的专业成长在每一天的教育生活中，在每一节的课堂中，在每一件的平凡小事中。因此，职初教师的研修课程，就在每一天的教育生活中；教育生活的多样性，决定职初教师学习资源的开放性、生成性和不确定性。学校、导师和职初教师都要有研修的自觉意识和课程资源开发的敏锐意识，善于捕捉研修资源，实现培训、反思、研究和问题解决一体化思路，进而让研修活动变得生动而有效。

（三）课程资源选择的创造性

职初教师的成长是一个复杂而艰难的历程，校本研修不应该给他们做加法，“教方法，给思路，养习惯”比压担子更重要。职初教师一般是刚走上社会的年轻人，他们更喜欢和时代合拍的活泼的形式、多载体的互动、有创意的形式。因此，职初教师的校本研修资源的选择和利用，应该在创新上做文章，突出时代性，打破传统的任务式的单调、说教式的乏味，而应该通过课程资源的新颖、巧妙选择，将他们拉进教学研究中。

二、资源建设和利用建议

本课程资源包罗万象，凡以学校为主题词的几乎都可以成为资源；并且资源形态各异，包括学校操场、绿地、建筑物，宣传栏、校史室，规章制度、“三风”、荣誉奖励，优秀教师成长经历、杰出校友事迹，各种教学、德育活动案例，各种文本资料的示范等等。以上都是值得开发和利用的资源。

各学校都蕴藏着多种校本研修资源。学校管理者要有强烈的资源意识，去努力开发，积极利用。学校应认真分析本校的特点，充分利用已有的资源，积极开发潜在的资源，特别是人的资源因素和在课程实施过程中生成的资源因素。

学校应积极创造条件，努力为职初教师教育培养配置相应的设备；还应当争取各方面的支持，与区域内教师培训机构建立稳定的联系，给教师更多的实践机会和平台，开展多种形式的研修活动。

职初教师与学校管理者、指导教师都应高度重视课程资源的开发与利用，创造性地开展各类活动，增强职初教师在各种场合加强自身素养、适应岗位要求的意识，多方面提高教育教学能力。

可以选择优秀教师作为职初教师的指导者，并将优秀教师的职初经历或影响自身成长的二三事进行加工整理，也可以请优秀教师现身说法，介绍自己的成长经历；可以选择适当场所作为对职初教师教育的固定场所，进一步丰富教育内容；可以依托学校教学研究和德育实践活动，安排职初教师一同参与，在实践中体验并收获经验等等。以上均可加工成案例进行推广使用。

下　篇
职业适应期教师校本研修课程实施案例

南京的中小学，虽然分布城乡、条件各异，但对处在职业适应期的青年教师的培养都十分重视，在实践中注意充分发挥各自校本资源的作用，不断尝试创新，帮助这些职初教师尽快成长。其中不少学校已经开始尝试将校本研修活动纳入课程建设的轨道，将活动方式和组织形式逐步制度化，并形成了一些值得推广的经验。这些从实践中获得的经验十分可贵，我们将其中部分经验用案例方式进行呈现，旨在推动区域职初教师培训改革和中小学校本研修工作的进一步深入和推进。

我们特别推荐以下案例，就是为了帮助学校在实施《职业适应期教师校本研修课程指南》(以下简称《指南》)中能缩短与先进做法的距离，从中吸取适合自身的经验，在实践中尝试推广并创造新做法和新经验，进而形成富有南京特色的职业适应期教师校本研修的课程体系及范式。

通过向全市征集，我们收到大量优秀的案例。由于篇幅的原因，我们从中遴选部分进行适当修改，按照《指南》所呈现的内容架构加以编排，并对每个案例进行了简要的评析。案例提供者主要有三类：一是学校，二是师傅，三是新手。这也恰好是本指南的主要阅读群，具有共同的经历和体验，共同的志趣和愿望，共同的任务和努力方向。将这些案例提供给广大学校管理者、指导教师及职初教师选读，希望对大家能有所帮助。

第一部分　学校文化与个人成长

本部分案例告诉我们，文化就在我们身边，我们就生活在文化中。有些是显而易见的资源，可以俯身即拾；有些却不易觉察，但也不影响它正在发挥着作用。无论是百年老校，还是刚成立的新学校，无论学校的师资水平如何，只要用心从自身实际出发，认真分析校本资源和本校师资状况，精心组织好相关活动，都能取得实效。

本部分案例与《指南》中"课程目标与内容"的第一模块《学校文化与个人成长》相呼应。在阅读以下案例之前，可能有读者会问："学校文化在哪里？""文化可以影响教师的成长吗？"学校文化是学校在长期的教育教学实践中积淀起来的"集体人格"。我们在理论化的分析时，将学校文化按照物质文化、制度文化和精神文化三个专题进行了阐述，但实践中文化是弥散在学校生活的各个方面。我们之所以把案例归并到某个专题之中，也只是因为其内容有所侧重而已。

收集到的案例内容主要有学校研修制度、机制及活动的开展，学校文化建设成果展示，师徒结对共进团队精神呈现，优秀教师职初经历回顾，职初教师职业生涯规划及个人分析等。依此，我们在案例整理过程中特别注意侧重从文化的某一层面入手来将问题说得清楚些，在行文上依旧按照物质文化、制度文化、精神文化三个方面来分别叙述。

大家在阅读这些案例时，建议注意：一是看看别人是怎么做的，怎么想的；二是看看自己能从中学到些什么，对自己有哪些启示。当然，关键是要考虑如何结合自身（包括个人及所在学校）实际，而不能照搬照抄。

专题一　学校物质文化与环境适应

学校是育人的场所，其机构的社会属性就决定了“什么是最好的学校”的标准，即校园里的一草一木、一舍一居都要有教育性，让“每一面墙壁都会说话”。如果这一功能也能在教师、在职初教师身上得到显现，这样的学校真的是最好的了。

当一位新教师走进这所学校，走在校园里，所见所闻所触，一切都是陌生的。也因为是自己职业生涯开始的第一站，所有的都让人寄托希望和充满好奇。要想尽快适应这一新环境，真正成为这所学校中的一员，就必须不断去认识这所学校，了解自己身边的人和事，并亲身去开启自己的职业生涯，直到让自身产生归属感。

这组案例提供了一些做法，但直接利用物质文化来影响职初教师的并不多或并不明显。在整理的过程中我们尽量挖掘了一些能给我们带来启示的因素。有些做法我们已经做过，有些可以直接拷贝，有些学不来；但不论何种方式，都是从校本出发，都是我们在教师培养中做出的一些尝试和努力。案例中反映的学校城乡均有，有百年名校，也有新建学校，各样的尝试，都是发自学校对新教师快速成长的期盼，也发自对过去教师培养方式的补充和超越。这样的努力，具体表现出校本资源的开发是需要十分精致和细心的，只有这样才能有效地推进我们职初教师校本研修活动的制度化和课程化建设，也可以进一步确认学校和教师各自的责任和发展方向，虽然做起来并坚持下来很是艰难。

一、精致的创意：以校为本的独特

案例一

百步聊吧：拾级而上的自由文化

——一所城市小学开展职初教师有效影响的实践探索

开展富有实效的教师研修活动，也是富有特色的校园文化的一部分。拉萨路小学由门前路名生成的教师文化沙龙，活动内容丰富，贴近教师生活，对新教师成长的促进效果显著，值得推荐。

塞内加说:智慧是唯一的自由。百步聊吧是我们探讨教育教学活动的自由场所。它让我们心灵相互敞开,创造着情趣盎然的共同的精神生活。

一、命名的创意:“百步”与“聊吧”

“聊吧”的最初创想来源于“沙龙”。而沙龙的氛围又是那样的自由,可以让人们在毫无拘束的情境下畅所欲言。“闲暇出智慧”,人在心身放松的情况下,思维是活跃的,心智是晴朗的,此时思考的、表达的是真智慧,是一切生活积累的瞬间灵感,于是“聊吧”的雏形有了。

拾级而上,步履渐渐坚实、自信。恰如拉小门前百步坡,百步为坡,层层而上。“百尺竿头,更进一步”。我们的聊吧不也仿如一级级阶梯,导引着我们跨越百步,衍生智慧,更进一步!“百步聊吧”,对,取意正如此!

当然,“百步聊吧”的创意绝不止于此。它同时体现的还有我们对老师们的一种关注。教科研无疑会提升一个教师的教学品质,促进一个教师的成长;但是,教科研如果总是作为一种科学的严肃面孔出现在教育教学中,那么对于每日面对繁重教学任务的一线教师们来说,它势必总是被动、总是流于形式的。因此我们试图糅合二者,让教科研轻松愉悦地走进老师们的生活,让它真正地为老师们的日常教学服务。

二、永恒的话题:教师的生活

杜威说:教育即生活。于是,我们将聊吧的话题深深地扎入教师的生活,与老师们同呼吸,共思索。自 2003 年那个丰硕的秋天开始到今天,我们已经先后做了几十期这样的聊吧。我们关注的主题有:

课堂设计。课堂是我们生活的主阵地。一位职初教师的聊吧感悟:2012 年 4 月,我有幸参加了一期以“潜行,路在脚下”为题的百步聊吧。从课堂导学案的研究,到一次次不同学科的整合展示课,都让我受益匪浅。在聊吧中,有 6 位有经验的老师就自己导学案的设计和实施的心得体会向大家做了介绍。在大家的各抒己见中,我觉得自己对导学案有了更深刻的认识,并对课堂的归属进行重新定位。课堂是学堂,课堂质量是学生的学习质量,而不是教师讲课的质量。

这真是一场快乐的活动!我从没见过学科相融如此之大的语、数、综合大组的集中研讨,跨越学科的倾听、评价,教师辩论的妙语连珠,特级教师的精辟点评;没想到我们学校教师团队的学习力是如此强大。

像这样来自教学实践中的聊吧我们还先后举行了“由试卷说开去”、“沉舟侧畔千帆过——我为有效教学支一招”以及“我们的研究生活——课堂教学有效小实验”等多期。

阳光语录。关注教学，我们更丝毫不敢懈怠教育，自我校发起“阳光语录”的活动之后，孩子们更加笑靥如花，老师们也在实践中有话要说。应时应景，我们为大家提供了这样一个讲述、倾吐、思考的聊吧内容“我和‘阳光语录’有个约会”——践行“阳光语录”。

校本练习。这是老师们较为关注的话题，也是学生、家长与老师、学校接触最多的话题。如：数学校本练习到底与课本练习之间是什么关系？这样的练习在横向和纵向上应保持一个什么样的系统？如此等等的思考，让我们觉得有必要将校本练习进行一个思想大碰撞。为此我们做了多期聊吧，如“大风车转转转——数学校本练习”以及由此生发思考的一期新聊吧内容“掂一掂‘思维的含金量’——校本练习与思维训练”等等。

教师风格。“人是能够思想的芦苇。”帕斯卡尔这样说。做一个风格鲜明的教师，最起码做一个有特点的老师：我们这样呼唤着。聆听追求的心声，我们走进了这样一期聊吧：“合唱声中独唱者的旋律——教学风格的认识与追求”。

一期期鲜活的话题，也使我们不断思考：怎样让聊吧和老师们在美丽的校园里有一个美丽的遇见，再延续下一次的期待呢？

百步聊吧，几度春秋，几度风雨。自由、酣畅从未更改，研究、实践不断深入。百步聊吧，真正的拉小智慧文化，它将迎着春去秋来的风拾级而上，留下我们一路坚实的脚印。

（拉萨路小学　严瑾　贾卉　赵娱）

点评：百步坡是个路名，爬上去可以到五台山体育馆，也可以到拉萨路小学。这个路名与拉小本身并无太大关系，但以此为名的学校教师沙龙，却富含着文化深意，并且不可替代。这样的命名看似不经意，却充满智慧。它不仅代表拉小，更具有了团队进取向上、孜孜以求的精神。人生就像爬坡，教师的职业生涯也如是。一位教师在自己职业生涯的初始阶段，就开始体味需要不断努力攀升才能赢得职业成就，心中一定确立好了奋斗的目标。一位职业新手，能将自己的生命和职业操守浸润在这样的空气里，慢慢滋养，茁壮成长，一定能获得所期盼的职业幸福。

案例二

魅力"陶"园，以"陶"为范

——晓庄附小利用校园文化培养职初教师侧记

陶行知先生是一位伟大的教育家，他创建的晓师附小是留给我们这座城市的宝贵财富。身在这所学校，作为陶先生的后任值得骄傲。这一资源无疑是宝贵的校本资源，甚至具有不可替代性。我们应该如何来利用呢？

1927年3月5日，晓庄小学（南京晓庄学院附属小学前身）破土动工，几间茅舍傲立于劳山脚下，这所由陶行知先生亲手创办的小学，从此烙上"陶"印，至今已度过87载光阴。

一、烙上"陶"印，创造陶园

时光荏苒，2012年的学校抗震加固工程，以鲁照斌校长为首的校园设计者们提出了"学校是图书馆、实验室、体育场、聊天室、游乐园"的校园文化建设目标，同时确立坚守晓庄文化，传承行知精神，以"陶"树人，做"真"教育，培育"真善美"的现代公民的办学主张，以"为每一位师生创造值得终身回味的真教育"为学校使命，以"优势培育，共同成长"为管理文化，以"陶娃"为学校形象。

进入学校大门，首先映入眼帘的是行知楼，迈入行知楼，即见行知像和理念墙，左手边便是校史馆，这里有陶先生创办晓庄小学的历史轨迹，也有像陈波、于杲卿、张成和等老校友们的事迹介绍。尤其是老校友张成和，用自己的退休金回校创办"张成和陶娃基金会"，激励优秀师生，传承了行知精神，感动了无数教师。

走出校史馆，校园里到处都弥漫着浓浓的"陶"味，"行知路附小情"的校史长廊记录着"陶史溯源"、"陶沙积淀"、"陶花盛开"，"问源渠"中铭记着陶先生的"每日四问"，时刻警醒着老师们珍惜光阴，埋首苦干。

树人台前种有"以陶树人"四个大字，背景为"走行知路，做行知人"八字口号。这里是每周集体晨会的日子，也是最重要的全校集中教育的场所。这里曾有多位青年教师谈理想，说规范，受表彰。这里成为吹响行知号角，激发教师激情的最佳场所。

陶娃墙上六个鎏金陶娃，栩栩如生，对应陶行知先生提出的"六大解放"，提醒教师关注儿童、以生为本，做儿童自由、自主、创造精神的引领者与陪伴者。

陶园春意暖，花开吐芬芳；桃李满天下，生命齐飞扬。这里是"陶花"盛开的地方，这里是"陶娃"徜徉的殿堂，这里见证着一个个"陶师"的快速成长。

二、以"陶"树人，成就"陶"师

多年来，附小依托校园物质文化资源，注重环境育人，坚持开展教师"学陶师陶"教育活动。

1. 追随行知先生"爱满天下"的教育情怀。记得2011年是陶行知诞辰120周年的日子，附小作为离陶行知墓最近的"陶校"，率先纪念。活动当天，佳朋齐聚，少长咸集，附小"陶子"来到陶墓前，追忆先生遗愿，寻访行知足迹。晓庄小学创办的亲历者之一陈云森老人虽然身体不便，还是坚持出席，感动了附小所有的老师。

在随后的11月份，我校承担了栖霞区"走行知路，做行知人"主题演讲比赛活动。在学校的报告厅中，我校晋欢、李烨、蔡晶三位教师以一篇《晓庄旭日，普洒陶园》的激情演讲，感动了许多人，也感动了全校的所有教师。

每年清明，学校的"陶诚中队"的同学们都会在班主任赵红的带领下祭扫陶墓，缅怀先生。我校教师胡晓玥、李烨定期赴陶行知纪念馆做义务讲解员，介绍晓庄办学历史，汲取行知精髓。同时学校还组织教师赴安徽歙县陶行知纪念馆、淮安新安旅行团纪念馆等行知文化场所追寻行知足迹，感悟行知精神。

2. 实践行知先生"求真教育"的教育目标。"教人求真，学做真人"为我校校训，多年来，践行求真教育，打造求真课堂，一直是附小人孜孜以求的梦想。为此，我们引领教师广泛开展理论阅读、教学实践等活动。

自2013年9月起，每双周周三晚上五点半，整洁明亮的教师阅览室里灯火通明，这是学校行知读书沙龙的读书人在如期相约，一起分享阅读之感悟，教学之所得，教育之困惑，大家或主题演讲，或即兴分享点评，你来我往，心旷神怡。

每学期末，学校报告厅里座无虚席，全体老师齐聚一堂，这里是学校行知讲坛的活动地点。每次讲坛学校都邀请青年教师，尤其是刚入职的新教师，登上讲坛，或谈读书感受，或述教学感悟，或论学习体会。当然，那一场场发轫于斯的教学研讨、沙龙讲座，在教师们期盼的眼神中，迎来送往，经久不息。

3. 学习行知先生"向儿童学习"的教育理念。相信儿童，承认儿童身上有力量，重视儿童的创造力，是陶行知儿童观的主要思想。陶行知热爱儿童，愿意亲近儿童；我们的校园里随处可见为儿童设计的场所。遍布在校园里的诚信书吧，虽为孩子们课余的阅读乐园，却也无形中触动着教师们的阅读神经。学校曾经以学生必读书目为阅读内容，要求教师们阅读各自所教年段的儿童读物，然后用续写、改写、创编等等形式表达出来，以此来达到师生共读共写共悟的阅读效果，切实引领教师关注儿童读物，关注儿童的阅读，更好地为儿童而教学，这恰恰是我校“以陶树人”行动纲领的要义之一。

徜徉陶园，这里的一草一木、山水石雕无不寄托着附小人对传统的坚守和传承，也许从踏入附小大门的那一天起，以“陶”树人的风骨便悄悄长成，让每一位走进附小的新教师，怀揣着同样的行知梦、教育梦。

（南京晓庄学院附属小学　顾新佳）

点评：能在陶行知与学生创办的学校里工作，对一位教师而言是十分幸运的。作为南京这座教育名城的名片，我们每一位年轻教师都应以陶先生为榜样，每所学校都可以组织教师们去陶馆参观，去陶墓瞻仰，将“学陶师陶”做成南京市所有中小学的校本研修的主题。校园设计者将先生的思想主张加以物质化，其目的还是想通过这些不会说话的景物叙述久远的故事，让当代的教师知道我们应当对文化和传统进行传承。希望能将“学陶”设计成为我们新教师入职培训的第一课！

案例三

石物湫趣，共圆师生梦

农村学校环境很美，拥有草深绿浓的优势。农村的孩子能体味到其中的美，并想表达出来，引出了一个制作照片的故事。故事里有说不完的故事……

“叮铃铃……”随着下课铃声响起，我与几名学生边谈边走出教室。这时，走在靠楼道外侧的小敏，用双手拉着我说：“老师，能同我拍张照吗？”她的双眸中闪动着恳请与渴求，双手轻微地摆动着。

“小敏曾告诉她外出打工的爹妈，我们学校多么漂亮。”快嘴的小泽插话道，“可她爹妈根本不信！”

我们不约而同地凭栏放眼望去，春天的校园里，近三千平方米的新绿化带、长达40米的文化墙、室外LED电子屏、水上栈桥、六角亭和塘边景墙，以及一口五十余年的老井和井亭等。绿化带里匀称地分布着：一棵树龄四十多年的枫杨树，两棵四十多年的小叶女贞；一排与楼房比肩的有着“活化石”之称的中华水杉，两排近三十年的黑松，它们见证了石中发展的历史。文化墙上“仁礼信学智道和”七个大字，体现了学校的育人理念。校园内依势设有：“迎宾园”、“硕果园”、“故园”、“山水情深”、“绿荫闲坐”、“石风湫韵”、“雅苑”、“银杏广场”、“留园”、“秋水喻情”、“荟萃园”及“青奥园”十二个景点。

此时此刻，错落有致的花圃内繁花似锦；绿荫校舍与田园农耕的环境协调而又显雅致，如画如诗；置身于校园，景与天地和谐，人与文化融洽。美丽的校园无论是宏观上的设计，还是微观上的布置，都能够令师生们感到与绿色同行，与校园文化同在。如此看来，我们要与小敏拍摄的就不是一张照片，而是一组全面反映美丽校园环境和学习生活的系列图片。这可让我们不由得兴奋起来……

就在我们为此而忙得不可开交的一个周末，已在省溧中就读的小陶，也加入了我们的行列中。她为母校现有的校园网、实验室、开放式图书馆、微格教室、书画音乐专用教室、塑胶跑道运动场等设施感到格外激动，特别是为所有教室均已配备电脑、网络、触摸式显示屏、电子白板等“多网合一”系统，以及教师人人均配备办公电脑，成为南京市最具现代化气息的小班化示范学校之一等成果，而感慨万千。她建议我们一道来创设若干个学习活动的情境，拍摄一组现代化的学习生活剪影。小陶说：“这绝不会比省城名校的学习条件逊色！”

于是乎，孩子们开始系统地了解学校的学习设施与条件，分别设计适合自己担当的“角色”。当然，这其中的主角小敏，大家都主动帮助她来完成，我则身兼策划、摄像指导、二号主角等多重身份，几乎令我都难以胜任啦，但与孩子在一起，我的童心与热忱决不允许自己有丝毫懈怠。

正是小陶的加入与建议，启发了我们进一步邀请各位任课老师加入活动。当我将此设想向我任教的年级组老师们透露以后，令我们没有想到的是全校无论是任教或不任教的老师，都纷纷参与其中，并开始着手指导起来。

“市优青”储志飞老师，指导学生们正确结合数学教学使用网络系统；“区优青”吴红保老师，结合物理教学指导学生们，在活动中如何正确地运用光学、力学和电学等原理；区学科带头人张巧华老师，结合美育教学指导学生们，审视构图、视角与视野以及色彩等的合理搭配；区学科带头人卢士见老师，结合化学教学指导学生们，在活动中如何体验宏观与微观相结合、定性与定量相结合等进行观察与思考；“区优青”周跃宝老师，结合语文教学指导学生们运用校园网、开放式图书馆和微格教室等设施，积累文学资料，提升文学素养等等；还有，历史、地理青年教师，结合学校原址“大庙”的典故，帮助学生忆昔抚今，增强珍惜今天优美学习情境的自觉性与自豪感。

我们通过活动方才明白：我们的学校“其地环山而带水”——东托小茅山丘陵缓坡，西据西横山脉，北沿虎踞龙盘的金陵南麓，南涉“水冲渫而洋波”的石臼湖；而宁高城市轻轨和高速公路，已将原本相对偏僻的山中小镇，变为交通便捷的南京市南郊。家乡的建设与巨变，将由我们这代人开始实现，这会有多少未知等待我们去探索，有多少事业等待我们来开创。

这一切似乎已远远超出了原本的活动范畴，却是实实在在地起源于学生的自发活动中。

“我们自身发展的基础，来源于我们学生的壮大成长。”储志飞老师的话，说出了我校迅速发展的青年优秀教师群体的主流心声。如此之多的青年优秀教师自觉自愿的参与学生自发的学习活动中，既有自身发展必须积累基础“营养”的需求，更为重要的是体现出学校“让每一个孩子留下终生美好的回忆”的办学宗旨，“让每一个孩子成为学校的主人翁”的管理模式，以及“做好平常事，做出不平凡”的校训，已经成为大批优秀青年教师的自觉行为。

这样一来，我们的“小活动”，势必会“惊动”校领导并引起关注。校教学处、学生处和校长办公室，联合给我们“活动小组”专程送来一句话——“不贵尺之璧，而重寸之阴”。同学们在小陶的提议下，将此作为活动中每一个学生的“座右铭”而保存起来。我想，在如今经济改革的大潮中，他们将会在自己青少年人生发展道路上，做出正确的抉择。

为了圆小敏的一个梦想，这可让我们忙活了一周有余，才逐步完成。晨晨提议：“应该给分组的图片，起个名。”小泽抢着说：“第一组图片，反映了学校的景色与设施，可称为‘石物’，也就是石中的现代化实物的意思。”

晨晨接道：“那第二组图片，反映出师生们共同的学习与交流，可以定名为‘湫趣’，也就是我们成长的共同情趣是学习。”

过后，面对着整齐有序地摆放在面前的第三组图片，大伙儿不约而同地都将目光投向小敏，教室内顿时安静了下来，静得几乎能够听到大伙儿的呼吸与心跳声。原来，第三组都是以小敏为中心的学习生活图片。我几次用眼神示意着小敏，只见她都在若有所思地凝视着，然后开始轻柔地拂拭起张张图片……几分钟，不！也许更长的时间后，轻缓的、略有颤音的话语从小敏的口中——不！更确切的应该是从小敏的心中发出：“这次让我们学到了很多很多……爸爸、妈妈，你们知道吗?！这就是我们由梦而来的圆梦之路啊。”

“说得好!”闻讯而来的是一直在外旁听的洪校长，此时快步走到小敏身旁，边鼓掌边说道，“就定名为‘圆梦’，在石中让我们共圆师生们的每一个成长之梦!”……

在我们石中丰富的学习生活中，这只不过是激起的一朵小小的“浪花”而已。当然，这其中折射出师生们共同成长的点滴积累过程，我们的学习活动与生活仍在继续，教学相长也同样在继续着……我自己的“梦”，正是在一次次被如此的“浪花”冲涤下，正在变得愈来愈清晰，愈来愈有把握……

（溧水区石湫初级中学　王　玥）

点评：在学校里，还有一群人与新教师在一同成长，那就是他们的学生。我们应当尊重我们的学生，感怀他们与我们一同走过的岁月。当多少年后回忆起来时，你会骄傲地说：“这是我教过的第一批学生!”这个案例讲述了一名农村留守儿童要给自己在外打工的父母拍些学校的照片。因为在他眼里，学校最美。于是师生合作，终于成功。文字中字字句句都包含了一名学生对自己校园的喜爱，也饱含着一名年轻教师对学生的深情。这种感情在职业生涯初始阶段可能是自发的，随着岁月流逝，会发生一些变化，可能会厌烦，不再喜欢学生，也可能是日久弥深，根植于我们的心灵深处。这里有我们的职业操守。爱学生是所有教师职业道德的内核，我们应当于从业的第一天起就要培养这样的感情，否则就难以胜任教师这一角色。

二、无声的影响：一物一景的叙述

案例四

教育梦想在这里起航
——指导教师与职初教师间的对话

这是一对师徒，都是小学语文老师，师傅已经从教 28 年了，徒弟即将满 3 年教龄。以下是他们之间的一组对话。从对话中可以看出这所百年老校是如何帮助职初教师顺利开辟航路前行的。

话题一：校园文化是指引前进方向的船舵

小吴老师：

工作伊始，我把写着对教育期望的红色纸片折成一艘帆船，看着它，仿佛看着自己五彩的教育梦想正在起航……

三年前，刚刚走上工作岗位的我对教育事业充满了热忱，觉得只要凭着一颗真心，教育孩子不是什么难事。可是真正是万事开头难，新班接手不到一个月，就有家长给我提起了建议。他们觉得四年级是小学阶段至关重要的学段，甚至决定了高年级的起点，所以希望我除了课内练习册外，能多给孩子们补充练习题，适当增加“压力”，让孩子们能取得更好的成绩；而一些与分数没有直接关联的作业就可以减免一些，以免浪费时间“做无用功”。看着家长们一张张焦急而又充满期盼的脸，我一时语塞，不知该怎么解释。

送走家长，带着沉甸甸的心情，我走出教室，不知不觉来到了“求真石”前。记得第一次踏进校园，迎面便是巨大的“求真石”，不远处还矗立着一座爱心雕像。刚成为教师的我，在校长的带领下郑重地对着爱心雕像宣了誓，并将誓词牢牢记在心底。此刻望着那鲜红的“求真”二字，我仿佛听到“教人求真，学做真人”的校训在耳畔响起……对啊！既是教人求真，又怎能一味追求功利化的分数呢？难道分数就能准确衡量一个学生的“好”与“坏”吗？猛然间，“求真石”给了我巨大的力量，亦坚定了我的意念：决定不以学生的分数为唯一追求，坚持从学生的基本功抓起，关注孩子德、智、体、美、劳等综合素质的全面发展。渐渐地，孩子们在学习中充分享受着学习的乐趣，一步一个脚印地成长着，而家长们的观念也都发生了变化，愿意守候着孩子们一点一滴的改变。

师傅寄语：

校园文化有着“桃李不言”的特点，让学生自然地受到熏陶和感染。对于教师，同样如此。从学校东南角六朝台城外重城垣南墙的遗址走进校园，踩着刻有古诗文的地砖，看着学生们精彩的画作，听着耳边朗朗的诵读，仿佛穿越一条时光隧道……坐拥厚重的人文气息，掩映在闹市之中，游小，俨然有着闹中取静的姿态。而始终指引我们前行的，便是那份饱含“古朴、求真、爱生”的校园文化。

除了校园环境潜移默化的影响外，学校还常常组织青年教师了解百年校史。位于图书馆边的校史室，便是青年教师了解学校历史、树立教育理想的地方。走进肃穆的校史室，墙壁上一幅幅清晰的老照片见证了百年老校经历的风雨变迁，橱窗里一本本珍贵的文献材料记载着近一个世纪的辉煌历程。众多国内外友好学校的礼物也被陈列在这里：马来西亚的纪念品、澳大利亚的羊毛毯……一件件都似乎在诉说着与游小不解的情谊。可以说，来游小接受熏陶、开阔眼界的不只是学生，还有老师们，尤其青年教师，在这样的校园文化指引下，不断厘清教育理想，明晰了前进的方向。

话题二：同事互助是一面陪伴远航的风帆

小吴老师：

有了前进的方向，孤军奋战是万万不行的，同事的无私帮助就如风帆，成了最宝贵的航行保障。其中令我获益匪浅的首推"师徒结对"了。学校早就有"师徒结对"的传统，每学年伊始，会给青年教师配备几位师傅，指导其教育教学工作。

记得工作第二年，我参加"希望杯"赛课，被告知要上《灰椋鸟》。面对这样一篇从未接触过的课文，和不到二十四小时的准备时间，我简直感到乱了阵脚。硬着头皮自己备了一个教案，下午放学前试上了一次，效果却不理想，没有新意不说，课堂气氛还不活跃。在我沮丧万分的时候，我的师傅蒋主任、柳主任、邵老师和查老师利用下班后的时间，帮助我备课。从确立教学目标到梳理上课环节，从过渡语的说法到课件的出示，他们帮我一步步地理清整节课的流程。虽然第二天我拿着没有试上过的教案，面对一班从未接触过的学生，但是此时此刻，我的心里却是满满的动力和信心，我明白，我不是一个人在奋斗。更令我感动的是，学校老师们没有因为"师徒结对"而机械地履行职责，当我有困难时，无论求助于哪位老师，都会得到热心而耐心的解答。

另一个为青年教师的成长"保驾护航"的制度就是"名师工作室"了。在游小，每个学科几乎每周都会开展一次"名师工作室"活动，由校内教师或外聘名师授课，围绕相关主题进行评课、讲座。每逢这种活动，老师们尤其是年轻老师们都会非常期盼，如果刚好轮到自己执教便更是极大的幸福，因为可以经历磨课、上课、评课、反思等重重历练，借助集体的力量更快地成长。

师傅寄语：

游小的"师徒结对"是扎扎实实在做的一件事情。每学期，师徒之间必须互相听课，并且做详细的听课、评课笔记；徒弟每半个月就要把上课教案带给师傅检查一次；徒弟还要阅读师傅推荐的书籍，并写读书笔记。可以说，师傅就像青年教师走上岗位的护航者，从课堂教学到班级管理，从学生教育到家长沟通，师傅们无私耐心地扶持徒弟，而徒弟的点滴成长则见证了师徒二人的努力和这项制度的益处。

一个人的力量是有限的，如果仅靠师傅带徒弟的方式，那么青年教师的成长难免会有局限性，这就需要学校这一更为广阔的平台作支撑。游小的“名师工作室”教研课、教研组团队形式正是将学校的力量汇集起来，将集体的智慧播撒到每一位年轻教师身上。

话题三：自身积极进取是一部永不停歇的发动机

小吴老师：

在这样一个温馨的校园文化中，在这么多同事的帮助下，我没有理由不更加努力，我深知，唯有积极进取，才能保证前进的动力。“积极进取”正是游小又一优良传统，从校长到每一位教师，无不有所体现。

学校专门成立了“青年教师发展学校”，定期邀请校内外专家、教师为我们量身打造有针对性的课程、讲座、交流会和提供实践机会，让我们在平时的埋头工作之余充充电。

让我印象最深刻的要数去年暑假连续三天的集训了，真是让我受益匪浅。学校诸位名师的讲座，无私地向我们分享宝贵经验，就像为我们点亮了一盏盏前行的明灯；读书沙龙中的畅所欲言迸发出许多奇思妙想；青年教师们的微型课堂让大家有了绝佳的分享切磋的机会；“论学生是老师的老师”、“我想做一个________的老师”等即兴演讲在制造紧张之余，引发了无限思考；户外团体素质拓展锻炼了体格，更让我们明白了合作的可贵……

“青年发展学校”就像一个大熔炉，将你的、他的、我的“教育财富”融合在一起，塑造出一群优秀的青年教师。

师傅寄语：

“业精于勤，荒于嬉。”青年教师唯有不断找到自身不足，确立新的目标，才能获得不断进步的动力。学校成立的青年教师发展学校让我们懂得，对于学生们来说，我们是老师，而对于教育事业，我们则是永远在学习的学生。

再过一个月，小吴老师将送走她的第一批学生，她也在学生成长的同时得到了发展。在游小校园文化的感染下，在同事们的帮助下，在自己的努力下，我相信，游小所有青年教师的教育梦想会向着更远的目标航行。

（游府西街小学　柳世清　吴　霄）

点评：学校不仅是学生成长的地方，也是教师成长的地方。作为具有百年历史的小学，给这位青年教师的职业生涯初始阶段留下了深刻印象。在我们看来，一块石头并不会说话，但"求真"二字既是做人的要义，也是为师之道。学校的各种做法看似貌不惊人，但正是这些持续实施的常规做法已经融入学校文化机制之中，让人有"润物细无声"的感觉。求真务实的校训，在一位新教师身上就形成了强大的助推力，让新教师在职业生涯一开始就能找准发展的方向，感受到团队的力量，体验到职业的幸福，沉浸在生活的美好之中。这对师徒的对话，充分说明新教师的成长一定要在学校情境中进行，并且一定要借助一切可以借助的力量，学校可以做的就是提供这样的帮助。在学校硬件方面差距已逐渐消弭的当下，要讲校际之间还有什么差别的话，恐怕就在此了！

案例五

教师书吧：温馨家园一瞥

对一位新教师而言，对刚开始工作时所在的学校，能产生家的感觉，是多么让人羡慕。这样才能干一行爱一行，才能树立起职业理想，这也是一种第一印象。

大学毕业后，初到雨中工作，教学上还没有完全入门，管理学生也不能得心应手，每天匆忙地备课、上课，应对学生的各种琐事，日子过得很忙乱，没有一点放松和悠闲。

一天下午，没有课，正纠结于一些学生的作文不理想，同是英语学科的前辈许荟老师邀我一起到学校的教师书吧坐坐。教师书吧？我顿时好奇起来，一本好书，一杯清茶，轻柔的音乐，安静的氛围，这可是我一直向往的生活啊，难道中学也有这样的地方？带着些许兴奋和憧憬，我第一次来到了教师书吧。

踏进书吧，心不由得平静下来。和忙乱的办公室不同，这里雅致而宁静。一个个错落有致的书架，镂空的格子上，摆放着书籍，还点缀着造型别致的小盆栽。落地窗外，正是学校的芳山，一抬眼就能看到满目绿意，下午的阳光正透过窗户照进来，明亮，温暖。每个角落，都有高大葱茏的植物，显示出蓬勃的生机。书吧里，三两个老师，或坐或立，静静地翻阅着书籍。音乐在缓缓地流淌，正是我喜欢的班得瑞的《自然之声》，清新，空灵，听之忘俗。随手拿起吴非老师的《一盏一盏的灯》，在舒适的沙发上坐下，我惊奇地发现，沙发前的小茶几上竟然还放着咖啡和茶，慢慢品啜着拿铁，同时感悟着吴非老师的所思所想。不知不觉，两个小时过去了，再走出来时，夜幕已经降临，看着灯火通明的教室，我不再觉得烦躁，吴非老师关于教学、德育、管理方面的小故事，如同一盏一盏的灯为我破开迷雾，让我以更平和宽容的心态对待工作，对待学生。

从此，我就和书吧结下了不解之缘。每个星期，我都会抽出一个下午来书吧坐坐，看看书，静静心。平时，上网或看手机，大都进行的是碎片化的浅阅读，而在书吧里，我终于能重拾起经典的厚重，潜心阅读，连思想也变得丰厚起来。我喜欢诗歌，凝练的语言，跳脱的思维，在诗句里感受文字最温柔的呼唤；我喜欢散文，沈从文、汪曾祺、林语堂、梁实秋、周作人……清淡平和的文字，是抚平我浮躁的一泓清泉；我也专心地阅读英语教学专业方面的书籍，了解学科理论知识，找寻教学的规律。我将这些阅读体验带入了教学，带给了学生，我的工作越来越得心应手，课堂变得充实而有趣，学生也愿意同我亲近和交流。在进校三个月后的学校青年教师汇报课评比中，我荣获校一等奖。原来，只有提高自己的内蕴，沉静自己的心灵，才能真正成长。

一个周末，许荟老师来找我，她说：教师书吧不仅是 bar，更是一个 club，“1212”读书俱乐部的老师们会定期在书吧中开展活动，这次你和我一起去吧。虽是初冬的晚上，教师书吧里的气氛却很是温暖，大家畅谈自己的读书感悟，我也谈了《教育中的心理故事》的读后感。在大家的鼓励下，我重新拾起自己在大学里的爱好，将读书时的心得和想法写了下来。从一开始的只言片语，到后来成篇的文章，读书笔记的写作也越来越顺畅，我经常在学校网站的“闲暇随笔”里发一些自己写的文字，竟得到了不少老师的跟帖、点评和鼓励。

工作不到一年，我就参加了学校的读书报告会。刚工作时，聆听过一次学校的读书报告会，那时我坐在下面无比羡慕，不知道自己什么时候也能像做报告的老师一样旁征博引，侃侃而谈。想不到，这一天这么快就到来了。在“1212”读书俱乐部会长的推荐下，我终于站在演讲台前，向全校老师介绍我喜欢的书《一盏一盏的灯》。这一刻除了紧张，更多的是从容和喜悦，因为这些想法都是来自我真实的内心，能和大家分享这些读书的收获，如同向知己倾诉一般快乐。

不久，两本散发着油墨清香的书来到了我的手上：《读书报告会文集》里有我的读书报告，《故事，雨中飘来的花瓣》里收录了我的教育叙事。对于从小就渴望将文字变成铅字的我，心里仿佛有朵花在悄然地盛开。

现在，书吧还是一个研究室，不知什么时候起，各学科各年级的备课组活动地点也渐渐地移到了书吧，带上笔记本电脑，围桌而坐，交流备课感悟，讨论重点难点。对了，许荟老师今年顺利地被评为南京市优秀青年教师，她的很多准备工作，如笔试前的资料收集、上课前的磨课活动都是在书吧里完成的。其实，学校这次一下有七位教师被评为南京市优秀青年教师（我校是南京市此次评比中入选教师人数最多的学校哟），又有哪一位"优青"不是在书吧里成长的呢？

学校里不仅书吧雅致而温馨，校园里的每一处都是精心设计。还记得第一次到学校餐厅就餐时，我的惊奇和羡慕。那时，我还不是雨中的教师，在紧张的求职面试之后，获赠一张免费餐券来到教工餐厅。明亮的自动玻璃门，时尚又点缀古朴元素的装修，黄白色灯光，舒缓的背景音乐，说不出的高雅。来雨中工作之后才发现，餐厅更让我喜欢的是：这里有浓浓的人情味，这里有温馨的家的氛围。在餐桌上，大家一起聊天，谈论生活，谈论工作。好几次学校领导和老教师在就餐的时候询问我工作适应情况，让我备受感动。

在青年教师教育教学研习会的年会上，穆校长说了这样一段话：学校一直在努力，努力把雨中校园建设成一个师生共同成长的家园。学校里有可口精致的饭菜，舒适雅致的生活环境、学习环境和工作环境，希望我们的青年教师在校园中不仅享受到家的温暖，更能感受到来自生活细节的文明和雅趣。

对这样一个家园的回馈，作为一名入职仅一年的教师，我能做的就是不断地学习和汲取，努力发展自己，承担起一个教师的使命：做一盏明灯，照亮着学生，让他们读书、明理；敏锐地抓住生活中最点滴的教育机会，对学生做出最正确的教导；积极参与营造一个阳光健康的成长氛围，让学生快乐、幸福……

（雨花台中学　陈金秀）

点评：以校为家，首先让我们想到的是忘我工作的无私精神。但这里并不是对一名青年教师的苛求，而是一位新教师在职业初始阶段的深刻感受。书吧也好，餐厅也罢，都是吸取营养的场所。学校建设有很多种思路，但让老师吃好，有一处安心读书、思考的地方，却是不容易做到的。要想教师以校为家，先要让教师生成"如家"的感受。只有在家里，才能让人彼此之间相互信任，能放开手脚不受拘束。有了自由的空间，才能自由发展。

案例六

朵朵茉莉香满园

——一所农村小学的独特校园文化对青年教师的影响

从城里学校轮岗到农村小学，看到的竟然是另外一番景象。这里的青年教师迅速成长，原来是因为校园里"花香四溢"。这是怎样的催人进取的动力呢？请大家一同到唱出"中国第二国歌"的《茉莉花》采风地的小学去看看。

我是一名从区实验小学轮岗来金牛湖中心小学的老师。金牛湖中心小学地处六合东北，距离县城15公里，是一所占地40多亩的乡村小学。初来金小时，总认为农村小学，师资能有多好呢？一了解才知道，2014年教师节，金小有11人获得区优秀青年教师，受到六合区教育局的表彰，这在全区各校中是最多的。

不仅如此，之前也有多位青年教师在学校里迅速成长，不少被调入城区重点小学，近5年来有3人成为冶山中心小学、长山小学、长山幼儿园领导，5人被评为区学科带头人，2人被评为市优秀青年教师。而金小，是这些老师职业生涯的第一站。在六合区乡镇中心小学中，像金牛湖中心小学这样多的青年教师快速、持续成长的情况并不多见，因此，可不可以叫做"金牛湖现象"？

带着好奇，我越发对这所农村小学感兴趣了。

一、一首名曲，情意绵长；金小老师，润泽校园

走进校园，沿着洁净的水泥路直行便来到了主教学区。从南到北，三栋教学楼、一座综合楼、一个体育馆和一个师生食堂整齐排列。教学区的墙壁、连廊上，洁白纯净的茉莉花图案随处可见。金牛湖，是被称为"第二国歌"的民歌《茉莉花》的采风地，所以学校就将"茉莉文化"作为特色文化来打造了。

主教学区的三栋教学楼有连廊相连，主教学区的西侧，是运动场和篮球场。篮球场和运动场之间有三棵高大的梧桐树，已有几十年的树龄，树干粗壮，枝繁叶茂，树下是一排水磨石面的乒乓球桌。位于主教学区后面和篮球场并排的是一方池塘，池水清澈，四周有不锈钢围栏，一座六角亭位于池塘中央，中间有装有护栏的石桥与岸边相连。池中游鱼在睡莲下嬉戏，怡然自得。站在教学楼的走廊上向西望去，大片平坦的农田错落有致，宁天城际轻轨像彩虹一样从农田上跨越而过，让人心胸开阔。

有人说，环境对人的潜移默化，会使人形成根深蒂固的思想认识和品行道德，所谓"一方水土养一方人"。我想，这茉莉的纯洁，曲声的动人，静静地润入了学校的机体。在这一文化因子的影响下，学校的管理体系、培养机制和教师自身努力、内外部创造的条件等众多因素，一同造就了这一青年教师迅速成长的"金牛湖现象"。

二、千朵茉莉，洁白纯净；金小教师，品行端正

天天与茉莉相伴的老师们耳濡目染，做什么样的教师？自然而然会引发教师的自我叩问。"品行端正"也许可以涵盖今天人们对优秀教师师德所有的描述，因为，"品行端正"意味着教师面对放弃责任的诱惑，必须拒绝；面对违背良知的利益，必须割舍。在一切向"钱"看的今天，能做到这，就是师德的高境界。

金牛湖中心小学的教师没有一个参与校外补课，有的是大家争分夺秒利用在校的时间帮孩子辅导(因为大多数孩子家远要乘坐校车，时间耽误不得)；金牛湖中心小学的教师没有一个带着偏见看待不同的学生，有的是大家都要秉持带着"蜗牛"去散步的情怀，在急功近利的今天，这是一种多么从容的心境和仁爱之心。他们不就是一朵朵洁白纯净又幽香缕缕的茉莉花吗？

三、一亩方塘，池水清澈；金小教师，汲取活水

人们可以看得见清水里的游鱼和水草，日日从那儿经过的师生可在池水中看见自己的影子，他们自然会思考：如何让自己知识的方塘、思想的方塘也清澈见底？

金牛湖中心小学的教师是热爱学习的。每学年提前一周开始校本培训；成熟的培训机制规范的培训过程，当然也产生了较好的培训效果。但凡有市区级培训会、教学观摩，学校都会组织教师前往学习、观摩。除此之外，学校每学期都会邀请市区名优教师到校上示范课，做讲座。他们还在区教育局的安排下，与南京市樱花小学结成"结对共进学校"，此举大大促进了学校教师的发展,尤其是开阔了教师的眼界,近距离接触到了先进的管理、教学理念和操作经验。

阅读也是金牛湖中心小学大多数青年教师的习惯,除了教师自己订阅书籍外,学校每个学期都会向教师推荐教育名著,并为大家配备好教育名著供教师阅读。学期结束前,学校教科室开展读书心得交流活动,把读书的效果向深处推进。在不断的阅读过程中,教师的理念得到更新,知识得到丰富,心境、眼界得到开阔,内心的方塘始终有活水不断注入,内心始终保持新鲜、充盈。

四、三棵大树,枝繁叶茂;金小教师,执著向上

篮球场边三棵高大的梧桐树已经默默生长了几十年,不管有没有人关注它们,它们总是扎根土壤,默默地生长,努力向上。正是有了长时间的不断积累、生长,才长成今天的参天大树;没有一棵是一夜之间长大的,没有一棵不曾经历过风雨。深秋时节,树叶随风飘零。看到此景的我们都知道,梧桐树又在积聚明年生长的力量,它们正在迈开永不停止的脚步。

日日从树下走过,金小的老师不会不明白这些,他们正是参照大树成长的经验来规划自己的职业生涯。这些成长为学科带头人、优秀青年教师、骨干教师的年轻人已都不再是二十多岁的初出茅庐者。他们无一不在教育教学中经历了十几年甚至二十年的孜孜以求,他们无一不经历过多次教学公开课的洗礼。成功、失败都曾伴随左右,但是他们有一点是相同的,那就是,眼睛盯着远方,胜不骄,败不馁,默默坚持了多年,坚守自己最初的梦想。

也许还有很多不起眼的一草一木,都曾影响过金牛湖中心小学的教师。生活、成长在这里的老师昨天因为茉莉、梧桐树、清澈的池塘还有路边的草木而受到感染,他们今天、明天将用自己的全心付出、出色业绩来感染这里的孩子,美化这里的茉莉、梧桐树、清澈的池塘还有路边的草木……

哦,你看,朵朵茉莉,香已满园!

(六合区金牛湖中心小学　陈新琴)

点评:因为有了《茉莉花》,才有了这样独特的校园文化。歌曲本身与学校没有太多的关系,但能将之引入校园,说明农村学校已经开始关注学校的文化建设,并且已然尝到了甜头。青年教师的成长,是这所学校文化建设取得的最大成绩。由于义务教育均衡发展的需要,城里老师去了条件相对较差的农村学校,新的环境引起了一些思考。而这些思考却再次明确地告诉我们,学校教育永远与文化不可分割,并且这种相互影响的作用要比简单的说教力量大得多。

三、巧妙的利用：边走边看的精彩

案例七

一亭一石皆足咏

——新教师跟随校长游览校园活动小记

春风化雨，润物无声，最好的教育应如此。对于新入职的教师，怎样利用“形象”和“故事”告诉他们一个学校对教育的独特理解，尤为重要。高淳高中的做法是校长做导游，教师游校园。

我们在组织新教师入职培训的时候，第一堂课不是在室内，而是与见证了办学历史的草木楼亭面对面。校长亲任“导游”，以游览学校重要景点为线，讲述“省淳中人”对于教育的追求。以下为过程整理简述。

一、“魁山石”——不忘教育的目的

【校长介绍】各位老师，这个太湖石景点，名字叫做“魁山”，魁就是“夺魁”的魁，“魁首”的魁。学校的老校区原来是高淳县城的学宫，原有小山，山不高，松柏丛生，取名“魁山”，原本寄寓着学子金榜夺魁之意。石上有碑文，是1923年当时的高淳县长刘春堂创校之始亲笔撰写，详细地记述了学校创办的历史和缘由。为了纪念，当时搬迁校址的时候就复建了“魁山”和碑文。因为我们觉得这里面的精神和使命感，是我们作为老师不可或缺的。你们看这几句“从来学校兴，人才奋，必藉地形之便利，人文之提倡”、“胥江一水，媲美河汾，乃邦家之光，非一邑之利也，诸生勉乎哉”，其实就告诉了我们后来者该铭记先贤兴办学校的初衷，是为了培养人才，是为了国家的荣光。教育不只是个人的职业，更是我们值得骄傲的事业，只有知道自己要去哪里，我们的道路才会走得更加坚定。当时，老校长童铭新和很多老师“尽义务，不支薪俸”，也是因为看到了教育对千家万户、对一县一地、对国家的重要作用。省淳中在高淳很特殊，甚至可以说承载了全县（区）人民的希望，不断地为地方建设、国家建设输送栋梁之材。作为省淳中一员，无论是老师，还是学生，肩上都压着一份担子，是扎根在这片土地上的责任。我希望大家，走上讲堂的第一天，就要认识这点，你不是为自己而教书，你的背后是43万颗心的期待。

【新教师感言（节选）】……作为一个高淳人，作为一个毕业于本校的学生，乡土情结、母校之情感受更深，当年童校长们筚路蓝缕、艰苦创业的理想主义、使命感和责任感的炽烈真是恍若在眼前，人家说“不忘初心，方得始终”，作为高淳土地上结出的一颗果子，饮水思源，我更不会忘记乡贤们的赤子情怀，传薪续火，为高淳教育尽绵薄之力……

二、“话雨亭”——牢记师德的重要

【校长介绍】来，大家看这边的“话雨亭”，亭子不大，但常常看到师生们流连的身影。说起这个亭子，还有一段动人的故事哩。我校第二任校长名叫施兴旸，那时学校刚刚搬到淳溪镇来，学山书院里面破破烂烂，当时政府里又没有多少经费拨下来，学校里连个像样的景点都没有！为了营造一个优美的校园环境，为师生增加活动场所，施校长煞费苦心，经过反复思索，终于想出一个办法：把学校订的报章杂志，用过后集中起来，把学生用过的书与纸张集中起来，定期出卖。久而久之，终于聚起一笔钱，建成一个亭子。原来亭子两旁柱子上还有一副对联：“听风声雨声，读好书好报。”学校为了纪念施校长的良苦用心，决定把该亭子命名为“话雨亭”，因为施校长的字为“伯雨”。

复建亭子，就是要继承施校长这种艰苦创业、关爱师生、以人为本的精神。教师要讲“师德”，成为学生的榜样典范，而核心的一点就是“爱”，爱自己的学生。省淳中有这样优秀的精神文化传统，有的班主任中秋节时自己出钱买月饼送到寄宿生手中，有的老师上完课后匆匆戴上红花赶赴自己的婚礼现场……没有觉得多么高尚，就是觉得理所当然就去做了，这就是对学生的“爱”，这就是一个真正的教育者首先应该具有的素养。“爱人者人恒爱之”，正因如此，才有了一段段师生相得的佳话流传。

【新教师感言（节选）】……每个学校都有自己的文化。我对“话雨亭精神”的理解很简单，就是四个字“爱生爱校”。一是要把学生真正摆进心里头，就像校长在大会上讲的“多考上一个学生，便多使一个家庭脱贫”，我觉得就很实在，很震动我，当一个老师就是要千方百计为学生谋个前途。二是要把学校当成自己的归宿，我感觉学校的历史就是个人的历史，也许我的一句话一个行动，就成了大家为省淳中竖大拇指的理由，也许就成了学校的一个传统。爱是可以创造未来的，也是可以创造历史的……

三、主题楼——提醒师范的约定

【校长介绍】大家注意到了没有，学校各个大楼的名字都是“淳”字系列。比如教学楼叫做“淳曜楼”，什么意思呢？《国语》里面有句话叫“以淳曜敦大天明地德、光昭四海”，就是寄希望于我们同学将来能光耀天地，成就自己的辉煌人生，成为学校、家乡的骄傲。办公楼叫“淳粹楼”，汉代董仲舒在《春秋繁露》中说：“暍有似于圣人者，纯仁淳粹，而有知之贵也。”寓意老师们应当道德淳厚，言行无过，求真正道，学识精粹。科教楼叫“淳奥楼”，宋代司马光说：“学积于内，则文发于外；积于内也深博，则发于外也淳奥。”是寄寓师生们探索科学奥秘，需要“钩深极奥”，也希望师生们在求学方面能做到内积深博，外现淳奥。

大家都知道“学高为师”，当老师是不简单的，眼界要高，品德要高，学问也要高。这些大楼的命名，就是时刻提醒我们，要培养“有境界的学生”，光明磊落，做社会有用之才。教师更要做一个“淳粹”的人，要求学生做到的，自己就一定要先带好头。还要能够坚持学习，知识不断更新换代，这样才能厚积薄发，“发于外也淳奥”。一句话，咱们得终身学习，先学一点，多学一点，深学一点。

【新教师感言（节选）】……当一个老师好像不难，考到教师资格证就行了；当一个学生敬佩的好老师很难，我们得自己有东西教给学生。我觉得学校的楼名确实值得我思考，“暍”、“粹”、“奥”，还有“谨”、“熙”、“明”、“淑”，何尝不是对我专业的要求呢？……

（高淳高级中学　汪　波）

点评：一石一亭一楼，名字如此的讲究，引经据典的背后有很多故事，承载了太多文化积淀。一所老县中，曾几何时是这个县的最高学府，也是多少寒门学子的唯一希望。与校长一同走过校园，就宛如走进一段历史。物化的东西身上包含着的文化因子，散发着浓浓的乡土气息，活生生的，弥散在空气里，包裹着我们的身体与心灵。校长的话与新教师的感言构成的对话，验证着传承，也验证着校本的力量。让每一位年轻教师在最短的时间里了解自己的学校，也爱上自己的学校。

案例八

古城门下绿色生态校园里的故事

不同的校园里，发生着不同的故事。无论古老的还是时尚的，都对每一位青年教师产生着影响。我们可以不再依赖说教，而借助学校里的一景一物，来将我们心里想说的话表达出来。

作为南京市科利华中学紫东分校入职刚刚两年的新教师，我沉浸于这两年学校在绿色校园和园林学校建设方面的巨大成果之中，获益匪浅。

一、明城墙文化带——感受生命的厚重

刚到学校的时候，校园内西侧还是一片荒芜，杂草遍地，现如今已经建成了以南京明城墙门文化为主题的风光带。作为初中部语文教研组长，我也有幸参与了部分稿件的撰写和统稿工作。城墙建成之后，我们在刘文秋校长的带领下，参观了南京各具特色的多个"城门"。整个文化墙长约三十米，背靠土城头遗址，成为我校与外界的"文化屏障"。听我校历史和地理老师讲解包括仙鹤门、中央门等在内的"内十三、外十八"明城墙门文化，看着城墙上详尽的历史沿革介绍，作为新教师的我们，对校园的文化建设由衷自豪，同时也为石城南京厚重的历史和生命进程的沧桑深深震撼。

校园的物质文化不仅是凝固的艺术，更是流动的、可以传承的精神。于是，不论是小学部还是初中部，我校班主任都主动将校园里这段极富特色的明文化城墙运用于日常教育教学之中。就我自己来说，就有两段与文化墙的故事。

文化墙建成之初，正好赶上玄武区语文综合性学习汇报展示，我校的汇报节目就是《石城门文化》。我组织七、八年级学生志愿者在文化墙下参观游览，认真学习关于文化墙的点点滴滴，并以此为起点，大量走访南京明城墙的一个个节点——古城门。在掌握了大量资料之后，融入我校学生对城门文化的个性化解读和创意表演，最终获得本次玄武区语文综合性学习展示的二等奖。

2014 年 4 月 24 日，我援疆期间所在学校、伊宁市第六中学苑靖华副校长带领学校一行六人团队，来我校参观学习，我们就在文化墙下与他们交流校园文化发展的理念和想法，介绍了我们南京悠久的城墙文化历史。

另外，我校还结合明城墙文化风光带开设了《悠悠仙鹤门，沧桑昔与今》的校本课程。特别邀请了已退休的于耕农书记为学生开设关于仙鹤门历史沿革的讲座。于书记从明洪武二十四年设置仙鹤门讲起，告诉学生们仙鹤门地区的变迁。学生在感受仙鹤门的沧桑巨变中，领悟生命的意义与价值。

二、行知小广场——打造至真课堂

2013 年 10 月 14 日，阳光明媚，丹桂飘香，我校陶行知先生塑像的揭幕仪式在教学楼前的广场上隆重举行。学校还特别邀请了香港特别行政区教育局总课程发展主任佘孟先生、香港教育学院环境与科学系主任苏咏梅女士参加仪式。

揭幕仪式上，刘文秋校长殷切期望我校教师要认真学习陶行知先生的教育思想和教育理念，秉承“捧着一颗心来，不带半根草去”的奉献精神，基于“教人求真，学做真人”的办学理念，打造“至真教育”，不断挖掘紫东教育思想的灵魂，引领学校向更高、更深、更远的层次迈进。我们所有青年教师在陶行知塑像下庄严宣誓，也更加深了我们对这位中国伟大教育家的认识。

在之后的教育教学实践中，我校开展了包括“求真杯”青年教师十项全能大赛在内的一系列活动，旨在全面提高青年教师教育教学能力和培养全面发展的新时代教师。我们以此为契机，不断打磨课堂教学，精益求精，不断总结自己的教学特色与不足，开展了诸如征文比赛、速算比赛、英语课本剧表演等活动。

三、青奥果园——营造和谐家园

青奥果园，是我校最富特色的文化教育基地之一，这里既是教师之间沟通交流的好场所，也是教师教育学生的“第二课堂”。

每一年金秋硕果累累的季节，果园都是景色宜人、果实飘香的地方，我校每年都会开展主题鲜明的校园采摘节，2013 年的主题就是“绿色青奥，共享金秋，祝福紫东”。活动现场，德育处、团委邀请了四位校长加入采摘队伍，并担任学校护绿小队的荣誉队员。此外，本次采摘节还有四名品学兼优的同学担任形象大使，校长们为形象大使戴上了“绿色青奥，美丽紫东”的绶带。同学们也带来了他们的礼物，这就是第一批采摘的果实。

采摘节活动充分发挥了全校师生的主人翁作用，有效开发了学校现有的物质资源，创新了学校德育实践活动的载体，提高了德育和教学相结合的实效。紫东人将携起手来，为建设美丽紫东共同奋斗。

这就是属于我们紫东人的绿色生态文化故事，过去的故事被照片和文字定格，未来的美好，我们一起创造。

（紫东实验中学　李晓鸣）

点评：学校的建设当然是从一砖一瓦开始，但又绝不仅限于砖瓦的堆砌。许多学校在发展中都会受到地理位置、物理空间等因素的制约，而导致建设思路受阻。古城墙是几百年前就有的，行知小广场本来没有后来有了，青奥果园是最近才有的，从无到有，从古到今，关键是要为我所用。怎么用才有效，这需要精心设计，克服学校的短处，尽量去发掘校本资源，这些都需要创造精神的指引。紫东的做法很多学校都会想到，但不能只停留在想法上。

案例九

在梦想的天堂自由成长

——金陵中学青年教师成长启示录

教师是一所学校的核心竞争力。每一所学校都重视教师专业发展，尤其是青年教师的培养，金陵中学也是如此。作为一所有着126年悠久历史的百年名校，她还有着源远流长、无与伦比的人文底蕴与资源优势。那金中是怎么做的呢？

北大学者钱理群先生在《钟楼嵯峨》一书的序言中写道："百年金中'英才辈出'的秘密所在：它能够创造一个宽松的环境，让孩子自由地做梦……对于它的每一个学生，中学校园不仅是物质的，更是精神的：它对学生的教育与影响延伸到离校以后，成为其可以时时反顾与回归的终生的精神家园。"这段话说的是金中自由的文化氛围对学生一生的影响。其实对于教师的成长而言，这种校园文化同样能创造一个宽松的环境，让师生一起做梦、成长。

一、如歌文化：潜移而默化，熏陶以渐染

一进学校大门，校训广场上著名书法家常国武书写的"诚真勤仁"校训石端庄大气。时刻提醒每个金中人要诚心向学、崇真尚实、勤勉执著、仁怀天下。

2012年暑假，学校聘请著名书法家言恭达、孙晓云为学校的教学楼、行政楼、宿舍楼等建筑题写楼名"行健楼"、"汇贤楼"和"汇智楼"，加之原来的"汇文楼"、"行知楼"，这些楼名中有的含有知名校友的名字，彰显期待；有的与百年前的汇文书院交相辉映，铭记传承。

校园电子屏时时滚动播出学校的教育理念和办学主张："让课堂充满生命活力；让校园焕发绿色生机；让环境放射人文光芒。"这是对校园满眼绿色与诗意的最好诠释。金中校园恰似都市丛林中的一块绿地，让每一个穿过钢筋水泥丛林踏入校园的人，立刻就被扑面而来的清新、活力气息所打动。

百年校庆之际，在科学馆前、主干道尽头设立纪念碑，由著名建筑大师、校友齐康院士设计，前金陵大学校长陈裕光书写"金陵中学建校一百周年纪念"。碑前一年四季，鲜花环绕，古朴庄严而不失清新。建校125周年之际，1983届校友于钟楼后立"初心"石，邀校友、北大光华管理学院名誉院长、著名经济学家厉以宁教授赐墨宝，"以志饮水思源"。校训碑与初心石成为校园人文新景点。

在科学馆大厅展示校友手绘的25幅院士画像。在教学楼教室走廊上悬挂了上百幅杰出校友的头像和事迹介绍；开辟了世界名画展示走廊；布置了世界各国的历史文化遗产和自然文化遗产介绍。在汇贤楼大厅，布置了金陵中学"名师榜"和"师德大爱"浮雕。在二楼走廊，布置了历代名师和历届校长的照片。一张张熟悉而亲切的脸庞，一双双睿智而坚定的眸子，让每一个注视者都深刻感受着这份穿越时空的荣光与期望。在二楼会议室里，墙上挂有国画《孔子讲学》与拉斐尔油画《雅典学院》，东西方文化在这里如此和谐交融，不正是百年老校文化自信与教育自由的生动写照吗？

二、如画校园：桃李坐春风，师生竞自由

作为南京市直属中学中首批"花园式学校"，学校环境优雅，林荫满道，新老建筑，和谐布局其间。因地制宜地添置的景观小品、石径小道、水景奇石、绿地花卉，清漪池、励志园可供师生休憩交流，紫藤绿廊已经成为南京市中学里一道独特的校园风景。山石碧池，有绝佳的苏州园林气质；翠竹成林的励志园鼓励着每一位金中人不懈的追求和进取；毓秀亭、五彩路、清漪池不仅给师生们提供了良好的工作、学习环境，更在潜移默化地影响着师生员工对于生活的态度。看着紫藤爬上了高高的玉兰树，看着操场两侧越来越繁茂的桑树、梓树和杨树，不禁使人心旷神怡，馨浸肺腑。真可谓"万类竞自由"啊。

建筑是物质文化，是校园环境的重要组成内容。金陵中学以钟楼为代表的一批古典建筑，曾是金陵中学人文底蕴深厚的重要体现。这幢西式小洋楼是南京近代第一座三层楼房，也是南京近代教育的标志性建筑，现为全国重点文物保护单位。金陵中学的LOGO标志就是"钟楼"的正视图，它也成为南京市教育局的LOGO标志的主体内容。

随着时代的变迁，除了百年钟楼、图书馆外，其余老建筑都被拆除，原址上盖起了现代建筑。钟楼现已成为国家级保护文物。图书馆是按原样翻盖的。为了一定程度地保持金陵中学人文底蕴，120年校庆时，我们将处在两座建筑中间的科学馆进行了改造，将科学馆的外墙改造成与钟楼、图书馆外墙完全一致的青砖白线红图案，窗框上方也改造成与钟楼、图书馆一致的拱形，还加了两个仿钟楼的尖顶。这样，钟楼、图书馆与科学馆建筑风格协调统一起来，尽显西洋古典建筑风格，效果很好。在其他所有老建筑原址上盖起的新建筑前，都竖了罗马石柱，上面镶嵌钢牌，说明新建筑原址是建于××年的××建筑，并配有老建筑的照片，以此彰显学校深厚的人文底蕴。新入职教师都会参观钟楼内的校史陈列室，这是最好的爱国、爱校、爱岗教育。对于每个新入职的金中教师而言，这里是执教之始的圣地，更是专业成长的沃土。

三、如诗风尚：老校新精神，新人共圆梦

穿行校园，无意一瞥，你还会惊奇地看见在树荫花丛中师生自拟的名言警句牌。当走过刻有自己名字的警句牌时，心中升腾的是怎样一种自豪？金中人常说“百年老校，少年精神”。如果说“百年老校”是古老的钟楼，或是苍劲的大树；那么我们每一位金中师生都是悠扬钟声中的一个音符，或是金中这棵百年大树上一片小小的树叶，都展现着金中的“少年精神”。

2001 年调入金陵中学，2014 年获第一届“中国化学会化学基础教育奖”的徐守兵老师说：“每每经过紫藤廊下、钟楼旁，都有一种自然地想再读点书的想法。这种感觉对学生而言是很普遍的，但对于一个工作近十年的人来说却非必然。”

“南京市哲学社会科学先进工作者”语文老师叶海忠说：“大学毕业进入金陵中学，最深的感慨莫过于金中自由的发展空间，让人感觉到天堂般惬意：学校对于工作上提供的空间展现出宽松的人性，每个金中老师都可以不用背着升学率或者均分的沉重包袱去疲于奔命用题海战术来折磨学生。金中百年积淀的厚度展现了一种大气和从容，在它的浸染之下，给了我无限飞扬的空间，我想这是我近二十年教育旅程最大的幸运。”

2000 届校友蒯乐昊在《我的金中情结》一文中深情回忆：“每次在科学馆里的课间十分钟，我都爱在那九幅油画前驻足仰望，一边看着他们清癯睿智的面容，一边在心里猜度他们的成才之路，然而我停留和欣赏时间最长的，却是那最后一个空白的画框。看那九幅画的时候，心中的感觉是敬仰，而看最后一个空镜框时，心里更多的则是憧憬。一次时间看长了，恍惚觉得框中嵌上了一幅自己的肖像，也是那样从容而睿智地冲画外微笑着。当我从幻想中清醒过来，看见身边一个低年级男生也在仰着看那个空框框，他微张着嘴巴，痴痴的，眼睛里写满了期望。当他注意到我时，我们都会心地笑了。因为同是金中人，我们都能理解这种共同的梦想……”

鲁迅说，做梦的人是幸福的。能让师生有梦可做的校园是永远年轻的。守着梦想仰望未来的姿态已经成为金中一道永恒的风景。

（金陵中学　顾　健）

点评：一所古老的中学，是不可能用数千字就将其校园里的一草一木、一屋一石上所携的沉沉的积淀说清楚的，它的厚重就像浓阴下的青苔一样，年复一年，抹不去痕迹。钟楼已经成为南京教育的文化标志，不仅在于它的历史久远，更在于它是在记忆历史走过的岁月。走在这样的校园里，会让你心静如水，也会让你激情澎湃。一切都恍如梦中，有一只无形的手牵着你前行。所有给予青年教师的影响，最好的当然是这样不需组织的、无声的力量，但这需要岁月的堆砌，更需要后人精心的设计和巧妙的利用！

专题二　学校制度文化与个人行为适应

刚刚入职的教师在不同的学校中，成长状况不尽相同，经历一段时间后专业水平会产生很大差异。这里有新教师的主观因素，然而，学校是如何为他们创设成长的环境及平台，也是应当追溯的原因。

几乎所有学校都非常重视教师的管理，并且制定了大量制度，开展了很多研究和实践。但是，我们在管理中如何把对“事”的管理与“人”的管理整合起来？怎样把“使用”与“培养”融合起来？如何实现让教师们在“工作”中学习，在岗位上成长？“教是为了不教”，“管”也是为了“不管”。学校里几乎所有制度都与教师有关，那么这些管理制度和行为，能不能真正实现预期目标——让每一位教师都能按照规范做事，主动发展自我？

当我们用以上这些问题来叩问自己时，也许我们还需要在认识上理清解答的思路，阅读以下事例与案例，我们一定会从中获得很多启发；也许我们正在探索解决这些问题的实践路径，阅读以下事例与案例，我们一定会从中获得很多借鉴；也许我们解决这些问题已经积累了很多经验，阅读以下事例与案例，我们一定会从中获得对规律的领悟。

本组案例都是学校已经开展的一些活动，有些已经常态化和制度化了，并具有各自的特点，尤其是开展的校本研修活动的内容、形式、服务对象以及效果上都有值得圈点的地方，在技术和制度层面不乏创新和探索，不仅对提升职初教师培训质量有帮助，对完善校本研修制度和学校内部管理机制也有很多值得借鉴之处。

一、学校的努力：帮教师更专业

案例一

管理的力量
——让成长的内涵更丰富

学校有一股力量，只要你置身其中，就会隐约感到这股力量存在。这股推动你前行的力量，容不得你停下脚步。这就是一种积极进取的文化。这是一位新教师对学校文化给自己带来变化的感悟。

力学园是我工作启程的地方，直到现在我仍然无法忘记第一次站在台阶下仰望她的场景。力学文化深入我心，她特有的管理与评价伴我走过初上岗位的三年。

一、"一纲三本"，崭新的课程

初到力学园，踏上那长长的阶梯，"亲爱的孩子，老师在书中等你"的墙报便从那长长的宣传栏中凸显出来，跳进了我的眼帘。多美的语句，这让迷恋阅读的我爱上了这个学校。

在校本教研中我听到了"一纲三本"，我满是好奇。以《语文课程标准》为课程实施的"一纲"，以苏教版国标教材、优秀儿童文学作品（儿童小说）、优秀诗歌或散文集为"三本"，简称"一纲三本"。哦，原来是让老师在母语教材的教学中提高效益，带着儿童文学、诗歌散文走入课堂，让语文课多彩起来。

那天下班我来到书店，一口气买了十几本儿童文学书，曹文轩的、杨红樱的、林格伦的等等，读着读着我便发现，儿童文学同样适合大人阅读。我是幸运的，因为力学创造了良好的读书氛围，并且给我带来了一位爱读书的师傅。陈芳老师班级的语文活动丰富而有序，在她的建议下，我制定了语文课程计划，带着孩子从绘本开始，慢慢过渡到中长篇小说的阅读。

三年里，书本带领我们走进了一个个精彩的世界。学生读，我也读，有时我读给他们听，有时他们读给我听。读书时间是孩子们最享受的时刻，无论是自己读还是听老师读，他们都极其专注。当一个月一本小说的阅读量渐渐不够时，孩子们开始迫不及待地介绍自己心爱的书，从简单介绍到一问一答的互动，再到最后从从容容地上完一节阅读课，孩子们的能力让我刮目相看。小老师当得游刃有余，学生也听得津津有味，只留得我在一旁为之惊叹。

除了海量的泛读外，每周一节精读课，一学期一本书，我带领着孩子们一起阅读作品，诵读片段，畅谈感悟，践行读写结合，加强语言实践。每节语文课前都会捧起《日有所诵》大量朗读，每周五的诗歌诵读会是他们最盼望的时刻，自己主持，人人展示，站在台上个个都有模有样。

在“一纲三本”的课程建构中，真正实现了语文课与文学课分设，实现了儿童文学与母语教材的互补，实现了课内阅读与课外阅读的并轨，这是学生、家长与老师共同喜闻乐见的。

二、青蓝共舞，美不胜收

第一次听到“陈芳”这个名字，还是在我正式上岗前的青年教师会上，当听到校长说：“耿晓，你的师傅是陈芳。”我的心里一点儿底都没有。她是谁？会后我来到教室为开学做准备，一个长发、高挑的老师走了进来，她浅浅一笑：“你好，我是陈芳。”声音轻缓柔软，多和善的人。“在家不大干活吧，我来帮你。先把板凳放到桌上，再洒水、扫地……”我们就在这忙忙碌碌中熟悉起来。

《青蓝协议》要求师徒定期听课，共同备课，协力教科研，但师傅对徒弟的付出远多于此。教学上，她手把手地对我进行指导。每每遇到公开课，她都加班加点帮我磨课，一次次试听、评课、修改，一切空余时间师傅放下自己的事情帮我备课。班主任工作上，她事无巨细。她关心我的班级，不管是班级文化还是班级管理，细到读书的时间、孩子水杯的摆放，她都放在心上。

她是我的老师，关心我的个人成长，从论文、案例到课题，她都时时在提点我；她又不只是老师，她关心我的状态，照顾我的情绪，哪怕做得不好，她也只是委婉地指出。她从不吝啬自己的智慧，把她的所思所想毫无保留地展现在我的面前，希望能对我有所帮助；遇到对我有用的信息，她也能有心留下，给我参考。

2012年，我工作的第二年，我要上一节区级公开课。正式上课前，师傅把我带到一个空教室，她成了我那节课唯一的“学生”，一句一句地听我说，帮我改。正式上课那天，她比我还要早到，帮我找了几支长度适中的粉笔，打磨妥当，又检查了一遍多媒体才离开。我就在她的陪伴下一步步朝前走，《青蓝协定》里的黑色铅字定下了章程，可定不下这份师徒情。

在这个不大的力学园里，有许多对携手并肩的师徒，“青蓝共舞”为我们青年教师的迅速成长营造了良好的氛围，它促进了老师之间的交流，让师徒共舞。

三、岗位练兵，我们乐在其中

岗位是锤炼、锻铸每个教师的大舞台。在力学园的三年里，学校开展了各式各样的岗位练兵活动：全体教师每学期人人上好组内课，按年龄层次开展备课能力考核与竞赛，学科微课展示，青年教师基本功考核，党员教师大练兵，行政课堂开放周……印象最为深刻的便是2012—2013年学校展开的关于"落实学，改进教"的教学研究。58位骨干教师展示了"落实学"的课堂，录像机进课堂全程拍摄，老师们自发微课研究、自主研讨、自觉提升。本次推进全员参与，全校教师共听课1 656节次，人均听课12节次。

对于工作不久的我来说，这密集的听课正如那绵绵不绝贵如油的春雨，尽情地滋养着我。那段时间，美丽的力学园里遍是拿着听课本奔走于各个教室之间的老师，我就是其中一个。在跨学科听课中，我体味了各个学科的魅力，数学的缜密逻辑、音乐的人文关怀、科学的实验精神都让我受益匪浅。

如果说磨课与上课的体会浓烈而深刻，那么评价与反馈的回味便香醇而持久。力学不仅为我们创设了学习的良好氛围，而且给我们提供了反思与改进的平台。上完课便会收到所有听课老师的评价，逐条阅读，融入自己的教后反思，形成一篇独有的"重点活动"案例。自我的思考固然重要，来自旁人的评价尤其珍贵。听课、上课、评价，我就在这来去中慢慢领悟着，收获着，成长着。

力学是温暖的，她就是一个家，让我有安全感。即使偶有抱怨，也容不得别人嗔怪一句。古老的力学园正在迎接她更加绚丽的容貌，我也将任重而道远，跟随她的足迹步步前进。

（力学小学　耿　晓）

点评：在实际生活中有这样一个问题经常需要我们回答："学校的差距看什么？"这些年来，随着教师在入口环节上逐渐趋同，学历水平、工资待遇几乎已无差别，学校的硬件差距也在缩小，但为什么师资水平仍是参差不齐？这个案例似乎可以给出一些答案。看似是学校管理的问题，但为什么依照一样的法规来办学，管理制度也基本相同或相近，差异仍然客观存在？力小的教师阅读、青蓝工程、岗位练兵这样的活动，已经成为一种制度，成为教师管理的措施，但并不是生硬的，倒是受到青年教师的欢迎。因为管理说到底还是一种文化，作者自身感受到的是力学小学这座古老校园中静静弥散开的浓浓的文化气息。学校之间的差别归根结底是学校文化上的差别。

案例二

来吧，相约“海天论坛”

——农村小学教师论坛小记

论坛不是“高大上”，农村小学也可以开展。这个案例写的是一位新教师参加学校论坛几次活动的体会，有得有失，有笑有泪，真实可读。

今年暑假我参加了学校“海天论坛”课程资源的录制。每每看着镜头中的自己与学校校长、主任、名特优老师们并排而坐，也能侃侃而谈的样子，心中不禁涌起无数感慨。

一、手足无措的开端

记得初入和小的第二个学期，刚开学不久，刘花主任便通知我：“下周一例会，有‘海天论坛’，你是代表要发言。作为新教师，你就谈谈开学两周来的感受吧！”接到这样的通知，我先是一片茫然。“海天论坛”，光听着名字，就让人联想开去，在蔚蓝的天空下，碧绿的海水间，作为教师的我们，淡定自若地谈天论地。想到这些，我要为我第一次的发言精心准备了。

期待的周一很快到了，当活动开始时，我们发言的四位教师坐上主席台，放眼望去，下面都是工作多年的教师，我不禁屏住了呼吸。前一位教师的发言，我几乎一字都没听进去，我不停地在心里默念我的稿子——就听到主持人说道，下面有请新教师代表俞老师，说说她的开学心得。轮到我了，我竟然紧张得双手发抖，手上的稿纸被手汗濡湿了一片。看着下面的老师和领导们，我舌头开始打结，我颤颤巍巍地说道：“尊敬的各位领导、各位老师，下午好，今天我作为新教师代表发言……”突然我的脑袋一片空白，我忘词了，认真倾听的老师们眼睛齐刷刷地望向我。怎么办，怎么办？离我最近的刘主任，轻声地提醒我：“你可以看看稿子。”不知所措的我像是得了救命稻草，拿出稿子来，照着稿子，一字一句地读着，眼睛再也不敢离开稿子，生怕一离开便记不清自己读到哪里。终于，稿子读完了，至于读得怎样，什么内容，我已经完全不顾了。伴随着我那句“谢谢大家”，下面响起了掌声，我知道这掌声是送给一位手足无措新教师的鼓舞，更是对新生力量的激励。

二、流利却失败的背诵

“海天论坛”每单周周一都会举行，每学期每位教师至少发言一次，这样每位教师都能有在活动中阐述自己观点的机会。第二学期来临了，这学期的“海天论坛”提倡自由报名的方法，学校给出了六大类主题，如教学研究、教育随笔、师生成长、教师的收获和困惑等，每位教师可报一类。然后学校根据报名情况和实际操作考虑，最终决定教师的演讲内容。我选报的是“师生成长”。我给自己定下目标，不再做那个手足无措的新教师。这次的海天论坛，我被安排在第九周。第七周开始我便着手准备，写稿子，纠措辞，一遍遍地朗读，一遍遍地对着镜子演讲。第九周终于来临了，当主持人把话筒递给我，轮到我发言时，我眼睛望向大家，一双双期待的眼睛正注视着我，我开始发言，声音微微有些颤抖，但我不停地鼓励自己：“稳住稳住，不要害怕。”我把早就准备好的发言稿，几乎一字不差地背诵了下来。没有停顿也没有错词。当我自以为我成功战胜了自己时，我突然发现，我像极了小学生的机械背诵，没有感情，没有表情，没有交流，本来写得很是感人的我和学生间在一次次的探索中成长起来的故事，却被我背得没了故事，只剩下句与句的堆砌。听完故事的老师们，愣了好一会儿，才稀稀拉拉地鼓起掌来。好一阵之后，主持人说道：“俞老师跟我们大家分享了她和学生间共同成长的故事，写得很真实，也希望俞老师能和我们其他老师多交流。”

三、在失败中明白真义

两次失败的教训，一下子让我对“海天论坛”害怕起来。新学期很快就到来了，这次还是采取自由报名的方式。报名结束了，我希望领导们没发现自己是那漏网之鱼，这样这学期的“海天论坛”就可以逃过去了。正在我得意之时，主任又找到了我，她亲切地问道：“这次‘海天论坛’报名，没看到你的名字啊，你是不是有什么担心，能跟我说说吗？”我开始断断续续，把两次失败后的打击和害怕，统统倾诉出来。她认真倾听，不时地点点头。等我说完，她说：“你很优秀，是大家都看好的新生力量，但是没有人能随随便便成功，没有付出就不会有收获。我知道你的害怕，但是‘海天论坛’它是一个我们同事间真正交流、情感互动的平台，是思想碰撞的舞台，在这个平台上，你可以说你真正想说的话，说你真正经历的事，在这里，是你表达自己观点的地方，这个观点可能是对的，也可能是错的，只要你想到，又希望和大家交流，就可以表达出来。在这里可以反驳他人的观点，可以用语不够准确。记住这个平台的目的不是你朗读得多好，也不是你才华如何了得，而是在这一次次活动中，你的思想提升了，观点进步了，成长起来了。”听完主任的一番话，我不禁惭愧起来，我更多地考虑表现自己，而没有领悟到“海天论坛”的真正目的。更让我惭愧的是，就因为区区的两次小失败，我首先想到的竟是放弃。作为新教师的我，如果连面对失败的勇气都没有，不在失败中站起来，怎么教书育人，为人师表？对，我现在要做的就是真正了解这个平台的目的，努力在这个平台上学会和其他教师交流，在交流中成长自己。想到这些，我羞愧地对主任说："我报名！"

这次，我吸取教训，在我那期论坛到来前，我每期都认真听其他教师的交流，如何表述观点，如何询问，渐渐地我清楚了怎样和其他教师交流，也懂得了怎样在教学中发现问题，思考的面也渐渐广起来。我所选择的主题是教学研究，因为我当时申请了市级个人课题，正有很多困惑呢。于是我把研究中的想法，遇到的问题，实施中收获的喜悦，都统统记录了下来，并结合我的反思写成了发言稿。"我的个人课题研究之得"的主题论坛活动开始了，这期的活动采取了发言教师在发言区围坐成半圆形的形式，这样不仅可以面对不发言的教师，还可以更好地与并排而坐的其他发言老师进行交流。这次活动一共有五位教师发言。在主持人清晰而流利地介绍了这期活动的主题之后，赵梅花老师主动要求先发言。她发言刚结束，夏芸老师就对赵老师的发言进行了点评。她的观点和我的很是接近，等她发言结束，我针对她提出的问题，也大胆地谈了自己的思考。两位主任都连连称赞我勇敢了。在他们的鼓舞下，我接着又提出了自己的困惑。随后，坐在下面的老师也开始和大家一起思考起问题来，你一言，我一语，台上台下，都认真地交流起来。有同意的声音，也有反驳的声音……很快这期的"海天论坛"在放学铃声中结束了，可是大家还意犹未尽。

走在回去的路上，刘主任微笑着对我说："小俞，你今天的表现棒极了，发言自然流畅，谈论的观点也实实在在，更难得的是，由你提出的问题激发了大家的头脑风暴！"是啊，"海天论坛"不是让发言的老师成为中心，而应该让发言者成为主题的引导者，让所有教师成为发言的中心，让每一位教师都思考起来。

回顾过去和现在，"海天论坛"伴随着我，我也相约每次的精彩。参加数次论坛的经历，一步步让我认识自己，改变自己，剥去了初为人师时的稚嫩羞涩，打破了懵懂无知的如冬沉默，也成长了自己。相约下一次"海天论坛"！

（溧水区和凤中心小学　俞爱英）

点评：这是一所农村小学开办的教师论坛。教师可以自愿参加，在论坛中可以就论题自由发表自己的观点。对于新教师而言，这既是锻炼胆量的地方，也是尽快融入团队的机会。"给年轻人更多的机会。"在论坛上人人是平等的，都可以发表见解，在观点的碰撞中大家一起来训练思维，增长见识。农村学校自身的校本资源十分有限，而营造出一同进取的氛围似乎比请几个名家来校开讲座更值得肯定。青年教师在一次次"大胆上镜"中为自己赢得更多的发展机会。学校的安排和组织工作就显得十分必要了。

案例三

给新教师研制个人发展三年规划的建议

在引导职初教师的成长中，学校需要明确他们职业适应期的“应知”、“应为”，但又要发挥他们的主观能动性，使“应知”、“应为”转化为“愿为”、“能为”。南京外国语学校仙林分校正在尝试把对新教师的要求作为建议，指导新教师结合自己的特点，制订个人发展规划。

当我们走上工作岗位时，我们憧憬着未来，一定也在思考在追求理想道路上如何行走的规划。我们依据对新教师成长规律及特点的了解，借鉴了一些教师成长的案例，为您规划自己提出一些建议，请您结合自己的具体情况，研制出个人三年发展规划。

	具体建议
第一年	1. 尽快了解学校环境，以便充分利用学校教育资源开展教学工作。 2. 了解学校的各种规章制度，使自己的工作规范化。 3. 了解学校的历史和传统，形成集体意识。 4. 积极参加学校组织的各种集体活动，主动承担所在办公室的卫生值日。 5. 至少阅读一本教育著作，并结合实际至少撰写一篇读后感。 6. 熟悉本教研组和本年级组的教师，拜有经验的教师为师，虚心向同事求教，交新朋友。 7. 通读课程标准、教材、教学参考书 2—3 遍（从开始就应该全面熟悉教材，切忌讲一节备一节）。 8. 第一学期争取备一节课，听一节课，讲一节课，小结一节课。（在四个环节的差异中认识自我） 9. 两个学期分别写出一份正规的教案并在备课组（教研组）开设一次公开课，认真听取意见，进行总结。 10. 一个月内熟悉所任班级所有学生的名字，认真批改作业，两个月内基本了解学生的情况（学习成绩、学习习惯、个性特点等），建立学生学习情况卡片。 11. 定期与学生交流，听取他们对教学的反映。 12. 与部分学生进行较深入的交流，深入了解学生。 13. 作为班级教育小组核心成员，主动和班主任沟通，了解班级情况，做好相应的班级管理工作，每学期至少上一节夕会课。 14. 作为班级教育小组组长，拜一位有班级管理经验的老师为师，明白班级建设的要求，团结好班级教育小组核心成员和各科任老师，多听建议，有效地开展班级管理工作。

	具体建议
第二年	1. 进一步了解学校(校风、教风、学风及学校特色)。 2. 学习有关教育法规、条例。 3. 至少阅读一本教育著作,并结合实际至少撰写一篇读后感。 4. 深入了解1—2位学校优秀教师,对照学习。 5. 积极参加区教研、学习活动,了解教育环境。 6. 在通读课程标准、教材、教学参考书的基础上,深入领会课程标准的要求,理解教材的结构和每一单元的教学目的,把握知识间的联系,写一份教材分析报告。 7. 坚持备课、听课、讲课及课后小结。 8. 开始有目的地听课,如听重点、难点、导入、教法、课的结构、作业安排、组织教学等。 9. 逐步熟悉使用现代化教学手段(计算机、投影仪、电子白板等)。 10. 写出两份教案,在备课组(教研组)说两次课,开两次公开课。 11. 建立学生档案,包括简历、家庭、健康、学习、爱好及特长等。 12. 拜有班级管理经验的老师为师。 13. 所带的班形成良好的班集体。 14. 举行1次公开班会。 15. 根据教学和班级管理工作中的不足,有针对性地学习提高。

	具体建议
第三年	1. 养成看报、看杂志的习惯,确定读几份固定的报刊。 2. 至少阅读两本教育学或心理学方面著作,并结合实际至少撰写两篇读后感。 3. 根据3年工作的情况,制订学习、进修计划。 4. 参加市、区优秀教育论文或案例、叙事评选;尝试投稿。 5. 了解市、区、校"优秀青年教师"评比条例,为自己确定努力方向。 6. 与本年级组和本教研组的教师经常交流。 7. 争取与区里的教研员建立密切的联系。 8. 深入研究教材,积极研究教法,写一篇教研论文,参加学校和区里的交流,争取获奖。 9. 在区(校)里开1—2节公开课,争取获得好评。 10. 加强与家长的联系。 11. 和几名同学交知心朋友。 12. 根据学生档案,就学生中的某一问题,整理一份分析报告。 13. 在区(校)里举行1次公开的主题班会,争取获得好评。

说明:用"教育小组"取代传统的"班主任制度"是我校班级管理体制的一项改革。所谓"教育小组"是指由"学科教师、生活教师、家长代表、学生代表"组成的共同管理一个行政班级的成员组织;"教育小组组长",是指协同一个行政班级的学科教师(代表)、家长代表、学生代表一起帮助全班学生成长的任课教师,类似于传统学校中的班主任,但职责上有差异。

(南京外国语学校仙林分校　赵和春)

点评：这是一个关于制订个人三年专业发展规划的建议，还不是范例。每位新教师都要根据自己和所在学校的实际情况来加以制订，并且最好能量化和细化，具有操作性和可行性。所有目标和措施都要坚持实事求是，符合自身实际，不好高骛远。还要充分考虑学段、学科，自身专业背景，自己的闲暇时间，学校可以提供的学习条件，导师的帮助能力等。在时序排列上坚持由低向高依序推进。另根据三年的规划还要拟定出每学年或每学期的实施计划，并根据实施情况可以对原规划做出适当的调整。如果你是一名已经走出适应期的教师，也可以尝试为自己的下一个发展阶段制订新的规划，比如五年到十年的。

案例四

校本研修：提升教师课程能力的强力引擎

一所学校的校本研修是"一盘棋"，职初教师的校本研修需要纳入"一盘棋"中进行整体的设计和运作。南京市科利华中学先走一步，以提升教师课程能力为主旨，对处在不同发展阶段教师的校本研修进行了整体的架构，实现着教师群体的差异发展、共同发展、持续发展。

基于对校本研修的认识，我校构建了"333"校本研修体系，即搭建了"三维"校本研修平台（校级主题研修、组级课例研修、校本特色活动），创编了"三个版块"（课程理解力、课程实施力、课程反思力）的研修材料，主抓了"三支"队伍（学科组长、骨干教师、青年教师）的研修素质。

一、校级主题研修——体现课程领导力，提升课程理解力

学校根据课程实施中的行为现象，及时发现并提炼出有研究价值的问题，将其转化为校本研修的研究课题，并通过组织形式多样的研修活动，引起教师群体予以共同关注，从而改善教师课程行为，提高教师在课程实施中完成两次有效转化的能力（见下图）。

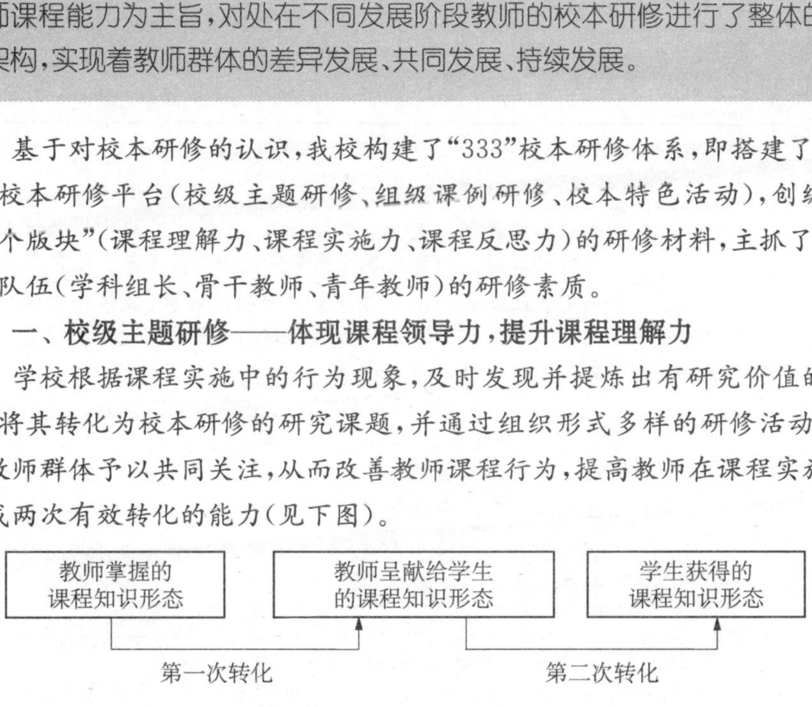

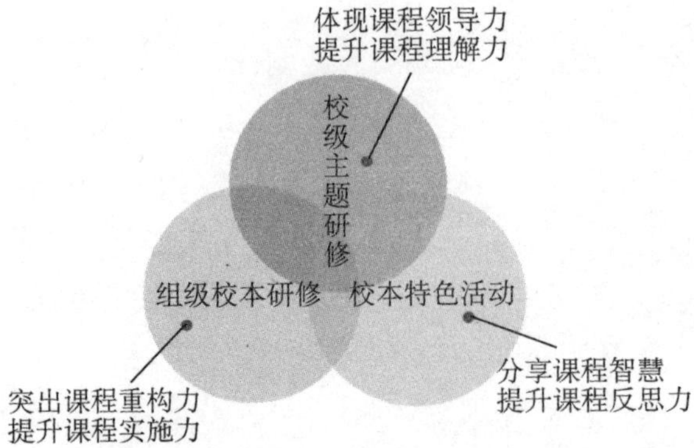

近年来，我们围绕有效教学、学科团队建设、教师课程能力等主题，编写了70余份、14万多字，涉及"提升课程理解力"、"提升课程实施力"、"提升课程反思力"三个模块的校本研修材料，同时组织专家讲座、校内论坛、听课评课等相应的研修活动，逐步形成具有我校特色的研修课程。

二、组级课例研修——突出课程重构力，提升课程实施力

学科组是校本研修的主阵地，承担着学校课程资源开发、教学活动组织落实、教学质量保障、学科教学经验积累和教师专业素养提升的重任。课例研修是学科组校本研修的主要方式。如"对比案例研修"、"五步课例研修"等范式，其中"五步课例研修"即以教师"个体反思"为起点，以"材料学习"为铺垫，并通过"观课研课"、"组级研修"，最终达到"实践提升"。以语文组组织的一次主题为"课堂语言"的课例研修为例：

研修背景	依托《语文新课标》，结合语文组教师对课堂语言的改进需求，语文组确立了以"课堂语言"为切入口的组级研修活动	
研修环节	个人反思	每位语文教师自我剖析教学特点，分析改进与优化的具体目标。50%以上的语文教师都希望进一步提高课堂语言素质
	材料学习	语文组组织教师再次学习学校的研修材料《教学语言的感染力》和《教师的话语分析》，感悟语言是"一种什么也代替不了的影响学生心灵的工具"
	观课研课	选取了代表性课例《安塞腰鼓》，由桑青老师执教。全组教师研讨了《安塞腰鼓》在语文课程中的定位，确定了"语言点"的教学目标，即：通过品味语言和感受富有感染力的语言，熏陶学生浸润在文本境界中
	组级研修	课后召开了研讨会，主题是"用精彩的课堂语言诠释课程"，每位教师进行了交流发言
	实践提升	这次课例研修，引领语文教师在教学实践中关注教师语言的双重含义（情感含义、认知含义），其中情感含义是第一含义，认知含义是第二含义，情感含义是管道，认知含义是流通的内容

学科组通过多样化的课例研修，提升教师重构课程的能力。重构课程，即教师凭借已有的经验和技能，参照各种课程文件和教研部门的要求，融合自己对相应知识点的理解，选择恰当的教育资源，重新建立起某一段教学流程，以保证学生获得高质量的学习体验。

三、校本特色活动——分享实践智慧，提升课程反思力

在提升教师课程能力的过程中，专家、校长、教师等都应该有机会围绕课程实施问题表达自己的声音，共同营造一种合作、对话、反思的研修文化。

(1) 专家引领。校本研修的实质是理念和实践的结合。校本研修虽然基于学校，但仍需要专家的专业指导和学术支持。

(2) 骨干示范。组织骨干教师在全校性的校本研修活动中开设课堂研究课和微型讲座。

(3) 个体反思。教师个体反思是个人最佳的研修方式，是校本研修活动的起点。

① 读书反思。学校为每位教师订阅了专业杂志和人文杂志，为教师订购优秀的书籍。学科组会组织教师开展专业杂志阅读交流会。

② 问题反思。创新设计了个体研修问题反思框架。

问题与分析	问题(工作中我遇到了需要优化或改进的问题是什么？这个问题对自己的教育教学产生了怎样的不利影响)
	分析(通过文献查阅，了解别人是怎样解决这类问题的)
	计划(我打算重点研究的微型课题是什么)
过程与方法	过程(我解决这个问题将分几个阶段或几个步骤)
	方法(每一阶段或步骤我将采取的方法和措施)
思考与展望	思考(对实现目标的理性思考)
	展望(问题改进后的效果)

2012 年暑假，组织 30 多位青年教师开展了主题为“经验 · 反思 · 成长”的研讨会，每位教师围绕反思框架进行了交流发言，会后学校汇编了所有教师的发言材料并制作了专辑。

③ 评课反思。要求教师在研修中不仅听本学科课，还要跨学科听课、评课，通过完成“教学过程评析”、“亮点评析”、“优化点评析”，拓宽课程视野。

④ 论坛反思。围绕“我的课程理念”、“我的实践”、“我的思考”，三年多

已有60多位教师走上论坛，《物理·悟理》、《从“立足题”到“立足人”》、《让学生在体验中发展》、《让思品课真实、鲜活、有价值》等等，阐释了教师对课程的理解和对课程实施的思考。在交流分享中，发言者自身已内化的教育教学理念、已实践的成功做法引发了更多教师的反思，他们既是个体反思者，更是校本研修的培训者。

（科利华中学　高建君）

点评：在现实中校本研修的形式非常多，但开展最多，也最有效的一定是从学校实际出发的学科教学研究活动，并且也一定是“同伴互助＋专家引领”的“案例式教学”活动形式。这样基于实践的研究活动，给所有人都能带来帮助，在交流互动中、在思维碰撞中大家都有收获，而且收获是一种实践性智慧。科利华中学为我们展现的研修活动虽然不只是职初教师层面，但却给我们启示，那就是：多元的校本活动形式，提供了多角度分享实践智慧的平台，真正体现了教师是研修的主体，确保每一次研修能让教师有所得，有所思。

二、专门的活动：从创新走向常态

案例五

南京市百家湖小学职初教师2012—2013年度培养计划

这是一所小学专门为5年以内教龄教师制订的专业发展规划。篇幅不长，但很精细，希望能给你一些启示。

为了加快我校职初教师的培养，促进教师专业发展，立足教育教学实际，以学校可持续发展和教师自身发展为出发点，制定为期两年的职初教师培养方案。

一、指导思想

根据教育改革和发展总体要求，结合我校职初教师的实际，扎实开展职初教师的培养工作，加快他们的成长步伐。引导职初教师走专业化成长之路，丰富和提升教育教学理论，提高教育教学技能，以适应新课程标准及教学理念，力争在较短时间内成长为一名师德高尚、理念先进、业务精良、创新实干的合格教师。

二、培养对象

走上工作岗位0—5年的教师。

三、培养目标

1. 通过加强教师的理想信念教育和职业道德规范教育，帮助职初教师在思想政治素质和职业道德水准上有较大提高，增强事业心、责任感和敬业精神。

2. 通过开展业务培训，帮助职初教师提高教育教学理念、专业知识水平、课堂教学技能、运用现代教育技术水平、教育教学创新能力和班级管理水平。

3. 通过岗位实践，帮助职初教师具备扎实的教学基本功、专业知识和较高的教育理论修养，具备一定的教科研能力，胜任各年级教育教学和班主任工作。

四、培训内容

包括基本功训练、理论学习（包括教科研、论文撰写）、师德培训、课堂教学培训、外出观摩学习、师徒结对培养等相关内容。

五、培训方式

1. 集中培训。积极派送职初教师外出参加集中培训。

2. 校本培训。以学校为主阵地，以各处室为中心，发挥优秀教师的示范带头作用，结合职初教师自己的教学实际，深入研究和解决教学中的问题，促进职初教师把课程理念转化为实际的教育教学行为。

3. 个人自学。开展读书学习、查阅有关参考资料和完成自主性作业。

六、组织领导

成立以校长为组长，教学校长为副组长，各处室主任、副主任为成员的领导小组负责实施。

七、具体措施

1. 师徒结对

对教师组建"青蓝工程"的师徒帮带关系，落实教学工作培训。①指导教师要指导职初教师树立先进的教育理念，理解熟悉新课程标准、教材，进行教法的具体指导，全程指导常规教学的各个环节，具体包括：A. 教学计划的制订；B. 备课的基础文案和探究方案（指导教师要审阅签署意见）；C. 作业批阅及学生学习评价；D. 课堂教学过程的指导（说课、跟踪听课、评课）；E. 了解学情及教学辅导等。②指导教师需按职初教师结对活动的相关规定听足课时（每学期不少于5节），并作出相应的指导工作。③培养对象也需按职初教师结对活动的相关规定听足课时(每学期不少于5节)，作好听课笔记，并在课后与指导教师讨论交流。

2. 开展“七个一”活动

职初教师由各个处室牵头督促落实“七个一”活动，即：写一份职业发展规划、每周交一份钢笔字、每周听一节课、每学期完成一个优质课件、每学期呈现一次优质公开课、每学期写一篇读书感受、每学期上交一份发展班学习总结。

3. 教学基本功大赛

每学期由教务处牵头，至少组织一次教学基本功比赛。(内容有：粉笔字、钢笔字、朗诵、即兴演讲、教学设计比赛、课堂教学展示、说课比赛、教学案例展评、课件大赛等)

4. 重点扶植

对于有培养潜力的职初教师进行重点扶植。对上进心强、悟性高的职初教师，加大跟踪指导，创造机会让他们出头露面，展示才能，参加各类竞赛，去争取更大、更多的奖励。优先安排他们出去学习，使他们尽快脱颖而出，成为教学骨干。

5. 现代教育技术应用及教育科研培训

①邀请校外专家或校内相关优秀教师对职初教师进行专题培训。②创造机会组织职初教师外出参观学习。③提倡继续教育、自主学习，倡导一专多能。④组织符合校内实际的教学科研实践，指导撰写论文、经验总结、研究等。⑤组织职初发展班的骨干教师承担课题，开展研培活动。

八、考核建档

教务处建立健全职初教师专项培养档案，每学年对职初教师作一个综合评价，存入其档案。专项教学档案包括：

1. 职初教师的听课笔记、评课记录；
2. 汇报课、考核课、优质课的评课内容；
3. 各项比赛的成绩和记录；
4. 各项检查考核评估结论及其记录；
5. 每学期教学成绩及竞赛辅导成绩；
6. 职初教师本人的学习总结；
7. 学生评议结果；
8. 骨干教师参加培训的有关情况等。

(江宁区百家湖小学　茅玲燕)

点评：学校为职初教师制订一揽子的两年发展考核方案，一定会将学校发展的远景与对教师专业发展的要求紧密相联。整个方案的制订既要考虑到学校整体的发展要求，也要不断征求教师个体的意见，并要将教师个人的意见与学校整体发展相融合。也就是说，规划要有共性，也要兼顾个性。

学校就是这么复杂。它是一个培养人的教育机构，要不断促进学生的发展，而教师也要在其中获得发展，并且是"专业"发展。学校既要对学生的发展负责，也要为教师的发展负责。

案例六

南外仙林分校高中（国际）"教师青蓝工程"实施方案

校本教研专业化管理要成为学校的常态工作，必须有明晰的管理制度作保障。南京外国语学校仙林分校高中（国际）在学习他人经验的基础上，结合自己的特点，研制出一整套"教师青蓝工程"的管理常规，为校本教研的制度化建设提供了借鉴的思路。

一、"教师青蓝工程"暂行规定

为了充分利用教师中的优质资源，缩短年轻（新，青方）教师的成长时间，促进老教师（骨干教师，蓝方）的专业发展，根据新、老教师成长的不同需求，特制定"教师青蓝工程"（教学类、德育类、教科研类）暂行条例。

1. "青蓝工程"的蓝方

"青蓝工程"的指导教师由我校高中（国际）部骨干教师个人申请，并经过学部行政会讨论商定。指导教师原则上应由具有中级以上职称、教学经验丰富、责任心强的教师担任。每位指导老师每学年指导一位年轻教师。

2. "青蓝工程"的青方

入职0—5年的新教师，以及有一定工作经历，但希望在教育教学研究上能进一步发展的年轻教师。

3. "青蓝工程"的活动时限

"教师青蓝工程"的活动时限原则上为一学年；遇到特殊情况，由蓝方或青方提出申请，经学部研究后，可再延长一年。

4. 蓝方的职责和权利

（注：下列条文中如没有特别标注，那么，说明该条文适用于“教学、德育、教科研”三类帮带组）

（1）蓝方的主要职责。①通过身教和言教，帮助被指导教师进一步理解教育，把握教师的职业规范。②指导被指导教师制订个人发展规划。③指导被指导教师的学科教学工作（适用于“教学类”帮带组）：A. 指导、检查被指导教师的备课、上课、课后辅导、作业批改、命制试题等工作；B. 每学期听被指导教师的课不少于10节，并及时与其交流，作好听课、交流记录；C. 每学期相互研讨教育教学活动不少于5次，研讨要有记录。④指导被指导教师做好班级教育小组（班主任）的相关工作（适用于“德育类”帮带组）：A. 指导被指导教师的班级管理技巧，使其熟悉班集体建设的方法，提升班级管理能力；B. 指导、检查被指导教师的班会课和班级主题活动；C. 指导被指导教师在校级及以上范围开设主题班会。⑤指导被指导教师进行教育教学科研工作（适用于“教科研类”帮带组）：A. 指导被指导教师积极参加一项课题研究，使其每学期完成一篇质量较高的教学研究文章（论文、教育叙事、案例分析等）；B. 指导被指导教师在校级范围开设与教育科研有关的讲座。⑥每学期完成一篇指导教师的工作小结。

（2）蓝方享有的权利。①根据本条例对被指导教师进行认真负责的指导；②对不配合、不听从指导的教师，指导教师有权提出解除“教师青蓝工程”工作协议的申请，学部同意后终止“教师青蓝工程”关系；③“青蓝工程”的指导教师优先参加学术会议、申报课题、参加评职评优等活动；④在“青蓝工程”工作协议签署后的一年内，指导工作做得出色的，将被评为“‘青蓝工程’优秀指导老师”，在学校年终绩效奖励中将得到相应的认可。

5. 青方的职责和权利

（1）青方的职责。①在导师的指导下，提高思想修养和业务素质，制订个人发展规划，虚心向指导教师学习，听从指导教师的指导。②在导师的指导下，努力通过课改过关课，并不断进行课堂教学改革，提高教学效率；备课的教案、设计的试题等交给指导教师审读（适用于“教学、德育”类帮带组）。③每学期听导师的课，不少于15节；此外，还应听其他教师的课，不少于10节；听课有教学过程记录，有反思体会；至少开一次学部范围的学科教学汇报课（适用于“教学”类帮带组）。④每学期听导师的班会课或主题教育活动，不少于3节（次）；此外，还应听其他教师的班会课或主题教育活动，不少于2节；听课有教育活动过程记录，有反思体会；开一次班级主题班会公开课

（适用于“德育类”帮带组）。⑤在导师的指导下积极进行教科研活动，参加一项科研课题的研究活动，开设一次教科研讲座或专题发言，完成一篇质量较高的教学研究文章（论文、教育叙事、案例分析等）（适用于“教科研”类帮带组）。

（2）青方的权利。①根据本条例得到指导教师认真负责的指导；对不负责任的指导教师，有按照程序要求更换导师的权利；②在导师的带领下，优先参加相关学术会议；③在符合有关文件的前提下，优先申报教育教学研究课题，优先参加评职、评优；④在“青蓝工程”工作协议签署后的一年内，工作做得出色、进步较大的，将被评为“‘青蓝工程’优秀学员”，在学校年终绩效奖励中将得到相应的认可。

6.“青蓝工程”关系的变更和终止

（1）由一方提出变更“青蓝工程”协议关系的，经学部同意后，可以变更“青蓝工程”协议关系。原“青蓝工程”协议关系解除之后，学部将择时确定新的“青蓝工程”工作关系。

（2）“青蓝工程”关系的时限为一年，时限到期时，经学部考核合格的，发给双方合格证书，终止“青蓝工程”协议。特殊情况须由当事人提出申请，“青蓝工程”协议可以再延长一年。考核不合格的，不予颁发合格证书。

7.“青蓝工程”工作的实施

（1）学部于每学年9月初确定“青蓝工程”的青蓝双方，组织填写《南外仙林分校高中（国际）“教师青蓝工程”协议书》（见下文）并按照程序申报，经批准后实施。

（2）学部于每学年最后一个月组织考核，听取被指导教师的汇报课，“青蓝工程”协议双方上交相关材料，填写《南外仙林分校高中（国际）“教师青蓝工程”结果鉴定表》（见下文）。

（3）经学部考核，合格者，颁发《“教师青蓝工程”合格证书》。

8.其他

（1）本条例从通过之日起施行。

（2）条例将视执行情况进行调整、修订。

二、“教师青蓝工程”协议书

1.目的

为了建设一支优秀的国际高中教师团队，缩短年轻（新）教师的成长时间，促进老教师（骨干教师）的专业发展，根据新老教师成长的不同需求，我们签订“教师青蓝工程”协议，确定“帮带结对”关系，以充分发挥双方积极作用，互帮互助，共同成长。

2. 原则

(1) 经学部牵线，我们双方自愿结成帮带关系。

(2) 双方愿意以坚持党的教育方针、坚持教书育人、提高学生素质为己任。

(3) 蓝方努力以自己良好的师德、严谨的态度和鲜明的教育教学风格帮带青方，做到诲人不倦，尽力使青方早日熟悉教育教学工作或教科研方法，站稳讲台，带好班级或成为教科研骨干。

(4) 青方以积极的态度，主动求教，乐于做好蓝方的助手，谦虚勤快，全面吸收借鉴蓝方的已有经验，早日使自己成为一名合格的教师，或研究型教师。

3. 任务

(1) 帮带期为一年，按照规定蓝方定出具体帮带目标与计划，青方则定出学习目标与计划。

(2) 帮带期间，双方都要建立自己的教育博客，加强教育教学理论学习，深入实践研究。

(3) 帮带期间，青方需在自己的教育博客上每月提交一篇“青蓝工程”成长记录。

(4) 青方每学期开一节学科教学公开课，或班级教育公开课，或一年内写一篇有较高质量的文章(论文、教育叙事、案例分析等)。

(5) 蓝方每月在教育博客上上传一篇学习内容(自己写或转载)，每学期写一篇帮带小结。

协议蓝方签字：学部骨干教师________

协议青方签字：学部年轻教师________

备注：此协议一式三份，签字人留存一份，教导处存档一份。

三、“教师青蓝工程”结果鉴定表

<table>
<tr><td rowspan="4">青方基本情况</td><td>姓名</td><td></td><td>性别</td><td></td><td>出生年月</td><td></td><td>政治面貌</td><td></td></tr>
<tr><td>学历学位</td><td></td><td colspan="2">何时何校何专业毕业</td><td colspan="2"></td><td>进入高中时间</td><td></td></tr>
<tr><td colspan="2">现所在备课组</td><td colspan="6"></td></tr>
<tr><td colspan="2">任教学科</td><td colspan="2"></td><td colspan="3">是否兼任教育小组组长</td><td></td></tr>
<tr><td rowspan="3">蓝方基本情况</td><td>姓名</td><td></td><td>性别</td><td></td><td>出生年月</td><td></td><td>职务、职称</td><td></td></tr>
<tr><td colspan="2">现所在备课组</td><td colspan="6"></td></tr>
<tr><td colspan="2">任教学科</td><td colspan="2"></td><td colspan="3">是否兼任教育小组组长</td><td></td></tr>
</table>

续 表

指导计划	学科教学工作	
	教育小组工作	
	教科研工作	
	指导起止时间	
指导工作主要内容		
青方进步情况		
指导期满鉴定	指导教师签名： 年 月 日	
教导处考核意见	（盖章） 年 月 日	
分管领导意见	（签字） 年 月 日	
说明	本表中的“教育小组”是指由“学科教师”、“家长代表”、“学生代表”组成的共同管理一个行政班级的成员组织；“教育小组组长”，是指协同一个行政班级的学科教师（代表）、家长代表、学生代表一起帮助全班学生成长的任课教师，类似于传统学校中的班主任，但职责上有差异。	

备注：此表一式三份，青年教师、指导教师、教导处各存一份。

（南京外国语学校仙林分校 程彩铃 张 荣）

点评：这是一个模板，也是学校管理中的一个常规制度，文本上包含一个暂行条例、一个协议和一个结果鉴定表。这样的做法就使得工作有了规范，不是简单的“拉郎配”。在南京的许多学校都开展了“青蓝工程”，并且已经有很多年了，但能形成这样制度的并不多。我们支持的做法是，协议不能只写在纸上，指标要尽量量化，师徒双方的责任非常明晰，行动可操作，更要可考核。各个学校可以根据自身情况进行修订，在使用中也可以调整；但一定要落实到行动上。

案例七

用校本化的学习组织托起新教师的明天

教师校本研修需要一定的组织形式，南京浦口区天润城小学以“青年教师发展班”为载体，面向 0—5 年教龄的青年教师校本研修工作实施专业化管理。

我校是一所刚建校六年的新学校，工作时间不到五年的新老师占到教师人数 80%。针对这些青年教师的特点，我们将任职时间分成“适应期、稳定期、创新期”三个阶段，依据“分层引领、以次递进、有序过渡”的策略开展专门的研修活动。学校创办的青年教师发展班，分为“天砺”初级班、“天酝”提高班和“天成”实验班。其中，刚刚工作 1—2 年的新老师参加“天砺”初级班，研修目标是从教学规范上磨砺新教师，使之适应学校，上合格课；工作 2—3 年的新老师参加“天酝”提高班，研修目标是积累经验，内化常规，站稳讲台；工作 3—5 年的青年老师参加“天成”实验班，研修目标是加深专业理解，提升自身经验，成为优秀青年教师。

一、转变角色，度过适应期——“天砺”初级班

班级的研修安排了以下环节和课程：

1. 岗前培训

每年暑假的校本培训，学校组织各个部门带着新老师们一起学习学校的各项规章制度；然后是教导处安排经验丰富的优秀教师针对班主任工作、课堂管理、备课上课、教师自身发展等方面进行专题介绍；最后是请已经工作几年的青年老师谈自己度过适应期的经验与感悟。开学第一个月的周六上午安排教研组长带领新教师观看优秀教师的教学视频，并组织研讨，写出观后感。

2. 师徒结对

学校在安排新教师岗位的同时，也安排他们跟有经验、优秀的老教师结成跟学帮教对子。由于老教师和新教师同处一个年级，教材相同，徒弟上课的进度必须比师傅慢一拍，先听完师傅的课，方可在自己班上课。青年教师在培训期听师傅示范课不少于30节，并每周写出听课感想；师傅听新教师课不少于10节，并要对所听的课给予点评指导。就这样，新老师走上岗位的许多“第一次”，在老教师的帮助下都能比较顺利度过。

3. 基本功锤炼

在“初级班”的研修中，青年教师的基本功锤炼是重要的课程。每周一、周三教师将自己的粉笔字小黑板放在学校大厅内展示；开学后以教研组为单位钢笔字展示评比。青年教师都能抓住业余时间认真练习，进步十分明显。

4. 主题培训

在“初级班”的第一学期研修计划中，九月“找范式”，教研组长示范展示，目的在于让新教师找到范式，看清流程；十月“习课型”，对不同学科的课型、课时做充分的展示和仔细讲解；十一月“抓考核”，从基本功、课堂教学两方面检阅考核教师；十二月“同课异构”，培养新教师解读教材、驾驭课堂的能力；一月为“展示交流”，全面汇报展示一学期学习收获。第二学期则针对不同学科和学段来开展主题研修活动。

5. 规范行为

加强教育教学常规检查督促。定期或不定期检查备课、听课、作业批改等情况，特别是听课过程中增加了教学效果当堂诊断的环节，及时了解新教师的教育教学动态，发现问题及时纠正，有了进步及时鼓励。这一系列的方法促使新教师们把职责的履行落实到每一天、每一堂课。

二、做好传、帮、带，度过稳定期——“天酝”提高班

研修的内容和方法是：

1. 重视典型

学校管理人员每人重点关注1—2名新教师。通过促膝谈心、跟踪听课、随时督促检查，了解他们的生活和工作情况，并让优秀老师一起帮扶这部分发展节奏较慢的老师。

2. 名校拜师

学校将青年教师有计划地送往琅琊路小学总部学习一整天，让他们感受名校的工作氛围，零距离地与名校教师接触。学习内容为听课、看指导老师怎样备课、怎样批改作业，询问怎样辅导后进生并提出自己的疑惑等。

3. 上好汇报课。每学期每位青年教师要上好各种类型的汇报课。讲课后，要向听课教师说明设计理念、教材分析、学情分析、教学过程设计、教学方法的选择等。还可以确定同一课由几位青年教师分别上，这样既起到了切磋交流、互相取长补短的作用，又帮助每个人找到了改进的方向，一举多得。

4. 专家引领

每学期请校外优秀教师来我校指导青年教师每人上一节课。邀请教研员来我校听课，每次听两节。新教师上课前，教研组长组织组员和师傅一同帮助修改教案并试上。上课后认真听评课，虚心请教，并在教研组内二次备课，换班再上一次。新教师的指导教师也是校内身边的专家，学校经常开展师徒同课异构的活动。

三、交任务、压担子，尽早进入创新期——“天成”实验班

学校在“实验班”的研修中，推荐崭露头角的青年教师到兄弟学校轮换上课交流，在片、区里上公开课；鼓励并支持购买、阅读的专业书籍及文献，在学校的“修业论坛”中穿插组织“经典有约”读书活动。学校创造条件，要求班级的成员做到四个“早一点”：早一点在市、区上公开课；早一点把学科知识与教学能力进一步融合起来；早一点走向教育科研领域；早一点担负组织管理责任。

（浦口区天润城小学　陈玉梅　曹红玉）

点评：教师是一门职业，也是专业技术岗位，非一般人所能为，是有一定的“技术门槛”的，而且随着社会和事业发展，这一门槛还在不断提高，职业素养的内涵在不断丰富。于是越来越多的人在慨叹：“教师越来越难当了！”职业生涯初始的这几年，是十分重要的阶段。按照教龄，将青年教师编成教师发展班级有效地组织各种活动，真是精致的校本研修形式了。因材施教是开展所有教育活动的基本原则，教师培训也不例外。虽然要注意机械性倾向和唯教龄论，但从中找寻一些教师成长的规律，来尽量促使我们的培训活动更加科学和有效，总是值得推荐的。

案例八

魅力导研卡

——让职初教师从起点专业起来

校本研修的方式可以有很多，活动可以设计得很精细，当然关键还是要看实效。珠江路小学的做法很专业，大家认真看看。

【背景】

为了帮助职初教师进行教学适应性教育，度过职业求生阶段，使其尽快适应教师角色，学校多采用案例培训的校本研修方式。然而，职初教师的自身经验不足，对教材、学情的把握也有一定的局限性，面对一节课，学习什么，研究什么，更需要有明确的目标和指导，需要给予专业思考方向的引导，才能真正形成研究的“眼光”，才能有效地开展反思和学习。

“魅力导研卡”就是基于这样的思考，为新教师设计的一张走向专业研究的“门票”。

【描述】

学校的“新苗合作研习坊”定于每周五下午，这次活动的主题是和新教师一起观摩2008年全国赛课特等奖课——拉小伍文杰老师执教的《负荆请罪》。为了帮助职初教师学会用“专业的眼光”去学习和思考伍老师的教学，尤其关注“教学内容的解读与目标设定”对“学生有效参与”的影响，我特别设计了一张“魅力导研卡”，引导职初教师展开思考和研究。

首先，我针对职初教师课堂教学普遍存在的三种现状罗列出“问题点击”，引导他们将案例学习与解决自身教学实际问题结合起来，建构“学习的意义”，激发研修的动机。

其次，我明确提出了研修的主题是“教学内容的解读与目标设定”对“学生有效参与”的影响，将大家的研究聚焦于专题，力图避免观课时“乱花渐欲迷人眼”，反思时“浅草才能没马蹄”的现象。

在第三板块中，我结合案例，罗列出一系列供职初教师思考和讨论的问题，引导他们从更加微观和深入的方向，结合主题展开专业的学习和反思，力图保障这次研修的实效性。

最后，我请每位职初教师结合一个问题留下自己的学习和思考，尤其引导他们关注案例学习对自身教学的影响和改进，促进他们将理论与实践结合起来，促进行动研究。

珠江路小学"小班化精致课堂'微格研究'"(一)导研稿 2009.9

年级________参与研究者________

【课堂现状点击】

您的课堂教学中是否存在学生对问题不感兴趣，气氛沉闷的状况？（　　）

您的课堂教学中是否存在学生对问题一片茫然，启而不发的现状？（　　）

您的课堂教学中是否存在课堂学生气氛活跃，参与度高，但课后练习效果差的现状？（　　）

【我们的研究主题】

期望大家能够结合视频课例《负荆请罪》，以及自己的课堂教学实际问题，思索"教学内容解读与目标设定"对"学生有效参与"的影响，进行讨论交流，并在本次研修活动中有所收获。

【供思考、讨论的问题】

1. 从教学内容解读的层面

——本节课教者的解读视角有何特色？

——本节课教者如何进行文本细读？抓住了本文在文体、结构、形象、语言等层面哪些主要特色？又是如何确定本课的主要教学内容？

——本节课教者对本文有哪些个性化解读？

2. 从教学目标和教学内容确定的层面

——本节课课文中哪些内容的重点学习比较适切课标学段、年级目标中的哪些要求？

——本节课教者对教材内涵的教学内容怎样理解和取舍？

——教者的创造：从以往的教学案例看，本节课教师在教学内容的确定中有哪些典型设计？

——学生的需要：本节课文本解读及教学内容的确定是否以儿童为本位？是否关注学生的理解及生活经验？哪些环节充分调动了学生的参与意识？

【我的研究体会】

内　　容	我的思考
观摩2008年全国赛课特等奖课：拉小伍文杰老师执教的《负荆请罪》，结合课例对问题进行思考	
对自身教学的改进	

尤其是在第三板块中，我特别从“教学内容解读”、“教学目标和教学内容确定”、“教师的创造”、“学生的需要”四个层面引导职初教师展开思考。这不仅仅是这次案例学习的思考维度，更是他们每一天的教学行为之前，应有的思考维度。我希望通过这样的一种方式，培养和塑造他们“像一个真正专业的教师”那样去思考自己的教学，研究自己的教学。

带着这样的期望和“魅力导研卡”，我和职初教师们一起走进了“新苗合作研习坊”。我想，这次的研修，一定会是一次充满意趣的“探索之旅”……

【反思】

这次的研修虽然观看的是一节语文课，但是参加“新苗合作研习坊”的6位职初教师无论是数学、体育还是英语、语文老师，都感到很有收获。数学老师从“学生熟知的教学内容如何重新建构学习的意义”谈起自己过去的问题和今后的行动；体育老师则从“一个重点、多维突破教学设计”的角度，谈到了教学层次的设计对学生情绪的调控，进而谈到对最为头疼的教学秩序的维持；英语教师发现了教师的“舍”，称自己在“熟悉的内容里又重新学习了一遍”；而两位不同年段的语文教师则从低年段学习目标的确立和高年段学习目标的确立的不同角度，试着对《负荆请罪》这个故事，进行了自己的解读和设计。

反思这次研修的经历，不难看出，“魅力导研卡”对职初教师的专业引领有着具有现实意义的帮助作用。它至少解决了职初教师参与案例研修的三个问题：

1. 看什么

一节好课，亮点那么多，教学形式的创新、教学节奏的把握、提问的精当、点评的高效，甚至教师自身魅力的发挥、教学环节的设计……究竟应该关注什么？什么才是最根本的？“魅力导研卡”让职初教师有了更加专业的“看头”。

2. 想什么

有了专题，还需要有更加具体的思考方向。从哪些方面去思考自己的教学才是一个教师应有的专业姿态？揪住一点思考什么才能引导反思向着更加专业和现实的方向去？“魅力导研卡”让职初教师有了更加专业的“想头”。

3. 学什么

从理论到实践，是职初教师最不能够适应的困境之一。“魅力导研卡”引领着职初教师学习将理论转化为实践的思维方式，促进其积极思考自己的工作，发现工作中的问题，学会自主学习、自主思考、自主创造。“魅力导研卡”让职初教师有了更加专业的“奔头”。

当然，“魅力导研卡”只是学校帮助职初教师提高研修实效的一种手段和形式，其最终目标就是让职初教师“专业起来”，它最终想要杜绝的是小作坊式的“机械模仿”，是形而上学的“热热闹闹”——毕竟，教师是专业技术人员，我们的工作对象，是“盛年不重来”的孩子。因此，我们的职初教师从起点就应该“专业起来”。

（珠江路小学　林　虹）

点评：这是一则具体的校本研修的案例。认真读完这则案例，反复咀嚼，有几层味道：一是校本研修的方式真的可以很多，而且可以起各种各样的名字；二是借助案例开展研究、学习活动，确实可以产生显著效果，对职初教师而言很实用；三是无论是教师成长，还是教师培养，都需要一定的技术支撑，一张小小的“导研卡”中包含着丰富的技术因子，是有技术含量的，既有“导”的成分，但更多的是“研”的力量，对新教师的成长很有帮助；四是职初教师的成长规律，并不因教师个体学科而形成太大的差异，对一些活动不同学科的新教师都可以参加，跨学科交流也可以有意想不到的效果。

三、合作的力量：让个体融入团队

案例九

温情校园　携手共进

——基于学校的职初教师研修实践

教师是职业，更是专业，学校如何把对职初教师的管理进行专业化管理？南京市虹苑中学用自己的践行为专业化管理进行着解读。

在我校教师队伍中75%左右是青年教师。围绕着“创建学习型校园”主旨，这些年来，学校对处在职业适应期及成长期教师的培养，逐步形成了一种“在反思中发现问题，在互助中改进行为，在引领中提升品质”的校本研修机制。

一、在反思中发现问题

职初教师的研修是基于岗位的学习，是让“较快地适应自己的岗位”的要求，转化为职初教师个人的自我意识和内化为常态行为。针对职初教师处在适应期的特点，他们的自我反思、发现问题都需要一定的参照物。于是，在新教师来校之初以及发展的每一个阶段，我们都通过不同的形式，组织他们学习《虹苑中学教师成长目标》，明晰学校对他们的具体要求，引导他们形成自我身份的认同。

职初教师的首要任务是“站稳讲台”，我们把校本研修聚焦在课堂上。为了帮助他们在对课堂的反思过程中能抓住问题，我们从五个环节上进一步细化了可以反思的几个基本问题：

在备课环节中反思的问题——我为什么拟定这样的教学目标？我用什么教学方法达到我想达到的教学目标？我为什么认为这些方法能够达到目标？

在课堂教学时反思的问题——我在教学中发现了学生在学习中存在的什么问题？这些问题对我们的教学意味着什么？

在课后小结时反思的问题——我的课堂教学多大程度上实现了我预定的教学目标？我的教学目标是否需要作一些调整？

在作业布置时反思的问题——我的作业布置是否兼顾到了不同学习能力的学生？作业中出现的问题如何解决？

在学生辅导中反思的问题——对不同学生在学习中出现的不同问题是否清楚？在辅导学生过程中如何更好地做到有的放矢？

由于职初教师的发展是有差异的，我们要求指导教师在不同时期抓住其中某一个环节指导被指导教师进行深入反思，努力让基于问题的反思逐步成为教师习惯的工作行为。

二、在互助中改进行为

同伴互助是校本研修的标志和灵魂。在开展同伴互助中，学校一是注重不断完善互助的组织形式，二是把着力点放在问题的解决上，立足于教育教学行为的改进。

1. 携手前行，在备课活动中互相促进

学校把备课活动作为校本研修的重要方式。一是集体备课常规化。实施“三轮备课制”：一轮“个人备”，明细自己的思考，二轮“集体备”，拟定共同的思路，三轮“个人再备”，结合各人的思想。在“集体备”时重点关注课堂教学目标是否适切，围绕目标达成的教学过程中怎样体现以学生为主体、学习为主线，怎样测量和评价学生的目标是否达成。职初教师在活动中既是备课的主体，又是集体研究的对象。他们“个人备”或“个人再备”的教案常常是共同研究的“案例”。学校要求有经验的教师对他们教案的分析和建议一定要基于职初教师的“最近发展区”，这样的帮助使职初教师感到“可做”与“能做”。

为了使教案更好地转化为课堂教学的实践，学校的集体备课还延展到课堂，开展以课例研究或者课堂教学微格剖析为载体的教研组主题活动，教研组长、备课组长录制组内骨干教师和青年教师的课堂片段进行对比分析交流，并特别要求组内职初教师每一次交流之后在BBS上发表自己的见解和想法，教研组长或者备课组长进行点评。

2. 师徒共进，在青蓝结对中教学相长

学校长期以来延续着“青蓝工程”，开展三个层次的师徒结对：新手教师、准骨干教师、新任毕业班的教师。指导教师由每个教研组推荐或者自荐，学校在双方自愿的基础上进行一对一配对。在实施“青蓝工程”活动中，学校研制了《南京市虹苑中学青年教师成长手册》；每学期开展青年教学基本功展示周、课堂教学展示周，硬笔书法展示周、粉笔字展示周、普通话展示周和课堂教学展示周等；每学年末进行校“青蓝工程”优秀师徒评选。

3. 交流分享，让个人经验智慧成为研修资源

为了进一步营造全员参与的互动性更强的学习氛围，学校搭建“教师讲坛”、“校园论坛”、“网上沙龙”、“BBS”、“电子专题刊物”等多种交流平台。学校教师外出参加教学竞赛、支教、培训、考察、讲学归来，都会在“教师讲坛”上话收获谈体会。每一次名师来校上课或专家讲学之后，教研组或年级组都会进行研讨，并于第二天将学习体会、改进工作思考，以BBS的形式上传校园网。学校还定期在“校园论坛”上公布研讨主题，提供学习材料，教师可以根据自己的实际情况抽空学习。不仅如此，教师还可以将自己平时教育教学中碰到的“疑难杂症”贴在“校园论坛”上和同行切磋交流，相互启发借鉴。这几年，有50多位教师在讲坛上作了精彩的专题发言，编辑了系列教育科研电子期刊《学思集》和德育工作期刊《九月》。

在活动中，职初教师一直是学校重点关注的对象，学校一方面鼓励他们积极参与，关注学校的“公共空间”，融入群体之中；另一方面让他们在活动中感受专业发展的紧迫性，解决问题，积累经验，逐步确立教师是终身学习者的意识。

三、在专业引领下提升品质

1. 层层课题引领，提升课堂效益

在学校浓烈的教育教学氛围中，教师中持续着课题研究的热情。每一年都有一批课题成功申报为市、区课题。学校鼓励参加工作2—3年的教师也能介入课题研究的活动，并为他们“量身定做”了一些指导及要求。例如，改进对课题申报表填写的话语要求，贴近他们的实际。其中，对“选题缘由”主要填写“您为什么研究这个课题？请讲一个激发您研究这个课题的您自己、您的同事或您的学生的故事”；在“研究目标”一栏中要求写上“通过研究这个课题，您试图达到什么目标？请联系您的工作实际，畅想在课题研究的过程中或课题完成后您或您的学生可能发生的变化”；在“研究难点”中写上“您预计在研究过程中会遇到哪些难点？解决这些难点需要学校或总课题组为你提供什么支持条件？”等等，使愿意参加研究的职初教师有话可说、能说。

2. 专家引领，名师示范，提升教师专业发展的台阶

学校在引领上的主要方式，一是隐性的专业引领：如每到寒暑假学校都会布置老师一些家庭作业——写论文，做中考题，写读书摘要。二是显性的专业引领：靠专家、行家和骨干的指导，避免同水平重复和低层次徘徊。这些年，学校除了开设专家教育教学专题系列讲座外，还成立名师顾问团和特级教师工作室，聘请了教科研的专业人员与资深教学专家担任我校的名师顾问，把专家、名师们与我校双边互动形成制度。名师们的经验辐射，不仅激发了我校老师的教育智慧，特别使青年教师在观摩和倾听中，在与专家名师的零距离接触互动中，加深了对职业的理解，拓展了视野，专业发展进入了“快车道”。

（虹苑中学　陈表凤）

点评：从案例中我们看到，学校不是把对教师的管理停留在对教师的使用和管辖上，没有满足于“一个坑中有一个萝卜”，而是围绕着教师持续发展的主旨，重视教师本身的专业特质，努力创造一种组织文化，使教师们在认同学校发展目标中，形成和强化团队精神，愿意为实现共同目标负起责任，并且把工作与学习作为履行责任的内容。在案例中我们还可以看到，学校对教师研修的管理实质是一种“专业”引领。这种专业引领主要表现在两个阶段：在专业发展目标制订阶段，教师个体要在学校提出的整体专业发展要求导向下，结合自身现状制订专业目标；在开展专业实践活动阶段，教师个体要在自己制订的专业发展目标导向下，主动参与专业活动和开展自主研修。

案例十

帮一把与送一程

——新任初三教师的校本培训及思考

校本教研常态化不仅要通过常规制度告诉教师做什么，还需要指导与帮助教师知道怎么做，尤其是职初教师更需要方法和内容的指导。南京市二十九中对第一次担任初三毕业班教育教学工作的教师研修就是这么做的。

对于一名青年教师而言，在工作中会有很多个"第一次"，学校需要"帮一把"、"送一程"，比如带毕业班。因此，我们有计划、按步骤地开展新任初三职初教师的校本培训，这成为学校的一项常规工作。

一、心理的准备是前提

工作中无论是调入的老教师还是刚上任的职初教师，在进入初三的时候都会有一些明显的焦虑和担心。进入初三前的暑假开始的校本研修第一课，主题为"放下包袱，轻装上阵"。研修内容主要是进一步介绍学校多年形成的毕业班工作理念和团队文化，使得新任初三的老师能够尽快进入角色。同时，请各位老师介绍自己的工作经历、主要优点和可以发展的空间，提出在进入初三之后存在的困惑和需要学校帮助解决的实际问题。能够解决的由学校领导现场处理，不能现场解决的由有关部门进行协调和处理，最后向老师进行反馈。培训的过程热烈而感人，所有的初任教师都能够坦诚相待、深刻反思，使老师有一种归属感。

同时，老师们通过对自己以前工作特点进行的总结，进一步清晰了自己的工作思路和努力方向，更重要的是绝大部分的老师在这个过程中有效地学习别人的优点和经验，比较出自己的缺点与不足，特别是进一步了解到学校的成绩及办学特色之后，都表现出了足够的信心和决心，并能够利用假期的时间认真准备，为顺利进入初三打下了良好的心理基础和教学储备。

二、学情的了解是基础

毕业班教学看起来是"以考定教"，但本质上是"以学定教"。由于初三学生的基础或发展规律，对于新任教师，尤其是职初老师来说是未知和陌生的。因此，了解学情、研究学情是初三教师研修的重要内容，并贯穿于研修的始终。

在学校的暑期研修活动中，我们组织了初三情况的通报会，会上分别由三部分人重点发言：一是该年级的初二阶段教师，介绍学生的学习基础与习惯；二是上届初三继续留在毕业年级的教师和备课组长，介绍初三阶段学生的发展规律与特点；三是从初二跟上来的有经验教师和年级部主任，介绍初二与初三衔接的工作环节。这样的通报会让新任初三的老师能够全面了解学校、年级和本班的学生。

三、同伴的互助是捷径

为了能够让新任初三的职初教师尽快适应快节奏的教学生活，尽快掌握初三教学的技巧和能力，学校在初三开学初就隆重地举行了新任初三教师的师徒结对活动，明确了师傅和徒弟的职责和任务，签订责任书和考核表，并及时进行检查和督促。学校把对师徒的教学考核进行捆绑，同时把师徒结对的业绩考核与整个学科组进行挂钩，进一步增强师徒的合作意识和凝聚力以及学科教师的团队意识和奉献精神。

通过这项活动的开展，有效提高了骨干教师的责任感和使命感，时刻提醒他们要做好教学的标兵、徒弟的榜样，提高了备课组教师的集体意识。同时，也进一步增强了新任初三教师的信心和教学能力。除此以外，我们还给他们配备一位教育工作的师傅，参与班级管理，提高职初教师的组织能力和管理能力，从而也提高课堂管理的有序性和教学效率。学校的这项活动使得年轻教师成长特别快，极大地缩短了新任初三职初教师的适应期。

四、制度的监督是保障

我校对于新任初三教师，特别是职初教师，有着比较系统的管理制度和机制。

一是严格教研活动纪律。对于初三的任何教学活动职初教师必须参加，及时安排新任初三的职初老师参加校外的各种学习和研讨活动，有时甚至安排参加一些全国性的高水平研讨会。对于参加专业培训的老师，必须上交学习体会和反思总结，并由学校安排进行全校或者全组交流。

二是有明晰的管理常规。例如教案的书写必须是手写详案，作业的批改必须是精批精评，必须每周做一份中考试卷并进行分析点评等，一学期至少命制一份完整的学科试卷等。学校还制定了青年教师快速成长的“一、三、五、七”计划，即：一年成长（成为合格教师），三年胜任（成为学校与家长满意的教师），五年突出（在校内各学科中业绩突出），七年优秀（成为区以上优秀青年教师）。

三是有工作反馈和展示的平台。学校安排了新任初三的职初老师定时进行开课和汇报，分别有在刚刚开学时的观摩课，开学后一个月的汇报课，期中考试后的反思课，一个学期结束前的展示课等。通过开课研课的方式使得新任初三的职初教师得到有效的锻炼和快速的成长。

四是有定期访谈反馈制度。分别在老师从事初三教学一个月、一学期、一学年后进行汇报交流，及时了解老师的成绩、不足和需求，听取新任初三职初教师的意见和建议，随时进行改正和调整。学校教务处还专门制定了新任初三职初教师的教学视导和教学评价方案，及时了解职初教师的各方面信息，随时进行帮助和校正。同时进行领导包干制，有针对性地进行结对访谈，帮助新任初三的职初教师进行自我诊断，努力开拓自己的发展空间。

多年以来，校本研修常态化的运作，使学校也成为教师的学园，来校工作的绝大多数职初教师能很快融入学校的文化之中，有些老师在第一年进入初三，教学效果就得到全校师生的一致好评。这些教师在自己高峰时的职业体验，也增强了进一步发展的自信心。

（第二十九初级中学　杨清华）

点评：这是一个特殊的“职初”项目，针对刚从事初中毕业班工作的教师设计的研修项目，也是别具一格的。这样看来在学校里可以开展的校本研修还真是不少。处处留心皆学问，要学的东西太多了。这个项目的设计既可以看出学校对毕业班的教学质量的重视，也可以看出学校管理者既对工作负责更对教师负责的良苦用心。当研修活动成为一种常态制度后，学校管理的运行机制里就增加了一分人性的关怀，即给你挑了重担，总要有人来帮助你。千万不能出现，第一年带毕业班就搞砸了，从此在学校里一蹶不振。给岗位就是给锻炼的机会，在尽量减少代价的基础上让每一位青年教师尽快成长，是学校管理者负责任的表现。

案例十一

团队的帮助唤醒我们发展的主体性

——永远不要忘了“备自己”

职初教师的成长，一定离不开团队的支持，尤其是在接受新任务时。并且在上公开课过程中的收获，一定比平常多。这是因为，无论有多少帮助，最终还是要依靠自身的努力去完成。

又到了区里教育教学视导时，组里新工作的小姑娘开始着急——肯定要被听课呀。于是我们组齐心协力，帮助其备课。

选择课文很重要，小老师经过反复斟酌，选择了《九寨沟》一文。原因有二：一是因为这篇文章结构清晰，都是描述型的语言文字，不难理解；二是有许多名师上过这篇课文，有优秀的教学设计可供参考借鉴。

有了优秀案例的参考，小老师的教学设计很快出来了：老师以一个游者的身份开展教学，引导学生一步步走进九寨沟，在脑中建立画面，朗读感悟。这设计看起来不错，思路清晰，很好地体现了教师主导、学生主体的学习方式，培养了学生主动探究的能力。可是结果是设计虽很精巧，但教学过程却是超时加散乱；小老师一节课上下来自己也是心烦意乱。

大家开始反思，找寻问题的根源。最后结论，这节课的设计方案更需要教师有举重若轻的课堂驾驭能力，而新老师在这方面恰恰比较薄弱。看来，教学设计还是得自己思考，设计出属于自己的教学方法。作为一名新教师教学，应该不求教学过程的独特新颖，而是努力做到扎扎实实地完成教学任务。于是我们重新整理，第二次的教学设计就走常态路线——先是整体把握课文，初读后请学生说说，九寨沟什么最吸引你？再引导学生读课文的最后一段，出示四个词语“雪峰插云、古木参天、平湖飞瀑、异兽珍禽”，这就是九寨沟最吸引你们的地方，也是九寨沟吸引中外游客的原因。然后质疑，作者怎么将九寨沟神奇的水介绍给我们的呢？开始过渡到精读感悟第三四段。这个过程主要是抓住关键词，想象画面，感悟语言，指导朗读。同时，我们注意将精读过程简化，严格控制问题的数量。我们设计时还做了一些预设，并且都想出了相应的教学方法，以防新老师对于课堂上新的生成把握不了。

第二次试上，终于比较圆满地完成任务。再次坐下来总结，小老师最大的收获是设计中的预设真的很好，充分考虑了学情，避免了上课中出现一些新问题后手忙脚乱。而我们则是认识到，要想上好课首先得自己好好研读教材，就像一千个读者眼中就有一千个哈姆雷特一样，每位教者对课文的感悟都不可能完全相同，自己理解是教学好一篇课文的基础；其次，教学设计不能只是力求新颖，而是要想怎样让学生更扎实地掌握教学内容，教学方法是为教学目标服务的，而不能为了方法而方法；最后，我们每位教师应该找寻自己的特点，在教学中扬长避短。

（南京师大附中新城小学　吴　鹃）

点评：这样的例子很短，却很典型，几乎发生在所有的新教师身上。一堂课，设计得很好，一操作却出了问题。设计环节时有教参供参考，有导师给予帮助，可这并不是真正的"备课"，只是抄袭或是模仿，这节课里没有真正的"我"。在课堂上失去自我是不可能将课上好的。"上好每一节课"既是对教师的基本要求，也是显示教师真功夫的标准。不能偷懒，对新教师而言，备课环节上的"三备"（备内容、备学生、备方法），恐怕还要添上"一备"——那就是"备自己"！

案例十二

我和师傅有个"约会"

教师的职业成长，是一种内源性的专业发展，它突出了教师个体在专业发展活动中的主动性、创造性和实践性。学校为职初教师实施了帮带制度，但"师傅领进门，修行在个人"。南京市江宁实验小学任梦菲老师在师傅引导下迅速成长的行程中，留下了"主动、能动、行动"的印迹。

走上工作岗位已经三年，回想刚踏入学校的第一年，面对生疏的环境，没有经验也从未接触过小学生的我感到巨大的压力，面对教学我束手无策。为了帮助新老师尽快熟悉教学环境并能快速成长，学校开展了师带徒"青蓝结对"活动，这让作为新老师的我十分感激。回看两年多来的学习过程有苦也有甜，而活动中却收获良多。

一、合作搭班中有目的地看

多年来，我校都以新老教师搭班的形式开展师徒结对活动。这种"浸入式"的方式能使我们这些新教师接受全方位的培训和指导。经常跟在老教师的后面，我们观看各种各样的活动，新老教师朝夕相伴，形影不离，这样的辅导方式对我们新教师的实际带班工作，是最直接、最全面的指导和学习的一种有效途径。

1. 观察自己最需要或目前最感疑惑的问题。初来乍到的新教师，往往什么都想学，什么都要学。殊不知，常因为求"大"、求"全"而最后"什么都没有学到和改进"。因此，面对"什么都学""什么都可以学""什么都要进一步改进"的情况，新教师要学会给自己定目标，从自己最缺乏、最需要的地方入手，学会有目的地看，有意识地观察，捕捉自己所需要的东西。目标明确了，才能看得更全面、更仔细，收益才会更大。任何观察活动，新教师都要留意观察老教师的各个组织环节，加以整理和收集老教师在活动中的言行举止、表情语调等艺术技巧，使之在自己今后的实践中淋漓尽致地发挥与体现。

2. 观察老教师独到的教育特色。作为新教师，首先要树立“每一个人都是我的老师，每一位老师都可以对我有帮助”的思想，有了求知的欲望，才有学习的动机。但是，对老教师的教育特色和专长，新教师并不熟悉，所以，要通过观看一些活动，如“优质课展示”、“每周教研课”、“组内教师观摩课”等一系列活动，进一步了解与把握老教师的教育特色和专长，逐步在自己的心中建立“老教师教育特色库”，使老教师的教育特色和专长如“春雨润万物”一样，“随风潜入夜”，滋润自己，在教师专业道路上茁壮成长。

二、合作评述中有选择地听

教学活动评析是新教师在学习中经常遇到的环节，在这个环节中可以感受到不同的教育观、教育手段和教育风格。但是由于新教师没有形成是非判断标准，确定不了活动中哪些是精华，哪些值得商榷，“照单全听”，结果在集体讨论后，不是“稀里糊涂”，就是“一知半解”。因此，“听什么”“怎么听”的问题，就得摆上桌面来解决。

1. 听老教师清晰的思路。经验丰富的老教师会把问题空间从更大的任务情境中分离出来，把复杂的问题化为简单的问题。所以新教师应该更多地听老教师在活动评析中的一些思路，活动中的前思后想，感受老教师思考问题的方位角度，过程中的梳理调整的原因等。通过课例评述，新教师找到了活动的设计思路，明白了语言活动中的情景教学的作用，感悟了从激发兴趣着眼，从情境感染入手，引导学生去探索学习的真谛。

2. 听自己容易“消化”的内容。新教师的关注范围有限，对老教师评述中的观点，由于缺少共鸣而感到不太理解，有时虽然做了密密麻麻的记录，但最终还是派不上用场。因此，要选择自己容易“消化”的内容，即自己在实践中有同感的、最需要的内容听，不能胡子眉毛一把抓，要突出听取内容的针对性、实效性，这样听的效果才会更好。

三、合作学习中有思考地学

学习老教师丰富的实践经验是新教师最直接的想法，但在学习的过程中不能就学而学，而是要学习透过这些经验看到背后支撑的理论，用理论研读经验，并思考在运用中自身与老教师的可能差异，注重“思考地学”。

1. 思考老教师“绝招”后面支撑的理念。老教师良好的经验表现了知识的个性化，体现了她的情境性、生动性、缄默性的特点，但这种经验受到一定环境的制约，即是特定的教师针对具体情境下具体学生的经验。对新教师来说，由于学生的个体差异性，教师的把握程度不一样，这种经验只能是有效的启示，而不是照本宣科，一味全盘跟学。因此，新教师在学习老教师良好经验时，需要有思考地学，重点是领会把握老教师良好教育行为背后的教育理念，只有这样，才能理解和运用具有个性化特征的教育方法，才能在理念的指导下创造出属于自己的教育方法和技巧。

2. 思考“我”和“她”的异同点。思考异同点，有助于新教师更多地从自己的实际情况出发来思考问题，避免简单的模仿，照搬照抄，丢失自我。如班队活动《认识你的同桌》，老教师觉得应该让学生自己去体会、探索，于是充分设计和记录了除描述同桌外貌以外的其他与同桌接触并合作完成的活动，活动中的引导则见机行事；但新教师没有简单地模仿，而是分析了自己和老教师的不同特点：老教师有足够的应变能力面对当时的处境和学生的问题，应对新情景的方法灵活多样，而新教师却觉得自己缺乏对活动的预见和应急能力，如果照老教师的想法“赤手空拳”地开展活动，可能会出现“全盘糊”，于是设计了学生在探索中如何引导的核心问题，有思考地取舍老教师的经验。

四、合作实践中有方法地做

新教师的学习最终还是回到实践，在实践中不断地运用、领悟、改进和完善，这就需要新教师在实践中“有方法地做”，以促进自己的专业成长。

1. 模仿中有所创造。在学习的过程中，新教师往往会更多地采用模仿的方法，模仿老教师的教学，老教师保育的细心，老教师常规培养的策略等，但如果在教学和活动中只是简单地模仿，就会削弱新教师自我思考的意识和良好习惯，延缓自身成长的步伐，因此需要新教师在模仿的同时大胆创新，哪怕是点滴的创新思考，通过创新实现“她”中有了“我的影子”的实践目标。

2. 跟进中不断提高。新教师明显感受到自己进步的学习方式就是不断的尝试，也就是常用的跟进式手段“上课——评课——再上课——再评课”，循环往复，在跟进中感受体会学生的特点和老教师的智慧，在不断的梳理中明晰自己的思路和教育目标，知道如何围绕目标设计活动，如何在活动中防止“背”教案的毛病出现，如何在活动中体现“师生互动”、“生生互动”的教法等。每一次试教，都会面临新的教育情境，出现新的问题；每一次试教都是对活动的新梳理、新感悟，再加上老教师的点评指导，新教师组织的活动就是在这样的“有方法地做”过程中日渐成熟。

在“青蓝结对”活动中，每个人都会经历从曾经的眉头紧锁到最后脸上洋溢着幸福的笑容。实践证明，只要新教师掌握正确的学习方法，在老教师引领下，通过“合作研究、生成构建、反思超越”的不懈努力，一定能成为教学骨干力量。

（江宁区实验小学　任梦菲）

点评：“青蓝工程”几乎是所有中小学都在开展的教师培养活动，但多数是单向行动，即师傅对徒弟的指导。而本案例中提到的“合作”精神，既是教师职业需要的团队协作要求，也是教师同伴互帮共进的必要条件。“青蓝”双方在活动中准确定位，各自谋求发展的目标，师傅在帮助徒弟不断发展的同时，自身也获得更多的发展机会，尤其是对于人到中年的师傅而言，与年轻教师一同研究、实践，也是十分难得的。

专题三　学校精神文化与个人成长

学校是人聚集的地方。其中有两类人与我们讨论的话题有关，一是职初教师，二是指导教师。他们之间形成的指导与被指导的关系，并不是学校这一教育机构中必然存在的人际关系，但却是“师徒帮带”活动的必然产物，成为学校人际关系的重要组成。并且这一精神形态的产物又融入学校的文化氛围里，并逐年逐代传递，长期存续。

师带徒并不是教师仅有的职业继承行为，但它又区别于其他职业技能的简单传递，因为这其中的传承不仅有知识、技能，更多的还是职业精神、理想和操守。因此我们常常将这一研修制度称之为“青蓝工程”。但在实践中，这种研修制度与方式容易受到经验制约，不仅帮带的内容是经验的习得，帮带的过程也是经验习惯的延续。一些学校管理者以及指导者与被指导者，虽然对“师徒帮带”很“有意”，但实施起来却比较“随意”。

现在的年轻教师，都有着良好的教育背景和专业知识，他们有热情，有理想，对教育事业充满新奇又满怀憧憬。新教师的这种特质加上信息时代学习的网络化，使得指导教师在知识上失去了以往的那种绝对优势。因此，指导教师应当也更容易将自己放在一种合适的位置上，不是过去常有的“居高临下”，而是双方各有所长，相互学习。因此这就决定了研修内容和形式都要有新的突破。并且，师徒帮带主要是个体之间的结对，而教师的成长往往是集体帮助的结果，现实中我们也看到在帮带的过程中发挥团队作用的例子。这些变化对我们整个学校的影响都是深远的。

在校本研修中，职初教师是被指导的对象，又是研修的主体。那么，职初教师在学习的过程中就应当强化自己发展的主体意识，在帮带中主动学习，在接受指导教师基于自身的教育信念和教育经验时，学会思考和判断，对自己的行为做出不断的反思，对自己的态度做出积极的调整。

从本组案例中，我们可以看到，在职初教师校本研修活动中，职初教师表现出的谦谦好学、孜孜以求，指导教师表现出的谦和大度、不吝赐教，团队合作表现出的团结互助、共同进取，对学校风气的优化都有很大的好处。阅读以下的案例，我们可以体味到感恩，感受到惜才，体察到创造精神和职业操守。

一、感恩的思绪：丝丝缕缕挥之不去的幸福

案例一

感恩，惜福
——与名师结对成长体会

“师傅领进门，修行靠个人。”更不用说这位师傅与自己还不在同一所学校工作。跨校结对，突破了校本的“本校”边界，是一种尝试，也是一种突破。一起来倾听这位徒弟的讲述。

让时光回到2013年9月最后一天的下午，我校举行了隆重的“问道名师——南京市建宁中学名师结对仪式”活动。早在正式踏上三尺讲坛之前，就听说了南京市金陵中学特级教师苏华老师的名气，她是南京第一位心理健康教育专业的特级教师。如今，借助学校搭建的平台，我很荣幸能够拜苏老师为师，心中充满了感激，同时也隐约担心自己这样的无名小卒在名师面前会无所适从。

但与苏老师的第一面就抹去了我心中的担忧。苏老师给我的第一感觉很亲和，平易近人，一见如故，丝毫没有名师的距离感，亦师亦友，让我能够很快敞开心扉，和苏老师交流教育教学上的困惑，分享生活中的点滴。

因为和苏老师不在同一个学校，在时间和空间上会受到很多的限制，但是我知道这个机会非常难得，所以很珍视每次和师傅的交流。从师傅身上学些什么，是我要思考的第一问题。可以说，师傅是一个丰富的资源库，有许多值得我学习和借鉴的地方。而我作为一个刚刚踏上讲台不久的新教师，在这方面需要很多的指导和磨练，需要走进师傅的课堂，学习师傅课堂

驾驭和课程组织方式方法，同时也邀请师傅走进我的课堂，针对我校学生的个性特色进行详细、有针对性的指导。俗话说："师傅领进门，修行在个人。"和师傅的学习远远不只是听听课，在学习师傅教育教学经验的同时，更应注重与自身特点相结合，学以致用，多探索，多积累，尽快找到符合自身特色的教学思路和教学风格。更难能可贵的是从师傅身上学习一个大家对待生活、工作的态度，人生的信条与准则。

第二次拜访苏老师是在金陵中学，正赶上学校期中考试，苏老师既要负责学校心理方面的事情，同时兼顾学生工作，很多事情比较琐碎，家长、学生的咨询要接待，学生报告桌椅损坏、秋游车程安排等等各项大小事务要处理，苏老师耐心地接待每一位来访的学生、家长、老师，百忙之中抽出宝贵的时间询问我生活、工作情况，聆听我的困惑，提出建设性的建议。当时跟师傅讨论到我想根据本校学生特点开发校本课程体系。由于年级不同，学生进校时间前后有差异，同一年级建班有时间先后等错综复杂的情况，具体操作环节困难重重，铺设的面积较大，没有头绪。苏老师肯定了我的想法，并提出"将面化成点"，先从一个层次入手构建，既可降低难度，又可增加自我成就感。"心理工作是慢的艺术"，不要过于急切，想要立竿见影，反倒自乱阵脚。跟苏老师的一番交谈，让原本纷乱的思绪开始一点一点梳理出纹路，焦躁的情绪也逐渐归于平稳。每次和苏老师交流，都能感觉到她身上的从容、踏实、细腻。

与苏老师不多的几次接触，带给我很多的感想。我也一直在思考自己与师傅的差距在哪里。教学方面，师傅更多关注的是学生本身，而我侧重的方向可能更多的是事物上面。同一堂课，我会不由自主地关注到丰富的教学设计，变换的活动，课堂气氛的热烈，但有时候冷静下来，想去除热闹的形式，沉淀下来的精华是什么？能否为学生的心灵播种一粒种子，在某时某刻破土而出？持续性有多久？苏老师更多的是舍弃一些花哨的形式，能将一个活动不断深入挖掘，切切实实地贴近学生的内心深处，带给学生更多的思考，实实在在地与学生进行心灵的交流。而这一点，需要我加强。另外，苏老师严谨的态度也让我看到了自己和她的差距。虽然自己平时也会写一些工作心得或教学反思，但在格式规范上比较随意，跟着自己的感觉随性而写，有时候写出的东西会比较杂糅，一篇文章案例不像案例，叙事不像叙事；给苏老师发过的两篇文章，苏老师很快逐一进行了修改批注，从文章的整体框架结构到小的段落描述，进行了详细的指导，使整篇文章行文顺畅。

一年很快就过去了，回想这一年和苏老师的联系，每一次都受益匪浅，但是也会存在一些遗憾，其中大部分原因在于自己，这也让我深刻地反思。在这一年中,虽然每个节日都会发个祝福短信,但是远远没有充分利用这一大好机会,深入地和师傅交流,这是资源的一大浪费。仔细想来,很多次觉得自己的想法或者困惑很幼稚,不好意思在师傅面前坦白,白白浪费了很多机会,这一点需要在以后和师傅交流的过程中不断调整,多和师傅沟通,更主动地去学习。

漫漫人生路,能够遇到名师指点,会少走许多弯路。从她的身上,我不仅学到了教育教学经验,同时也看到了她那务实的工作态度,爱岗敬业、无私奉献的精神,教书育人、严谨治学的教风,这些深深地影响着我。作为徒弟,我诚挚地感谢师傅对我的关心和爱护,也感谢学校为我提供了这个学习成长的基地,将师徒结对这一条无形的纽带联结在我们师徒之间,为我们增加了交流沟通和相互学习的平台。在以后的工作中,我会继续努力,更加主动地、虚心地向师傅多学习,多请教,积极创新,将师傅对我的关心和帮助转化为教育教学上的动力。

(建宁中学　刘晓婷)

点评:在职业生涯初始阶段,遇到一位好师傅确实是值得庆幸的事情。由于受到学校自身条件的限制,并不是每位新教师都能在自己所在学校里找到师傅,跨校觅师值得肯定,但这一定只能依靠学校的作为,而新教师自身个体是无法实现的,这其中体现出了学校的责任感。更何况本案例中的师傅是赫赫有名的特级教师。

虽然只有一年,也由于师徒不在一所学校,见面次数不多,新教师能抓住每次交流的机会,如饥似渴地吸取养分,使得自己能获得更多更好的发展机会,也正所谓"师傅领进门,修行在个人"了。作为职初教师,发展的最重要的因素一定只能是自身!

案例二

我与师傅之间解不开的"绳结"
——记我难忘的两节课

这是一个关于绳子的故事。它告诉我们:导师的指导行为可以十分正式,也可以不经意,但徒弟一定要善于抓住一切学习的机会。

2009年6月，我毕业于南京师范大学体育教育专业，三个月后来到了这所风景秀丽的学校，认识了我现在的师傅。初见师傅时他正在空无一人的办公室里跳绳，上下翻飞，身手矫健。跳完，他把绳子递给我，说："那个新来的，你来跳跳看！"跳绳是我的弱项，我朝他笑笑，摇了摇头。他并不介意我拒绝他，而是自顾自地脱了被汗水浸湿的T恤，拧干，露出大块胸肌，说："哪个学校毕业的啊？"

一年后，我获得了一次开设区公开课的机会，课题是水平三五年级的《弯道跑》。师傅帮我备课，磨课，最后在增加练习密度这个方面遇到了困难。大家都知道，学校的跑道只有两个弯道，而且相距很远。也就是说上课时只能用到一个弯道，每次练习最多5个人(我校跑道有5个道)，并且教师不易观察。学校还有一个地方有弯道，就是篮球场的三分线，那可以算是一个弯道，但是那个弯道弧度太大，不易练习。师傅说："要不我们用绳子吧！"他把几根长绳接在一起，在地上摆出很长的弯道，然后摆了8个，这样，课的练习密度就上来了。可是这样一来，很突兀地出现了绳子，如果后面不能用到绳子的话，绳子的器材利用率就低了。师傅说："本节课都在练习弯道跑，田径中有个俗语叫'直道加速，弯道减速'，意思是在弯道的时候要在不减速的情况下节省体力保持跑动的节奏。我们可以利用绳子来强化一下节奏，辅教材我们就来跳长绳，这样绳子的利用率就高了，而且可以顺带着达到教学目标中的第二点。"

课后评课环节，各个学校的教师都对我这节课给予了好评，并对用绳子来做弯道大加赞赏，说我很有头脑。

2012年下半年，我被学校推荐参加区"创新杯"赛课。这样的机会很难得。题目出得也很怪，是水平二四年级的《各种姿势的双手抛胶圈》。大赛组委会只提供20个胶圈，并且不允许我们自己准备胶圈。也就是说，必须要将器材缺少的问题放到课的设计中去解决。

备课时我校体育组所有教师都对这个问题进行了讨论，大家提出了很多解决办法，但都不是很完美。比如呼啦圈，的确和胶圈比较像，但是太大，太硬，有安全隐患。就在我们一筹莫展的时候，师傅说："用绳子，将绳子圈起来，用胶带绑住，这样想圈多大圈多大，就可以和提供的胶圈一样的大小。并且绳子质地很软不会有安全隐患，可以有效提高练习密度。在尝试练习的时候甚至可以散点自由练习，只需要把胶带绑得松一点就行了。在辅教材的选择上可以用这些'绳圈'和胶圈一起做跳圈的游戏，这样腿部力量也锻炼到了。"

最终，我在本次比赛中获得了一等奖的好成绩。后来我找机会问了我们教研员，他说我的这节课好就好在辅助器材的选择上。他还让我多跟师傅学习，师傅在绳子利用上有自己独特的见解。

我想起了初见我师傅时的情景：挥汗如雨，上下翻飞。只是当时我没有跳绳给他看。后来我问他，他说他都忘记了，只记得走进来的是黑瘦的一个小伙子。我低头看了看我的“啤酒肚”，决定开始跳绳减肥、健身。

跳绳是一项在环摆的绳索中做各种跳跃动作的体育运动，同时也是一项老少皆宜的全身性有氧健身运动。它除了拥有运动的一般益处外，更有很多独特的优点。跳绳每半小时消耗热量四百卡，是一项健美运动，对心肺系统等各种脏器、协调性、姿态、减肥等都有相当大的帮助。

绳子，质地软，易变形，易塑形，可以在很多教学内容中用到。放平可以作跑步的起跑线、跳远的起跳线；圈起来可以作小青蛙跳的“荷叶”、投掷的“绳圈”、障碍跑的“火圈”；扎起来可以作动物的尾巴、投掷的“绳结”、韵律活动的轻器械。有效地用好绳子，让体育课大放异彩！

（金陵中学实验小学　孟　杨）

点评：没有想到，这个案例中包含着一个关于突破“功能固着”的例子。绳子，在教学中发挥了让人意想不到的作用。一节课上绳子变成了跑道，另一节课上绳子又变成了胶圈。师徒二人思维的碰撞，产生了更多的教学智慧。这样的例子在不经意中容易被忽略，但一旦是自己思维所得，将很难忘记，这就是实实在在的收获。建议所有的职初教师在实践中都要牢记：“处处留心皆学问。”

案例三

新城，遇见你是最美丽的“意外”

——一个非师范生的职初成长经历

新教师中有一部分并不是师范院校培养的。他们的职业理想和素养是如何形成的呢？“先天不足”又是如何克服的呢？这里有一个例子，看后大约可以知道缩短胜任教师岗位的适应期的关键是什么了。

人生的道路很漫长，但决定其方向的只有几个路口，“就业”应该算是一个吧。而作为非师范出身的我，能够成为一名合格的人民教师，回想这一路走来，既是运气相伴又是努力所致。

一、代课经历改变了我的人生轨迹

研一暑假快要结束时，我像往常一样挂在网上，边“搞科研”边“冲浪”，突然研究生群里的一条关于招聘生物代课教师的信息吸引了我：当老师不是我儿时的梦想吗？虽然自己不是要求中的师范生，也没有过实习或代课经历，但我还是抱着试试看的心理报了名，没想到从此便与新城结下不解之缘，因为报名的人只有我一个！也没有想到，这一代就是两年！而且，就是这两年的代课经历，后来影响了我的择业观，改变了我人生的轨迹！

我还记得第一届的学生因为我爱穿粉色的衣服而叫我“粉红老师”；还记得第一次办体育艺术节时，报告厅还没有建好，所有师生就围坐在体育馆的地上，用最简单的播放设备唱歌联欢，快乐的歌声回荡在体育馆里；还记得在新城过的第一个儿童节，我和孩子们一起唱起张韶涵的《口袋的天空》；还记得到新城第一年，生物实验室还没有建好，只能用一间普通的教室替代，还没有电脑和投影仪，没有水源和试剂，很多实验不能做，必须将教材进行整合。我一个人把40多台显微镜安装好，摆放在课桌边，还将实验步骤提前抄在黑板上，我记得第一届的孩子都非常珍惜每一次实验的机会，实验课总是最配合，最认真努力，课后总会有学生主动留下来帮我一起收拾……所有的一切都让我感受着做教师的幸福和自豪，体会着教书育人的快乐和成就。所有的一切都让我决定了：毕业之后一定要成为一名光荣的人民教师！

二、校长的鼓励坚定了我的信心

刚来代课时，我是多么的忐忑和不自信，心里完全没底。初中的知识对我来说确实简单，但“怎么教”我着实没有底气。所以当韩校长说要来听我的课时，我知道揭老底的时候终于到了。

我还记得那节课上的是《显微镜的认识和使用》，没有什么试讲和磨课，我就按照自己的理解这么上了下来。当时想着，反正纸包不住火，校长迟早会知道我不是师范生，而且没有教学经历，即使装也装不出来的。我还记得整节课韩校长都微笑地看着我，课后我追出教室想问问校长的意见，当时韩校长对我说的话我到现在都记忆深刻，而且也正是那句话，给了我莫大的信心，让我不再为不是师范出身而自卑，不再为没有教师资格证而发怵，让我坚信了自己适合做教师，也完全可以胜任。

她说："你具备了当一个好教师的所有素质：一手好字，一副好嗓子和一颗热爱教育事业的心。"

后来我也渐渐发现，未必每个师范生都能成为好老师，教师资格证也不过只是通过考试就能得到的一纸证书。现在我有了教师资格证，我也从不羞于告诉同行我不是师范出身，因为我知道，只要我想，可以和其他师范生一样成为好老师。

三、代课，人生难遇的挑战与磨砺

现在想来，代课的那两年，真的是我迄今为止的人生中最丰富最充实的两年。

那段时间，我几乎没有娱乐和休闲，实验室、新城、家三点一线的生活，每天晚上和周末，不是完成实验、统计数据，就是制作课件、备课学习。因为没有人指导，每一节课该怎么上，我都要大量地搜索网上的资料和课件，再以自己对课本重难点的理解，对教参的分析，自己制作课件。因为刚刚开始接触PPT，我痴迷于PPT的制作，每一个课件使用什么模板、什么背景，每一页用什么字体，自定义动画我都非常考究……当时制作的课件到现在看来都算是比较精美的。

现在想来，对第一届的新城学子是略微有些愧疚的，毕竟不能像其他正式教师那样的全身心投入，而且没有人指导，完全是自己摸索着边学边教，过于注重知识的灌输，对于能力的培养和情感的体验非常欠缺。但是在当时那么有限的时间和精力下，那么艰苦的条件下，我也是尽到自己全力了。特别是在代课的第二年，我读研三，几乎放弃了实验室的多数实验，将大多数的时间和精力都放在了新城。我也积极参加区里的每次教研活动，听每一节能够听到的课，争取从别人的课堂中最大限度地提升自己。

我还记得将第一届新城学子送入小中考考场时，我站在三号楼教室的窗口看着四号楼里准备考试的学生，心里感慨万分！我终于顺利地完成了代课的任务，也可以很自豪地说没有辜负了这些孩子。同时，我也终于不再只是一名代课教师，我将正式地加入教师这个令人尊敬的行列，正式地成为新城大家庭的一员！对于读了研还进入初中教书，我没有任何的遗憾和不值感，因为这里是新城！这里不仅仅是为我提供就业的地方，为我实现儿时梦想的地方，更是为我提供最大舞台的地方，是我最熟悉也最了解我的地方！

四、正式成为教师，幸运地遇到最好的师傅

2007年8月，我正式地宣誓成了一名光荣的人民教师。读研究生时的同学和导师，很多人不能理解我的选择，但我知道，适合自己的职业才是最好的职业。代课的两年已给了我全面的证明，我就是该做一名教师。那一年，我在教师的道路上又一次邂逅了幸运，那便是遇到了柳衍——亦师亦友的好师傅！

到现在我还记得她来新城面试时只是描述了一节课的教学流程，便已深深地吸引了我；她试讲时的一节课，让我为之震撼，原来课是应该这样上的；她在区里的赛课，更是第一次让我体会到教学中情感的渗透原来可以这样地感同身受。当时就想，要是以后能多向她学习，一定可以有很大的收获。没有想到，这么优秀的她真的成了我的师傅。

那段时间，柳衍的课我每课时都听，听课笔记详细得几乎把她课上说的每句话都记了下来，从她的课堂中我不断地汲取教学的智慧。向她请教，她也没有一点的推辞和隐瞒，总是热情地和我共同探讨问题，将她的经验和智慧毫无保留地传授给我。那一年是我成长最快的一年，在师傅毫无保留的指点下，我的每节课都经历了"备课——上课——二次备课——再上课"的过程，代课期间制作的课件也都有了很大的变化和调整。师傅对教育的热情感染着我，对工作的认真负责、一丝不苟也让我敬佩！

那一年，我们一起开了区公开课，一起获得了"师徒结对奖"；在师傅的帮助和指点下，我获得了"新教师风采杯"比赛的一等奖，在区里的教学基本功竞赛中也获得了一等奖；此外，工作的第一年里，我还获得了新城奖励的"青年教师优质成长奖"，写的案例和论文也都获了奖。

工作之外，我们无话不谈，她伴我走过了感情的低谷，我也分享着她的喜怒哀乐。虽然师徒结对的期限已满，但现在她依然在工作和生活上予以我极大的帮助和指点。在我刚刚步入教师队伍之际，能遇到这样一位好师傅，真是我的幸运！

现在回想起来，暑假的那次不经意的"报名"；韩校长和新城为我提供的两年的代课机会；此外，我毕业的那年，是研究生最后一年不用参加六城区考试，和学校签约可以不需要教师资格证，只要在试用期内考到即可，所有的这些都为我成为教师敞开便利之门，难道不是上天在给我机会成为教师吗？

一切的起点是幸运！但人生没有预设，所谓"出身"并不重要，只要坚定了信念，明确了方向，努力前行，就一定能实现教育的理想！非师范生也能成为优秀的教师！

（南京师大附中新城初中　杨筱曼）

点评：师范院校出现也就一二百年的时间，但教师是一门古老的职业。职前教育固然重要，但并不能固化一个人的职业理想和素养。当然我们也相信，一位非师范生要想成为一名合格的教师，付出的必然会比师范生多，但成长的规律应当是相似的：要有一定的基本功，要有热爱教育的理想，要有前辈的帮助，要有良好的工作环境，要有坚定的意念。这位作者有很好的机遇，这些机遇因为拥有了执著的精神而显示出巨大的价值。

二、导师的情怀：一同向前牵手相伴地行走

案例四

我伴新教师一路走来

在默默无闻的日常工作中，优秀教师为新教师提供指导与帮助，是奉献精神的职业践行。南京市玄武区樱花小学苏敏老师用心血和汗水，向我们讲述她与年轻教师共度的生命历程，共创的人生体验。

前年夏天，学校里接受了一批新教师，由于工作需要，其中一名有英语专科经历的本科毕业生加入到我们英语组。英语组的老师们感到开心，亲切地称她为小X。开学时，校领导希望由我来做小X的指导教师，我爽快地答应了。工作十五年来，我也曾经带过两个“徒儿”。作为英语组的“老”成员，我深知，刚刚工作的新教师最缺乏的就是工作经验和有效的工作方法。回想起我英语教学生涯的头一年，自己也走过不少冤枉路。我希望自己的帮助对她的教学工作有益，让她在最短时间内适应工作。

当开学第一次听完课后，我就有点慌。出乎我意料，她用着教语文的方式教英语，课堂用语中穿插着chin-English式的问话，教学重点不明，教学思路不清。简而言之，教师教得没有什么头绪，不知所云。我想，她在大学里本科学的是中文专业，也许她真的不熟悉英语课堂教学的特点，自己更要多帮助她。

上完课后，小X忐忑不安地来找我，想听听我的评课。我赶忙拉着小X坐下：“来来，先别急，我们慢慢谈。”接下来的40分钟，从课程目标、教学内

容、教学方法、设计思路到板书、课堂用语，我和她细细分析这节课中出现的种种状况。她一边点头一边用心记着，仿佛自己是个做错了事情的孩子。

古语有云："授人以鱼，不如授人以渔。"第一个月，我们之间的沟通从基础的教学设计开始，我们谈学生，谈上课，谈作业批改，午休时间、放学之后，都能在办公室看见我俩磨课的情景。在帮带中我也和她约法三章：首先，我让她翻看我以往的教案，了解英语学科基本的课型、教学设计流程以及上课模式；但是，一定不能抄我的教案，看之前必须先写出自己的初步教学设计，看我的教案之后必须要有自己的思考和改进，依据她自己学生的实情，要对教学设计进行更新。其次，我要求她在课余时间通过网络，学习专家骨干教师的观摩课，特别是省内教师的成功课例，并思考如何借鉴。最后，也是最关键的一点，就是要求她勤于反思。每节课后，都要静下心思考，生词生句的教学处理是否得当？和学生的互动是否充分？小组活动是否有效？一节课上完了，到平行班教是否需要再调整教学步骤？几个月来，她一直勤勤恳恳，边学习边实践，办公室里的同事都说，小X是个好学的徒弟。

在年底学校举办的新教师汇报课上，小X上了一节三年级话题教学课。这一课句型多词汇量大，对三年级的孩子来说还是有一定难度的，想上好这节课可不容易。她通过自己的不懈努力，在现场的表现可圈可点。与开学时相比，她的努力所取得的进步是看得见的。我在心底为她感到高兴。

可元旦前的一天，我却看见她一个人悄悄躲在办公室里抹眼泪。我走近身边与她轻轻交谈，她抽泣着告诉我："今天有家长向校长告状，说要换英语老师。"我递过去一张纸巾，她擦干了挂在眼角的泪花，停顿了一下，低着头语速很快地说："最好把我换掉，我本来就不会教英语。"我一听，心里一紧，说出这样的话，其实她的心里是很痛的。

我知道她在想什么。因为我自己就曾经有过跨学科教音乐的经历。当时，我的专业是英语，但是分配到工作岗位上时，领导安排我暂时教音乐。我也硬着头皮教起了音乐课。尽管我个人爱好音乐，但内心一直强烈渴望去教英语。小X现在想的，和我当年刚工作的时候忧虑的都是同一件事情。以心比心，我非常理解她。面对师傅，她更渴望我的支持和鼓励。

就这样，我和她促膝长谈，了解到她由于自己英语学科是专科水平，导致教学信心不足。同时，她一直担心自己本科是中文系毕业，跨专业教学会影响到将来教师职称的评定。她就是背着如此沉重的思想包袱，教了一学期的英语课。

"如果让你用一个词来形容第一学期的工作,你怎么样看?"我期待她的回答。"恐怖!"她不假思索地说。

是啊,她第一次教英语就要备两个年级英语课,此外,要做好一个班主任,每天要面对着各种琐事。专业、职称、家长的评价,这些或多或少都会成为复杂情绪的成因,长此下去,对她个人的专业成长会造成一些障碍。

怎样让她走出"恐怖"的阴影呢?我试图引导她换个角度看问题。"当班主任的感觉怎样?""很好玩,"她笑得很甜,"有时候孩子们很可爱。""孩子们喜欢和你在一起,他们都很喜欢你。"我尽力鼓励她说道。"是吗?可是,有的学生我就是教不好。"她表示出对自己的怀疑。"可能你需要借助家长的力量,和家长好好沟通一下,只有与家长彼此理解才能对孩子有真正的帮助。不要在与家长沟通上出现问题时才去面对,这样你的工作会很被动。"她点着头,陷入沉思。

第二学期,学校安排她教两个班的英语课兼教品生。这样一来,英语学科备课时间充足了,师徒间的听课研讨活动一直坚持下来,她的工作能力也在不断提升,教学能力日益增长,课件制作得也不错。区教研员来我校听新教师的课,肯定了小X的学科基本素质,并给她提出了一些专业发展的建议。渐渐地我发现,小X脸上的笑容多了一份自信。平时,她也经常主动和家长联系,取得了家长们的信任。学期结束时一次交谈中,她说:"如果把我定位在英语教师的岗位上,我会认真把工作做好。"听着她淡定的回答,我心里踏实,真的为她而高兴。

一年多来,我俩相伴一路,也是共同发展。不仅是因为小X经常来随堂听课,促进了我对自己教学的要求更高,更大的收获是我对帮带年轻教师旨趣的感悟,以及对他们成长规律的理解。首先,作为师傅,要善于引导新教师,促其摆正心态面对繁杂的工作,教给徒弟的不只是工作经验,还有处理工作中出现种种问题时的解决思路。其次,师傅指导徒弟时,帮助但不包办,要放手但不放松,要"放养"不能"圈养"。再次,对于徒弟的指导,从教学工作到身心修养都应有一定的关心和帮助。特别是当新教师处于教学困惑中时,指导教师要能及时给予关照,将心比心,诚恳说出自己的看法,助其渡过难关,时刻关注徒弟的成长。最后,对徒弟的评价应当是发展性评价,因为师傅的评价是徒弟赖以感受成长的喜悦、烦恼或挫折的主要参照物。师傅的积极评价,会有效地改变他们自我认知的倾向性,使他们的实际发展状况比预见的更好。

(樱花小学　苏　敏)

点评：师傅从徒弟身上看到了自己的过去，徒弟也会从师傅身上看到自己的未来。师傅在指导的过程中一定会将徒弟与自己的过去相比，并且总希望徒弟能尽快地成长。有些人在指导中掏心掏肺，但常常实际效果并不好，这可能是我们指导目标的预设、指导内容的选择、指导过程的设计脱离职初教师的实际。即使是面临解决同一个问题，对指导者与职初教师要求的程度也是不一样的。指导内容的选择及要求不能脱离职初教师的实际水平，不能一下子把自己的经验一股脑儿传授给他们。其实，有些做法和要求，职初教师现阶段或者不很理解，或者即使努力马上也做不到的。这不仅是时间的有效性问题，更重要的容易挫伤他们的积极性，同时，高期待也容易造成对他们的低评估。这是在指导中需要注意的地方。

案例五

"同课异构"让师徒结对更精彩

导师与徒弟上同样一节课，这真是"手把手"地教啊！我们可能看到的更多的是导师的经验和徒弟的闯劲，其中有"PK"意味，但更多的应该是相互学习。

转眼间，一学期已经临近尾声。本学期学校安排我与刚刚工作的小高老师结为师徒。我教龄虽长，但毕竟自身也年轻，当师傅确实有点忐忑。好在我愿意努力践行作为师傅所应尽的责任，我徒弟小高老师又是个聪明能干、热情开朗、追求上进的好青年，与其说我是师傅，不如说我们相互学习。

看着年轻的小高老师，我仿佛看到了刚参加工作时的自己。高老师第一次走进课堂就挑起了重担，担任一(2)班的班主任，兼语文教学。一年级的孩子刚入学，无论是生活习惯还是学习习惯都没有养成，对于没有经验的人来说，当班主任是一项很大的挑战，面临的困难可想而知。这个学期，高老师多次向我请教作为班主任的工作重点和注意事项，也经常浏览教育网站，查找科学有效的工作方法。我目睹了她的奋斗成长，她嗓子肿了、哑了，却只是吃几粒含片，就继续钻进孩子们中间。我也曾像她一样那么年轻过，知道那份艰辛，她坚持着一路走过来，孩子们平平安安，课程进行得顺顺当当，这怎么不让我感动呢？

如何让我这个师傅能真正地发挥作用，帮助小高老师在最短的时间内成长起来，这是我一直在思考的问题。为了不让师徒结对流于形式，我决定借助"同课异构"形式发挥教师的共同智慧，促使教师之间能够取长补短、共同进步，并让师徒在平等对话的基础上形成一种和谐共生的关系。

一、师徒共同解读同一文本

师徒结对有时真的很容易变成一种形式，是因为只是把师徒结对停留在计划上，有时过于强调师傅的作用以致出现师傅霸权现象，而有时又因为过于看重青年教师从而导致师傅心理失衡，出现了思想保守、不愿指导，甚至师徒关系恶劣的不正常现象，让师徒结对呈现出一些低效甚至负效的状况。那么怎样才能让师徒结对真正发挥作用，并收到师徒共同成长的效果呢？我在学期初制定出切实有效的师徒结对计划，并定期组织教师开展集体备课之"同课异构"活动。而活动的第一步就是让师徒首先针对同一文本进行不同的解读，即让师傅和徒弟在规定的时间内对某一篇教材进行文本解读，然后再利用集体备课的时候组织大家进行探讨交流，让大家在研讨中了解他们对教材内容、作者意图、文本重点、教学目标、相关资料以及学情了解的不同把握，从而学会更好地进行文本解读的方法，认识文本解读的重要性，并能够让师徒在交流中做到取长补短，共同进步。

二、师徒针对同一教材进行教学设计

当师徒二人针对某一教材交流了各自的文本解读后，为了让徒弟懂得怎样才能更好地把对文本的解读落实到教学中，学校组织师傅和徒弟围绕原来解读的教材进行精心的教学设计，然后利用集体备课活动时进行汇报交流，让大家一起探讨他们设计中教学理念的不同，他们所使用的教学方法、教学手段、教材重难点的突破以及教学辅助手段的运用等方面的差异，并探讨出各自设计的优缺点，从而学会如何进行有效的教学设计。

三、师徒开展同一内容的课堂教学

师徒结对不仅是为了让徒弟学习师傅把握教材的方法，学习师傅的教学设计能力，更重要的是为了让徒弟学习师傅在课堂教学中运用自如的课堂传授能力、灵活的课堂调控能力、因材施教能力及课堂应变能力。因为课堂教学中教师是一个因素，而学生却是更为重要的因素。教学设计本身就是为了引导学生走进文本并能够跳出文本，同样的教材，设计不同的人也会上出不同的效果，所以课堂教学中教师不仅要根据教学设计进行教学，更要根据学生的表现及反应进行教学，需要教师根据学情有机地调整自己的教学设计。而这恰恰又是反映一个教师教学机智的最好时机，如果教师处理应变得好，课堂上往往会出现许多无法预约的精彩，所以师徒同上一节课不仅能让师徒在比较中发现差距，更能够让师徒通过课堂寻求问题处理的最佳结合点，让师徒看到自己在某一方面或某一问题上处理的精彩或不足之处，同时由于每个人都有自己的长处，师徒同上一节课也会促使师傅不断地更新理念，在已有经验的基础上不断进行教育教学创造，防止师傅出现闭关自守、妄自尊大的现象。

四、师徒“同课”互听

我和小高老师约定，徒弟每天要听师傅一节课，第二天再上，说实话，这给自己压力很大。每天工作再忙也要把课好好过一遍，为了有更理想的课件甚至每天五点半起床，结合前一天备的课再修改，再完善，同时把制作好的课件传给徒弟，供她第二天上课再结合自己的课堂修改使用。我们师徒二人按照计划结合教学实际，坚持每周互听评课，做好听课记录，评课实用有效。高老师经常主动要求随堂听我的课，有时在我们班一坐就是两节课。而她为了准备一节充分的课，不断地修订教案，多次试讲，不怕苦不怕累。可以看出，高老师在自发地努力，毕竟上好课是教师的生存之本。本学期听课中，《识字 1》、《秋姑娘的信》等几节课的教学都让我耳目一新，获得年级组老师的一致好评。

五、师徒说课，交流教后反思

教师要提高课堂教学能力，还要学会能够把自己的做法和经验总结出来，所以经常组织师徒进行说课、交流教学反思是个不能缺少的环节，也是让“同课异构”由经验上升到理论的最佳方式。所以当师徒在进行完课堂展示之后，师傅和徒弟分别对自己的课堂教学进行说课，并交流教后反思，让师徒在交流中碰撞出智慧的火花，共同分享彼此教学的精妙之笔。徒弟在交流中获得如何从理论的高度驾驭课堂、调整课堂，以便收到更好的教学效果；师傅也会自发进行教育教学研究，争取向更高的理论层面迈进。

俗话说得好：“师傅领进门，修行在个人。”通过一个学期的师徒结对交流学习活动，徒弟高老师进步飞快，对于教学的领悟力很高，某些方面已经超过了师傅。高老师自己也很振奋，这主要是她个人修行努力的结果。在此期间，我这个师傅自感也有些长进，青年教师身上充沛的精力、旺盛的热情、大胆的创新意识，时时感染着我，感染着我的课堂。

（南京师大附中新城小学　朱娅群）

点评：师徒结对几乎在所有的中小学里都有，只要入门有先后，靠教龄积累的经验就可以成为后辈学习的资源。但怎样才能不流于形式？师傅往往是学校的骨干甚至是领导，忙碌的同时能否兼顾带徒？怎样调动师傅的积极性？这位朱师傅为我们提供了一个很好的示范，即结成的师徒对子是共进关系，而不是简单的指导与被指导的关系。“教学相长”是在《学记》中就有描述的古老的教学原则，“三人行，必有我师焉”，后来更有“弟子不必不如师”！师徒共同完成同样的教学任务，之中既有示范和观摩，更多是相互交流学习。工作形成的良好关系被延伸到生活各个领域，也影响着同事团队。这对一所新学校尤显得重要。

案例六

指导：适时的引导与适切的点拨

——帮带新教师的工作札记

走上工作岗位，职初教师面临着角色的转变。做好职初教师的帮带工作，也需要指导教师善于换位思考，在理解中沟通，在善诱中引导，一起分担，一同分享。本案例选自一位指导教师的工作札记。

虽然不是什么大奖，只是一次校级竞赛的一等奖；虽然不是全部教师参赛，只是近三年参加工作的教师的一次汇报展示竞赛；虽然不是自己获奖，可是作为一位获奖新教师的指导教师，还是让我有难抑的兴奋。

还记得刚进低年级组办公室的静静，看着自己手里刚拿到的一年级教材，轻声叹息：“嗨，实习的时候带的是高中生，还以为会被分进高年级组呢，结果得从头开始呢。”入职前的心理期待和现实之间的落差，让她的侧影显得有点落寞。可不能才开始就被消极情绪左右了，得激活她的积极性才好，我告诉她：“你可别小看了这一年级啊，学校只有两个年级的教师是校长亲自指定的，一个是毕业班，一个就是起始年级。带着刚刚走进校门的小顽童们，不仅仅是教会他们这书本上的东西，还要慢慢地培养他们的良好的学习习惯，培养他们具备自己学习的能力，这个责任可不轻哦。”静静吃了一惊：“啊，这样啊？”当然，一年级教师的工作可不是想象的那般简单轻松。可是，点到为止，我不想过多地干预她的工作，我想在宽松的环境下，让她在具体的工作中逐步适应身份的转变。

几天后，静静开始提出教学中的问题：每当新的拼音字母呈现时，就有学生能呼出了，可还有的学生这节课教会了，下节课再问，谁是谁早已经分不清了。最让她接受不了的是，不会的学生一点都不着急，她为此陷入了深深的苦恼中。作为一个刚入职的新教师，他们刚从学习者或职前准备中进入到工作状态，角色的转变需要他们将学习者、教学者、研究者等多重角色集于一身。班级中学生的学习情况是授课前教师要了解的第一要素，要放在首位。教师的宽容、忍耐、等待，对刚入学的孩子来说，有着特别重要的意义。教师不仅要教会孩子学习，还要研究用什么样的方式让孩子乐于学习，并能积极投身到学习过程中来。我这些体会和心得，如果就这样一股脑地告诉她，且不说她是否能理解和接受，她能否认同呢？我这位指导教师也要学会等待。

我刚想安慰她，谁知她却提出了要求："要不，我去听听你的课，好吗？"这更加让我欣喜，眼前的她，主动要求成长。"这个，可以有。"我俏皮地回她。我看到了一个有上进心的新教师。我先是拿出开学初，学校统一下发到各个班级针对孩子们学习情况的调查表，我将孩子们汉语拼音的学习情况和识字量进行了统计，这样她对我班孩子的情况就有个大概的了解了。接着，我告诉她，我的授课内容：三拼音节的标调和书本上的音节词的认读。然后，我们就走进了教室。

一节普通的常态课，我问静静感觉如何，她说自己以前上学时就学的内容，现在回头教孩子的时候，才发现和自己学习的方式完全不同了。第二天她把自己的思考告诉我："儿歌可以帮助孩子们记住声调该标在哪里；给音节注音时，孩子们的小手是要一起调动起来的，这样参与的好处是孩子们的精力集中了，理解准确了。原来操练不是非要检测孩子们会读多少音节，可以在听一听，找一找；你说我写；看音节组词，然后用音节说话等更有趣的活动帮助孩子学习。我最有体会的是您的课堂上师生之间的那份默契，每当一项教学活动结束，要进入下一教学环节，当发现有小朋友神思发散了时，您就两击掌，学生立刻回击三掌，并抱臂坐好，那响亮的有节奏的击掌，还真好听呢。"听着她的叙述，我不由得感叹，这真是一个善于学习的人，我相信她会很快地胜任这份工作。同时我也说出了自己的想法，教师在进行学科知识教学时，还要注意儿童的身心特点。

接下来的静静，开始去了解自己的学生，并反复阅读教材，想着法子让自己的教学内容变得有趣。我走进了她的课堂，静静的领悟能力、行动能力都很强，虽然她的课堂还有些考虑不周的地方。她已然注意到学生的身心特点，并对学生的认知水平有了定位，能基本上依据学情设定教学目标。

结束了拼音教学，教导处开始筹备检查新教师的上课技能，主管校长带着教导主任、年级组长和年级骨干开始走进新教师的课堂。那段时间，我们都很忙，静静除了完成学科教学任务，还担任着所教班级的班主任工作。我除了完成自己的班主任和学科教学工作，还在准备区级交流课，那段时间我在办公室待的时间少得可怜，而静静也忙得脚打后脑勺般。

这是《大海睡了》的第一课时，静静的课处理得很简单，看得出她对这种课型还不熟悉，最近的忙碌也让她抽不出更多的时间来准备，第一次面对这“豪华”的听课阵容，紧张之情溢于言表，我可以看得出她在努力平复自己的情绪，然而很多不该有的疏漏，让她更加慌乱。课后，我这个指导教师被主管校长请了去，他问我是否了解静静的教学设计，提前是否有试听过这节课，我诚实地回答“没有”。校长说：“新教师的成长需要老教师的引领，指导教师的指导责任重大，再忙，也不能忽视了对新教师的指导。”

回到办公室刚坐下，在教室忙碌的静静一脸愧疚地走进来：“今天的课上得实在糟糕……”我不忍她继续检讨，一个上进心这么强的孩子，我相信假以时日，她会脱颖而出。我打断她：“呵呵，挺好的。”我尽量让自己云淡风轻，我将她不经意的一个个小亮点指出来，终于她的表情告诉我，她不再为刚才上课的失败耿耿于怀。我趁机告诉她，不是上完课就结束了，而是要养成课后反思的习惯，就是上完课，回顾自己这节课，哪里设计得比较成功，哪里还有不足需要改进。在研究教材的时候，别忘了了解课程标准，了解孩子在整个小学阶段需要掌握的学习内容、形成的学习技能，在现阶段要达到什么样的水平。此刻的静静听得特别投入。我拍拍她，希望她明白：不如意是常见的，自己不满意说明对自己是有要求的。此刻我相信，她没有沉迷在自己的失意中，我更相信今天她有别样的收获。

之后，只要有时间，除了学校的语文教研课，静静还会主动去听年级组其他教师的课，她在努力提升自己的专业知识素养。我建议她，在听课前最好自己先备好课，听课时体会上课教师的思路，思考自己的设计原因，尝试比较哪一种效果更好。课后，及时和上课教师交换意见，这比单纯的听课效果会好些。

一年的时间，转瞬即逝。这次展示课，静静的获奖不是偶然，是她努力得来的。她已经从一个生涩的新手蜕变成为一位经验丰富的教师。我坚信不久的将来，她会成为一位极具自己风格的教学能手。我期待！

（江宁区汤山小学　濮东林）

点评：娓娓道来中，我们看到了一对师徒共同走过的一段经历。这其中有师傅的细心和宽容，也有徒弟的认真和进取。以上案例在用鲜活的事件进一步告诉我们：自我专业发展意识是职初教师成长的关键，自我专业发展意识越强，对自身发展的责任感就越大，在接受帮带的过程中，就能呈现出更强的主动性和自觉性。而这样的行为又相应地影响着指导教师的态度和行为，这种和谐共进的同事关系十分可贵。

三、成长的叙述：踏石留痕青春无限的憧憬

案例七

成长"三杯茶"
——一位教师职初经历的感悟

品茗静思，是个好习惯，可以去除浮华和烦躁。三杯茶后的体会弥久且深。大家一起来品味吧。

"敬上一杯茶，你是一个陌生人；再奉第二杯，你是我们的朋友；第三杯茶，你是我的家人，我将用生命来保护你。"摩顿森以他朴素的内心带领我们走进友情的世界，教会我们用爱走过人生非同寻常的旅程。于是，我想起了自己所钟爱的语文教学——在求索的路上，我们不也同样啜饮着别样的"三杯茶"，走过一段难忘的日子吗？

一、一杯凉茶，惊醒迷茫的自己

成长总是从清醒的认识开始的。

大学里，我专修小学教育。学校开设了好几门教育类的专业课程，同时每学年安排我们走进小学见习一周。这样的经历，让我自感对小学教育、教学有了比较全面的认识。常常在小学课堂上看到那些站在三尺讲台上的老师精心设计每一个话题，轻松应对学生的质疑问难，我想当然地认为自己接受过大学系统的教育，面对小学生自然也能举重若轻。

2012年4月，我即将踏上工作岗位。作为教育生涯的第一课，年轻气盛的我决定"打响第一枪"。我精心设计教案，在心里反复推敲，直到教学流

程熟背于心，自以为万事俱备只欠东风。可是，当我真正在课堂上与一群天真可爱的孩子展开对话交流时，才发现自己错得十分离谱。平时看上去活泼可爱的学生，因为周围坐着许多听课老师而紧张得呆若木鸡；学生出乎意料的回答让我措手不及，不得不尴尬地自说自演；事先预设好的各个环节变得杂乱无章，以至于连精心设计的板书也忘得一干二净。40 分钟的课，苦苦"熬"到了头。

我怅然无比地走出教室。这时候我才清醒地认识到，上课是一个技术活，远非想象中那么简单。"痛苦不是财富，痛苦就是痛苦，痛苦后的反思才是财富。"我的财富是当时的师傅谢健老师给予我的。他针对我的每一点不足分析原因，提出建议："上课前，心里装的是设计；上课时，就要把学生放在第一位。""学生回答了你的问题，你得把你的信息反馈给他，是表扬，还是鼓励，还是纠正？""你有一个很大的优点，就是课堂上的语言干净，将来会是你课堂的一个亮点。"师傅直截了当的批评与善意的鼓励让处于迷茫与自责中的我看到了前方的光亮。

二、一杯苦茶，专注技艺的磨练

那次惨痛的教训后，我走上了工作岗位，不再敢"纸上谈兵"，开始钻研课堂教学。我把公开课、竞赛课当作提升自我的平台。

一次，校长和教导主任提前告知要来听课。机会难得，为了找到上课的感觉，我在网络上搜集了大量优质课视频，看名师们是怎样设计教学、驾驭课堂的。看到精彩之处，就一遍又一遍播放，慢慢琢磨。为了突出板书效果，我连续几个晚上来到教室，苦练粉笔字，不知不觉将大黑板一遍又一遍写满。为了能从容应对课堂生成，我独自一人在讲台前想象着进行"预演"，把自己的话录下来放给自己听，想着学生是不是能够听得清楚明白，又会如何回答。

这次的 40 分钟不再是尴尬与煎熬，虽谈不上"和谐共生"，但也流畅自然。在这样的"挣扎"里，我摆脱了原先的自大，开始找寻新的自我。

2013 年初，市教研员到我们学校考察"友善用脑"课堂教学改革，幸运的我得到了一次公开课展示的机会。为了能够上好这节课，我在年级内试上多次。"磨课"的那一个星期，是咬牙坚持下来的。每天必须完成自己日常的教学任务，然后开始思考公开课的设计。白天邀请同事们来听我的课，晚上则反复修改教案，但四次磨课的结果总是不尽如人意，我感受到空前的压力，甚至想到放弃。

"你一定会把这节课上好的。"蔡小平校长一边微笑着鼓励我，一边引导我继续钻研文本。我咬牙坚持，最终，一节实现了作者的文路、编者的编路、学生的学路有机统一的教学公开课《爱如茉莉》，得到了听课老师们的共同认可。

我喜欢上公开课。第一次公开课，我磨练了粉笔字书写的技能；第二次公开课，我提升了教材解读的能力；第三次公开课，我强化了课堂评价语言……在一次次磨砺中，我一点点成长。

三、一杯甘茶，享受做着的美好

记得2012年9月，我刚走进东山小学时，蔡校长对我说："我们学校有许多非常优秀的老师，每年新分配进来的老师都是全区考试前几名，你要努力。"努力不是要证明什么，而是希望自己能像他们一样优秀，不负期望。

一次偶然的机会，语文教研组长汪老师和我聊个人成长的话题，她提到南京市小学语文教研员芮琮老师开设了一个博客网——大家语文网，许多优秀的老师坚持写自己的教学博客，记录自己的教育生活……就这样，我与"大家语文"结缘。

刚踏上工作岗位，不是很忙，闲下来的时候，我会经常浏览"大家语文"上的博客，渐渐地也开始尝试写自己的博文：有时候是阅读一篇文章的所思所想，有时候是与学生之间发生的小故事，有时候是上完一节课之后的反思。总之有话则长，无话则短。

大概，人都有"第一次"情结。我清楚地记得自己的博文第一次在"大家语文"上被设置成精华的难忘经历：

刚踏上工作岗位，教五年级。教材《练习二》中有一首古诗《题秋江独钓图》。我就想，既然是练习，是不是可以教得更开放、更自由些，让学生的学习认知更多元一些？于是我设计了一个开放性的题目——"你从中读出了什么？"引导学生自主品悟。有的学生品读出了"自由"，有的学生品读出了"孤独"，我鼓励并引导他们从诗中找依据，谈观点。毕竟是第一次脱离教案的自我发挥，上完课我便请教办公室的同事们。一位老师的教学流程与方法竟然与我迥然不同，引发了我对这一节课更深入的思考。课间我把两个不同的教学流程记录下来，结合当晚研读的《语文课程标准》，最终写下了一篇题为《两种教学思路的对比反思》。

就这样，我常常在字里行间思索我的教育生活，常常在夜深人静的时候琢磨我的语文课堂，让心绪在笔尖流淌，从涓涓溪流汇集成恣意汪洋，我感受着这独特的充实与幸福。

一年过去了，我所积累的六十余篇随笔反思成为一笔价值不菲的财富。

它们帮助我完成了一篇又一篇论文，让我在走进教室、踏上讲台的那一刻拥有了更足的底气。

“学然后知不足，教然后知困。”我渐渐不满足于把一节课上完，更希望自己能把一节课上好，学生在一节课上学好。很多问题盘踞在脑海里挥散不去——小组合作的课堂怎样才能行之有效？什么样的语文课才算是一节好课？语文的“真味”究竟在哪里？心中有太多的困惑与不解。教研组长汪老师鼓励我多读书，她特地买了一本书，题上寄语送给我。于是，在那一个个幽草虫鸣、雪落无声的夜里，我翻开了《宁静的革命》，翻开了《教学机智》，翻开了《让语文安静》……那些充满灵性与智慧的书本为我的语文教学打开了一扇通往远方的门。

阅读让我从困惑中寻得了一条出路，也使我明白教师的成长就是一个“思考——阅读——实践”不断循环往复的过程。且思且行，且读且行，我在其中体味到阅读、成长的快乐与幸福。

其实每个人都有属于自己的成长的故事。回顾过往的自己，或许你会发现那些并不精彩的故事里也有那么一丝感动留存其间。道阻且长，就让这些感动陪伴着我们吧。

（江宁区东山小学　朱锦涛）

点评：自省和励志，都是良好的心理品质。每杯茶的味道可以不一样，但其中甘苦只有品过才知道。“三杯茶”的故事，是一个新教师走向成熟的缩影。新教师不能只知道憧憬，也必须学会反思，在繁重而单调的工作之余，养成反思的习惯，养成独处静思的习惯，养成秉烛夜读的习惯。前行的道路漫长，只有养成良好的习惯，才能支撑我们不断前进。只有吃得苦，方知甜滋味。

案例八

且行且思的成长之路

——新教师个人自我分析报告

边走边想，是成就事业所必须。要有目标，也要有达成目标的举措。我们不仅要找到发展中的问题，还要有解决问题的办法。

成长之路向来是一个艰辛的过程，它需要勇气、毅力，虽然在走的过程中不可能一帆风顺，然而当走过一段路，回头看看这一路歪歪扭扭的脚印时，就会觉得自己的付出都是有价值的。从踏进后标营小学的第一天开始到现在，已经有四个月了，虽然还在不断的适应之中，一路走来，如今再回首，对自己也有了更多的认识，收获颇多。

一、成长发展现状

作为工作第一年的新教师，我觉得自己最缺乏，也是最需要加强的就是教学能力。在工作的几个月中，也遇到了些问题，主要有：

1. 解读文本缺乏深度，重难点不突出

一开始，每备一篇新课时，我最苦恼的就是如何寻找备课的思路。拿起一篇课文，我往往发现文中可讲的知识点很多，而且感觉都很重要，但如果都讲的话，一方面课堂时间不允许，另一方面也凸显不出课文的重点。面对这么多的知识点，我应该如何取舍，并如何安排组织，才可以使整个课文得以连贯、圆满呢？这是我备课中遇到的最大问题。

2. 备课、教学无法结合

备课时准备的问题，有时在课堂上没法有效展开。记得有一次，龚主任来听我的《做一片美的叶子》，当时我上的是第一课时，我在词语和朗读的备课上下了很多功夫，课堂上让同学们自己提出不理解的词语，但我没有意识到他们说的，很多其实都没有必要花太多时间去重点分析。还有就是问题的针对性。问题的设计不是随随便便的，需要精心结合同学们的实际，否则，学生给出的答案很有可能会不着边际。这样不但浪费课堂时间，也会影响课的有效进行。

3. 缺乏课堂驾驭能力

作为一名新教师，虽然我已在课前备好课，但在实施方面总和自己预期的不同，最初往往会无法冷静地分析问题，不能及时解决。

4. 与学生、家长的相处

在工作之前，与十来岁的孩子接触还真不是太多，虽然以前也学过一些儿童成长、儿童心理方面的书；与家长的沟通，也不是自己想的那么简单。这四个月的相处让我有了很多切身的感受，真正感到“纸上得来终觉浅”。

二、我的解决方案

1. 对文本、学情再学习

教师对教材知识的再学习，是寻求最佳教学方法。于是，每天我都花费大量的时间在备课上，认真钻研教材和教法，对照单元学习要求，找出重点、难点，并把各个知识点列出来按重要程度排列，进而组织安排上课的思路。同时，我还经常请教有经验的教师。此外，在备课的过程中，我除了准备课本上要求的内容，还尽量多收集一些有趣的课外资料作为补充，提高学生的听课兴趣。

2. 备课、教学充分考虑学情

为了上课能更好地发挥学生的积极性，我要多研究学生的情况，结合他们的实际，设计出促进学生发展的教学策略。如教学生字词，后来我才意识到是我没有充分了解学生，不知道他们哪里已经掌握了，哪里还有理解困难的地方。于是我多观察、了解学生。现在这个工作还在继续，我感觉在课堂内容重点的把握上，对我有很大的帮助。

3. 多吸取优秀教师的教学经验并加以反思

作为新教师，虽然理论知识已有一定的储备，但丰富的经验是一大欠缺，特别是在听一些骨干教师的课以后，让我更加感触到丰富的教学经验是靠一点点、一年又一年积累起来的，所以还需要长久的打磨和历练，才能让自己真正站稳三尺讲台。另外，这其中还需要更多的思考和推敲。至今还记得刚开学前几周的课，我都是把课文中的重要知识点讲给学生听，这样一堂课下来学生的声音很少，都是自己在讲了，自己很累不说而且效果不好。后来龚老师的一句话对我启发很大，她说她希望下次再听我的课，能听到课堂上我们班更多学生的声音。于是我渐渐意识到自己的不足，及时进行反思总结，慢慢引导，通过让学生提出问题，让学生解决问题，放手把课堂交给学生，这样下来，学生上课的积极性果真有了很大的提高。

4. 多观察，学会与学生相处，与家长沟通

与学生、家长相处是一门艺术，需要我们不断地去探索。就如在课堂上如果你想要批评一个坐得不端正的孩子，那还不如去表扬那些坐得很好的孩子。“好孩子是夸出来的”，确实如此，当说出一句“我表扬某某同学”，全班同学立刻坐得很端正，然后用那种充满期待的眼神望着你。虽然我依然有时还是会感到很茫然，但是我相信，用心去教是最好的选择。多洞察他们的心理，从他们的立场上考虑问题。我很喜欢这句话：因为你的存在，而改变了别人的命运。我会为自己的使命而继续前行的。

在这几个月的学习的过程中，我也意识到了自身的许多不足，比如课堂调控能力，高效的工作能力，与人沟通的能力等等。另外，需要再实践再反思的也很多。要想快速成长，还要经过不断的打磨，抓取每次机会，锻炼自己；多讲课，珍惜每次机会，提高自己；多听课，用心听每节课，历练自己；认

真备课上好每节课，不断学习与反思。让"学习"依然是我接下来的生活主题，不仅让学生学会学习，自己更要学习。我知道以后的路上还有很多很多自己需要努力的地方，感谢这成长的路上有后标营小学每一位老师的关心，前方的路依然长远，我将迈开步伐，继续前行！

（后标营小学　刘晓翔）

点评：短短数月的工作经历，让这位新教师有了很多体会。这些体会首先是随工作中遇到的各种新场景、新问题而来的，因为随着从学生到教师的角色转换，整个环境都发生了变化。正视这些变化，积极应对各种问题，是成长的规律——在各种经历中获得成长的机会。案例较为深刻地分析了自己在成长中遇到的问题，并提出了解决措施，坚持边实践边思考的发展道路。每一位新角色在职业生涯初始阶段都不能迷失发展的方向，准确定位，找准自己的优势和不足，认真分析面临的机遇和挑战，就能给自己一个良好的开端。

案例九

新起点，新征程

——新教师专业发展三年规划

每位新教师在刚走上工作岗位时都会对未来有所设想。这既是人之常情，也是从业需要。我们必须找准位置，不断自省，尤其在职业生涯刚开始时。这是一位新教师在工作伊始即做出的职业规划。

在2013年的8月，我成了一名小学语文老师，高兴之余更多的是忐忑。为了使自己能更快更好地适应教师这份工作，不断提高自身的专业信念、专业技能和专业素养，我做了个人三年的发展规划，以作鞭策。

一、自我分析

在师范学院，我尽管初步学习了一些基本的教育学、教育心理学以及语文教学论知识，但是如何将这些知识迁移应用到教学中，我还不知所措。学校安排我担当一年级语文老师和班主任工作。教学工作和班主任工作对新教师有着极高的要求，这需要教师具有较强的组织教学、组织管理能力，在这方面我还非常缺乏经验，需要在今后的工作中不断学习和积累。

二、总体目标

1. 专业信念方面:逐步树立教师的职业追求,具有爱心、耐心、责任心,公平公正地对待每一个学生。关心学校,关心学生,养成高尚的师德。

2. 专业技能方面:在教学上,熟悉小学教材,向骨干教师看齐,基本胜任教学岗位要求。能成为一个合格称职的班主任,初步形成班风班貌。

3. 专业素养方面:多发现问题,多读教育类书籍,在平时的教育教学中不断反思,初步具备个人课题研究的相关能力。

三、年度目标及相应措施

第一年:角色转变,确立方向

第一年的教育教学工作中,首先要尽快适应从学生到教师、从学习到教学的内心世界的转变。同时明确作为教师的基本要求和发展方向,树立正确的价值观和责任意识。为了达到这一目标,我为自己制定如下要求:

1. 加强理论学习,提高自己的政治思想素质。认真读完《给新教师的建议》和《班主任专业成长的途径——40位优秀班主任的案例》。积极参加各级各类的师德教育实践活动,在实践中提高自己的师德素养,树立扎实的工作作风。

2. 认真领悟教育教学理论,认真执行教学常规。在平日的课堂中,扎扎实实地进行学科教学,掌握教学规律。每学期争取能在校级以上范围开一节汇报课,从实践中获得专业技能的成长。

3. 主动争取导师的帮助,虚心学习,有疑必问。在导师指导下写出八个以上符合规范要求的详细教案;争取每周能听导师一节课,每月邀请导师听自己一节课,课后虚心请教。

4. 在教学过程中,努力做到三个反思:教学前反思,教学中反思,教学后反思。课前通过阅读相关资料帮助自己进行教材解读,课上边教边思考总结,教完每篇课文后及时撰写教学反思。

5. 在班主任工作上,引导学生养成良好的学习习惯和生活习惯。加强与家长的联系与沟通,与家长密切配合。关心爱护每一个学生,使每一个孩子在校园里能够健康快乐地成长。

第二年:自我修炼,提升水平

在第一年努力工作的基础上,第二年的教育教学工作中要着力加强教育技能培养,科学运用现代教育技术,学会设计,学会改造,学会研究。从第一年的会模仿逐步走向会应用,会创造,使课堂教学形式多样化,逐步建立个人教学风格，提高班级管理能力。为了达到这一目标，我为自己制定如下要求：

1. 课前积极钻研教材，充分备课，学习其他教师优良的教育教学方法、手段，寻求自身教学特点，发挥所长，利用各种教学方法丰富教学内容，使课堂教学形式多样化。

2. 通过坚持撰写教学反思，反思教学得失，反思中紧扣新课标和班级实际情况，将自己的教学实践从实践层面提升至理论层面，不断提高理论水平。

3. 坚持每周听导师的一次课，积极参与各类示范观摩课。邀请导师每月到课堂指点一次，虚心接受导师的建议，不断改进教学方法。每学期开一节示范课，听取各个老师的评价。

4. 认真阅读教育类书籍和杂志。读完韩兴娥的《把孩子引向阅读的快车道》、肖川的《教师，做反思的实践者》；做好读书笔记，写出自己的心得，丰富自己的文化素养。

5. 在班级管理工作中，使班级公约明细化，树立起班级榜样。每月组织开展一次班级文化活动，带领学生一起布置教室，形成良好的班容班风。

第三年：教研并进，初显特色

在前两年不断摸索的基础上，第三年工作将是一个重要的转折点。在第三年的教育教学工作中，要汲取先进的教育教学理论，初步形成自身的教学风格，有一定的教学经验。进一步培养自身专业素养，以经验型青年教师为奋斗目标。为了达到这一目标，我为自己制定如下要求：

1. 每天坚持阅读一小时。学习先进的教育教学理论，转变教育教学观念，准确定位自己。阅读肖川《成为有思想的教师》、魏书生《班主任工作漫谈》，适时阅读各类杂志，如《小学语文教师》、《人民教育》等。

2. 在"读"的基础上，学会"想"和"写"。读书的同时，经常性地把自己的思想体会写出来。每周写一篇教育教学随笔，每学期计划撰写4—5篇教育科研论文，争取在市级以上刊物发表或获奖。

3. 在课堂教学中，力争上好每一节语文课。语文课堂能吸取前两年的经验，依据教育教学规律进行创新。课堂上注意自己的角色转换，努力做到"平等中的首席"。在教学上能形成自己独特的教学风格。

4. 每学期参加语文教学和班主任培训不少于5次。积极参加各种学习、培训及教研活动，在活动中勤于思考，积极发言，提升自己的理论水平和专业素养。

5. 班主任工作中，明确班级管理制度，形成班干部管理体系。要善于发现和培养班级中的积极分子，充分发挥每一个孩子的才能，组成有凝聚力的班集体。

总而言之，在前三年的教学工作中，我要做到多学习、多反思、多实践、多总结。我即将迈入教育旅程的第一个三年，这是我人生中一个重要的阶段。一切都是新的开始，新的目标，在今后的生活和工作中，我将努力按照自己的规划在岗位上一步一个脚印，踏踏实实地实现自己的育人理想。“路曼曼其修远兮，吾将上下而求索！”

（共青团路小学　程朱丽）

点评：这是一位刚走上工作岗位的新教师的职业宣言。她规划了自己职业生涯最初三年的成长目标和路径，为自己提出了进步的要求，也认真分析了自己，虽然分析还不尽深刻和彻底，但能“自省”的人必然“自知”，“知不足”才能不断求索、进步。案例中主要是从教学和班级管理两方面来设想自己三年里的发展前景，符合做好“教书育人”的基本职责，也符合尽快适应岗位要求的职初教师身份，其中也谈到阅读、思考、研究等基本功的修炼。建议在发展目标上能再具体些，资源借助和使用上能再细致些，一定会让自己最初的职业生涯发展得更好更快。

中国的学校自古以来既是教育机构，也是文化机构。它不仅要培养社会需要的年轻一代，还承载着文化传播、文明辐射的社会功能。而在传统的职业观看来，教师是读书人，是文化人，也是全社会值得尊敬的一群人。因此多年来，我们承受着高指数的道德期望和社会期待，这些期待几乎来自所有的家庭和人群。所以当一批一批的年轻人，走进校园，成为老师，无论什么学科、学段，身上就自然背负起沉沉的责任。

教师是社会代表者，受社会、民族的委托来教育未来一代。这就决定了教师的基本职责是教书育人。教书和育人，是一件事，也可以是两件事，但根本上还是一件事。在学校里，几乎找不到一件只属于德育而不属于教学的工作，也找不到只属于教学而与德育无关的事情。每一位刚刚走上职业岗位的新教师，在展开自己崭新的人生画卷的时候，一定要为自己的将来好好筹划，也相信我们身边的领导和同事，以及更多关心新教师成长的人，会为我们提供更多更好的发展机遇。让我们一同努力，并在此立下决心——上好每一堂课，教好每一个学生！

第二部分　导师指导和教学实践

教学是教师工作的主体，主要包括备课、上课、评价反馈等内容。备课是教师课前的教学准备过程，是上好课的前提。上课是教师对备课方案进行具体实施的过程，是整个教学工作的中心环节。对教师而言，备课是否到位，教学效果好不好，还需要课后通过教师的教学反思，对教学实践进行再认识、再思考，并以此来总结经验教训，进一步提高教育教学水平；同时注意收集学生方面反馈的信息，及时调整，以达到更好的教学效果。职初教师如何尽快适应教学工作，站稳讲台？通过校本研修，职初教师在导师的指导和同伴的帮助下进行教学实践，不失为一种行之有效的好方法。有效的校本研修能使职初教师在较短的时间内提高对教学工作的认识，规范教学行为，学会教学反思，掌握教学技能，快速成长。

本部分有“课标学习与教学准备”、“规范过程与教学实施”、“积极反思与教学反馈”三个专题，分别与《职业适应期教师校本研修课程指南》中第二个模块“导师指导和教学实践”的课程目标与内容、实施策略与建议相对应。其中“课标学习与教学准备”专题主要从备教材、备目标、备导入、备思路等方面指导、规范职初教师的备课行为；“规范过程与教学实施”专题更多地关注了职初教师掌握课堂组织技巧、掌握多样的教学方法以及形成变通的教学能力；“积极反思与教学反馈”专题呈现的是职初教师利用分析报告、课堂观察、辩论研讨等形式和方法开展教学反思的方法与策略。每个专题均以案例加点评的形式展示职初教师在校本研修中，在导师指导和同伴的帮助下，开展备课、上课、反思等教学实践活动的故事，从不同侧面反映了职初教师在磨课中提升，在反思中成长的过程。

专题一　共同切磋：课标学习与教学准备

苏霍姆林斯基在《给教师的一百条建议》一书中讲述了这样一个故事：在学校工作了33年的历史教师，上了一堂非常出色的观摩课，听课的一位教师问他："你的每一句话都具有巨大的思想威力，请问，你花了多少时间来准备这堂课？"那位教师回答："这节课我准备了一辈子。而且，一般地说，每堂课我都准备了一辈子。但是，直接针对这个课题的准备，我花了约15分钟……"一辈子与15分钟，一语道出了教师备课的真谛。备课不仅仅是写一份教案，教案只是备课结果的呈现形式。备课包括学习课标、研读教材、分析学情、查阅资料、搜集信息、考虑教学思路和教学方法，在此基础上撰写教学方案和制作课件。备课是上好课的前提和保障，没有备课时的全面考虑与周密设计，就没有课堂上的有效引导与动态生成；没有上课前的胸有成竹，就没有课堂中的游刃有余。备课技能的掌握和提升需要教师在教学实践中不断地学习、研究、反思，是一个长期磨练的过程，正所谓"台上十分钟，台下十年功"。职初教师如何才能尽快地学会备课，掌握备课技能，适应教学工作呢？目前一些学校通过开展校本研修，对职初教师开展专题培训，在导师指导和同伴的帮助下备课、磨课，使职初教师全面、快速地了解备课中各个环节的规范和要求，掌握备课的技能技巧，学会规范撰写教案。阅读下面几篇案例，我们可以从不同的侧面看到职初教师在导师指导和同伴的帮助下备教材、备目标、备导入、备思路等备课过程，感受他们在备课过程中的痛苦、失败、困惑、磨练、学得、提升的职业成长历程。

一、备教材——打造灵动的课堂

案例一

紧扣教材主旨　优化教学设计

——以《鸟语》一课教学为例

教材是教学最重要的材料，每位教师备课中都会触及分析、处理教材的问题。是"教教材"还是"用教材教"，如何处理教材、用好教材，是一些新教师面临的难题。本文或许能给你一些启示。

《鸟语》一课是苏教版第八册语文教材第五组中的第一篇，课文题材与动物有关，易于激发学生的学习兴趣，且从文字本身不难引导学生获得爱护动物、感悟生命、体味自然界的灵性美的情感体验。《鸟语》一文虽然生动自然，符合孩子的观察视角，趣味性强，但由于是篇散文，如何透过看似凌乱的叙事情节和情感流动，整理出全课的授课框架，并且将各知识点穿插其间又不觉涣散，是本课教学中的难点。于是，吃透教材，紧扣教材主旨，明晰全文脉络，优化问题设计，挖掘其中的知识点和情感价值，就成为在备课中需要着重解决的问题。

（一）研读教材，优化问题设计

散文文体的最大特征是“形散而神不散”，散文类课文教学最重要处就是既能将文本梳理成“形”，又能自其中把握贯穿全文的“神”。在这篇课文中，“形”即是作者回忆幼时对鸟儿语言的猜想，与鸟儿对话的情景，“神”则是自己与鸟儿的深厚感情。

为了全文构建之“形”更加明晰，初读教材时，我列出了自己认为有讲解价值且紧关全文的几个问题：

1. 说说鸟语的含义。

2. 有无能听懂鸟语的人？又有些什么样的趣事传闻？你还知道哪些小故事？

3. 如果我们也能听懂鸟语，会有什么有趣的事情发生？

4. 作者是怎样和布谷鸟对话的？

5. 作者是怎样理解喜鹊的叫声的？

6. 从其他鸟儿身上，作者获得了什么样的启示？

7. 为什么说鸟儿是人类的好朋友？

8. 文中的关联词、标点符号的使用。

这几个问题依照全文框架，理顺了文章的写作思路。其中1—3可在导入过程中进行，激发学生的学习兴趣，4—7则为重点教学部分，8应在解读过程中完成。但是，这些问题由于仅仅只扣住了散文的“形”，因而散漫且过于细碎，各个环节之间缺少有机联系，这在实际教学中会引起的问题就是——学生要一直不断地接受教师抛出的一个又一个琐屑的问题，全课教学主旨不明晰。反复研读教材后，我找到了由“形”到“神”的入手点——“懂鸟”——既理解鸟语的意义，又学得鸟儿的精神，对应着的原文正是作者发自内心的那个愿望——“我多想做一个通晓鸟语的公冶长啊”！

围绕这句话，我对自己初次设置的问题进行了再整理，简化后的问题为：

1. 有没有能听懂鸟语的人呢？

2. 怎样实现做个“公冶长”的愿望？

3. 作者做“公冶长”的愿望最终是否实现了？

通过整合，全文围绕“我多想做一个通晓鸟语的‘公冶长’”这一愿望提炼出三个大问题，全部教学过程也相应分为三步，即：第一步，通过出示鸟鸣音频，让学生谈谈自己对鸟语的理解，进而引出懂得鸟语的人物——传说中的公冶长和现实中阎福兴的故事。第二步，精读课文，明确作者为实现自己“做一个通晓鸟语的‘公冶长’”的愿望，做了哪些努力，有哪些收获。第三步，拓展思路，自由讨论，说说看作者的愿望是否得以实现。

同时，就三个步骤之间的衔接也重新做了梳理，并把细微的知识点分解为子问题糅入其中。这些整理加入了初步研读时未考虑到的问题，删去了与教学环节联系不够紧密的提问，优化了问题的引出方式，这一切都使提问有更加明确的指向性。在实际教学中，简洁的问题设置和流畅的子问题讨论，紧紧围绕作者想“做通晓鸟语的专家”这个主问题展开，使全文解析层次分明，条理清晰，进而又引导学生由“形”而“神”，感悟作者于文本中注入的情感，收到了不错的效果。

用几个直指课文主旨的问题串起全文，是备课中最花费时间的事情。若能找准好的切入点，搭建好全课讲授框架，明晰全课教学思路，备课工作几近成功一半。在这篇课文的讲授中，我删掉了“你还知道哪些有关懂得鸟语的故事？”以及“如果我们能听懂鸟语，你觉得会发生什么有趣的事情？”前者与课文主题结合不够紧密，第二个问题与导入中的猜想鸟语一处略相似。新增添的问题有“作者为什么称自己最喜欢和布谷鸟对话？体现在哪里？”“作者怎么评价喜鹊的叫声的？”“作者在写燕子、大雁、苍鹰时，与描述布谷鸟和喜鹊有什么不同之处？”加入的问题可以更好地将前后文串起来理解，有助于学生围绕问题对文意有较为整体的把握。

去除多余、生硬的问题的确是很难做决定的事，但如果始终记得自己希望在课堂上呈现什么，希望学生从中学习到什么、思考什么，就不会觉得难以取舍。在设置问题的时候，最重要的是始终记得问题的提出要前后承顺连贯，且有助于学生接近教学目标。问题的最终目的都是帮助学生去伪存真，应辅助学生接近教学目标，而非成为彼此缺乏关联的、需要学生各个击破的研读障碍。

(二) 紧扣教材，优化环节设计

这篇课文多次出现作者对鸟语含义的猜想，且自提出疑问再到分析、解决问题，正合乎孩童面对疑惑时的思维顺序，很容易将孩子引入课文，让他们能够沿着作者思考路线和情感历程，充分体会作者的思想感情。由此，在教学设计中我紧扣教材，布设了以下四处环节：

1. “它们在说什么？”在导入部分设置一段音画欣赏，提出问题，让孩子们自由发挥想象，说说鸟儿们鸣叫的含义。

2. “我来做做公冶长。”在学习作者对布谷鸟和喜鹊叫声的理解和评价之后，让学生试着对布谷鸟发问，与喜鹊对话。

3. “续写排比句。”作者自燕子、大雁、苍鹰等鸟儿身上学到了许多可贵品质。在准确理解把握“排比句”句式的情况下，试着续写文中的排比句。

4. “猜猜是谁在说话？”播放鸟儿叫声，出示图片，让学生留心观察其声音、形貌特点，进行片段式写作练习。

以上四个环节从听到鸟鸣对鸟儿鸣叫含义产生疑惑，到为做“公冶长”而进行种种尝试，自实践中获得种种启示，最后将所学结合习作练笔得以巩固，始终紧合课文的写作思路，“听说读写”全面训练，不仅调动了学生的积极性，使得学生充分地感受作者的情感变化的过程，且就课文教学对特殊句式、关联词的使用、标点符号的使用方法等进行学习，最大化地挖掘教材中的各种知识点。

由于环节设置具有一定的趣味性，学生在参与这几项活动时，表现出了极大的参与热情：

对鸟儿叫声的理解，孩子们有的说“鸟儿在招呼同类一起玩耍”，有的说“它在夸耀自己的房子盖得好”，有的说“它在欣赏美景”，还有的说“它在告诉人们季节已经转换的消息”。孩子们的想象力非常丰富，在仿拟对话时有的孩子说“喳喳喳喳，我要搬家”，“喳喳喳喳，快来赏花”，也有的说“布谷布谷，最怕老虎”，“布谷布谷，爱吃五谷”，不仅妙趣横生，还很押韵，令人很是惊喜。课程结束之时，孩子们仍然沉浸在和鸟儿对话的快乐中，而那份浓浓的爱鸟之情，也很自然地通过诵读体现了出来。

之所以能取得这样的教学效果，我想其重要原因正是在教学中，能始终依托教材，因循孩子的思考和学习的思维习惯，运用了各种方式激发学生进行参与、体验，任孩子自由表达想法，放手让孩子大胆练说，使课堂始终充满快乐、趣味。与此同时，松弛、自在的氛围，也是孩子更易发挥才能，更乐于展示自己的所思所想的一个重要因素。

“成如容易却艰辛”——从教案设计到完成全课讲授，从课前准备到课后总结，在指导教师的帮助下，我对研读教材、设计课堂问题环节、课堂师生互动等方面都有了新的认识和体会。今后的教学工作中，我将努力做到关注学情、紧扣主题，让自己的课堂更富活力，更有效率。

（紫东实验学校　毛益华）

点评：教材是教学的重要材料和基本依据，因此钻研教材是整个备课工作的基础，只有把教材吃准吃透，才有可能备好课。在《鸟语》一课的备课中，毛益华老师在导师的帮助下，对课文深钻细研，熟读精思，吃透、吃准教材，明晰全文脉络，从看似凌乱的叙事情节和情感流动的散文中，整理出全课的授课框架，将着眼点放在“懂鸟”上，依次从“想要懂鸟”“如何懂鸟”“是否懂鸟”三部分入手，紧扣教材主旨，挖掘其中的知识点和情感价值，优化问题设计和环节设计，引导学生把握全文内容，感受作者笔端感情，自散文之“形”到散文之“神”，水到渠成。

案例二

管中窥豹　别有洞天

——以《秋水（节选）》为例浅谈对课文的开掘与延展

备课中教师常需要对教材进行挖掘和拓展，尤其是古文教学，更需要知人论世，以帮助学生理解课文的精髓。如何把握对课文开掘和延展的度，陈老师为我们提供了一个很好的范例。

2013年上半年，我以参加工作五年以内的新教师身份参加学校的赛课活动，学校安排我跨年级教授《秋水（节选）》一文。《秋水（节选）》是江苏教育出版社《语文必修三》课本中的一篇课文。文章很短，加上标题也只有174个字。在《秋水（节选）》的备课中，笔者遇到了不小的难题：如此短小的文章，在理解了文言字词句之后，学生不难理解其中的寓意，那么，如何进一步开掘课文，让学生初步理解作者庄子的思想？这成为摆在笔者面前的最大难题。

（一）源于教材但不拘泥于教材

在备课最初时，我将《秋水（节选）》作为一篇普通的文言文来看待，教学设计也是按照日常的文言文新课的模式来安排的：

① 设置情境导入课文，介绍庄子及其主要思想；

② 整体感知，主要涉及字音和通假字的疏通理解，由于本文有不少文言现象，还要梳理古今异义词、词性的活用以及特殊句式；

③ 学生复述主要情节；

④ 课堂讨论，思考寓意。

这样做，看似能完成教学，实际上会产生不少问题。首先，正如本文开篇所说，这篇课文的容量并不大，难读的字不多，文言现象虽然种类多但数量并不大，且难度一般，人物形象和寓意也不难理解。如果真的按照以上方案进行的话，很有可能产生“挂黑板”的尴尬。其次，作为一次赛课活动，如此安排教学略显死板，缺乏新意，亮点也不突出，即使学习内容是一篇生动活泼的寓言，学生也容易产生倦怠心理，导致课堂气氛沉闷。在这种情况下，我开始重新备课，寻找出路。

我注意到，这篇课文把大量笔墨放在了对“河伯”这个人物的刻画上，而“海神若”的形象并不丰满，带着这个疑问，我开始去查找这篇文章的出处。本文选自《庄子·外篇》，原文由两大部分组成，前一部分写北海海神跟河神的谈话，构成了本篇的主体。实际上，在“河伯”望洋兴叹之后，海神还进行了一番解释，探讨了他对宇宙中“大”与“小”认识。

海神认为，大海和黄河相比，固然很大，但也不是最大的，和天地相比，自己只是大山中的“小石小木”罢了。由此可见，在《秋水》原文中，不仅黄河在大海面前算不上大，哪怕是“不见水端”的大海，在天地之间也是渺小的。庄子通过《秋水》一文，不仅想要告诉人们不要自满、知错就改这些道理，更是想借此表达他的“齐物论”思想。所谓“齐物论”，就是世界万物包括人的品性和感情、各种看法和观点，看起来是千差万别，归根结底却又是齐一的，没有所谓是非和不同。所以，我决定在这次《秋水（节选）》的课堂上，在理解课文之后，将文本解读引向原文，让学生进一步认识庄子的“齐物论”思想，也为他们在高二阶段学习《逍遥游（节选）》打下基础，让《秋水（节选）》和《逍遥游（节选）》这看似是两篇没有联系的课文建立起一种联系，统摄在庄子的“齐物论”思想下。

于是，我对原有的备课计划进行了如下修改：

① 导入课文之后，取消灌输性的对庄子思想的介绍，在后面重点介绍“齐物论”；

② 布置学生针对文言现象进行预习，为课堂后半段留下了充裕的教授时间；

③ 解读课文寓意之后，在投影上打出北海若对河伯的回答，带领学生

翻译这一段文字，引导学生认识到：其实在庄子看来，不仅黄河在大海面前是渺小的，大海在天地中是渺小的，世间万物其实都没有绝对的大与小之分，这就是庄子的"齐物论"思想；

④ 引导学生在理解"齐物论"的基础上，再一次思考这则寓言给我们带来的新的启发。

按照以上计划，我开展了《秋水(节选)》的教学，学生的课堂反馈活跃，课后纷纷表示有不少心得体会，我也因此在这次赛课中取得了较好的成绩。

(二) 对课文文本的开掘与延展的体会和思考

第一，知人论世。不了解作者的经历和思想、不了解创作的背景和动机，就难以真正把握一篇文章的精髓。"知人论世"应该成为我们解读一篇文章的起点和助力。就像解读《秋水(节选)》，就需要了解作者的思想，在这个大背景和大前提之下，重新认识此文在《庄子》中的内涵、意义和地位。

第二，让被"肢解"的课文回到原文。高中语文课本的编者在编辑课本的时候，对选文进行了大量的删改，尤其是文言文。这样做肯定是合理的，能让选文为高中语文的需要服务，更适合高中生的学习；但是也会造成一些弊端，可能会造成学生"一叶障目，不见泰山"，不能充分学习到课文的思想或者情感。教师在合适的时机可以将某些被"肢解"的课文回归其原文。例如《秋水(节选)》，我将其部分地回归到原文中，不仅没有造成对文意理解的分歧，反而让学生加深了对课文的认识。

第三，重新编排课文系统。高中语文课本是"选文"式的，系统性并不强。教师在合适的地方可以对课文重新进行编排，使之系统性、整体性更强，也减轻了学生在学习中"一鳞半爪"、"学了后面忘了前面"的痼疾。高一下学期的《秋水(节选)》学习完之后，可以把高二上学期的《逍遥游(节选)》的教学进度提前，甚至可以把论及庄子思想的《兰亭集序》的教授进度提前。这样，就把高中阶段与庄子有关的三篇文章放在了一起，统摄在"齐物论"思想之下。

"思想力"是教师成长过程中的重要力量。一次赛课经历，其结果并不重要，我却在备课的过程中体会到了解读、解构、重建课文的乐趣，这倒是在意料之外了。课文文本的开掘与延展是一个大课题，一篇课文的解读只是敲开了其中的一块，还需要在以后的教学中多方面搜集资料，认真考量，慎重摘择。

(江宁区秦淮中学　陈龙霖)

点评:新一轮基础教育课程改革对于教师如何使用教材提出了新的、更高的要求:建议教师要从“教教材”转向“用教材教”;并明确提出“用教材教”才是现代教师应有的姿态。从“教教材”到“用教材教”不仅要求教师在思想观念上作些调整,更重要的是教师如何让自己的教学设计和教学行为基于教材但又不拘泥于教材,如何使教学源于教材但又高于教材。秦淮中学的陈龙霖老师在《秋水(节选)》一课的备课中源于教材但不拘泥于教材,根据教学需要对教材进行了适度的开掘与延展,让学生知人论世,在了解作者的经历和思想、创作的背景和动机的前提下,真正把握文章的精髓;将部分被“肢解”的课文回归其原文,加深学生对课文的理解和认识。对课文进行重新编排,让学生所学的知识更系统,更完整,取得了良好的教学效果,真正实现了“用教材教”而不是“教教材”。

二、备目标——引领规范的课堂

案例三

“微主题”校本研修

——例谈教学目标的制定

科利华中学采用“微主题”校本研修方式,为新教师量身定做了一系列基于解决教学基本问题的“微课”,助推了新教师的成长,对新教师尽快适应教学工作发挥了积极的作用。“教学目标制定的微主题研修”向我们展示了研修的具体过程,方法务实有效,值得借鉴。

(一)背景

近两年来,我校的新教师数量大增,有十几位大学生走上了工作岗位。为了帮助职初教师走好教师生涯第一步,顺利度过职业求生期,使其尽快适应教师角色,学校采用了“微主题”校本研修的方式,通过小问题、小课题、小策略,促进职初教师反思自己的教育教学,不断更新观念,改进教学行为,促进自己的专业成长。

然而,职初教师并非一张白纸,他们在学生阶段,也曾从不同的老师那里接受过一些教育教学的知识和经验，特别是实习阶段，他们对备课、课堂教学等也有一定的思考和实践。但是，他们毕竟是新教师，对教材、学情等的把握有一定的局限性，在课堂掌控以及师生互动等方面还需要锻炼，需要有人给予专业思考方向的引导，才能站稳讲台，才能一步步成长。“微主题”校本研修就是基于这样的思考，为新教师量身定做的一堂堂助推其成长的“微课”。

（二）微主题研修的基本过程

2013 年 10 月 15 日下午，当年参加工作的 8 位教师在三楼会议室，一起进行“微主题”校本研修。这次活动的主题是“教学目标的制订”，目的为了帮助职初教师正确、有效地制订每一节课的教学目标，解决课堂教学“到哪里去”的问题。

首先，我呈现职初教师教案中“教学目标”一栏书写中存在的一系列问题：教学目标太多，一堂课难以达成；教学目标主体不明确，行为的主体颠倒；教学目标陈述模糊笼统，可操作性差。然后引导他们对照自己的备课情况进行反思，发现自身的问题，形成学习期待。

接着，我们给每位新教师发了份研修学习资料，题目是“定准教学目标，确保教学有效”。这份资料主要说的是为什么要定准教学目标和如何制订教学目标。我们想告诉新教师，教学目标是教师期望学生通过本堂课的学习所要实现的行为变化，应该是具体的、可观察的、可测量的、可评价的；吃透教材和学情分析是定准教学目标的基础，它可以使教师的教更有效地服务于学生的学。

然后，通过微型讲座，让他们认识到规范的教学目标应该包含四个要素：

① 行为主体必须是学生而不是教师，如“拓宽学生的知识面”、“通过教学活动，培养学生的概括能力与争辩能力”等，这些写法都是不规范的。

② 行为动词必须是可测量、可评价、具体而明确的，否则就无法操作和评价。

③ 行为条件是指影响学生产生学习结果的特定的限制或范围，为评价提供参照的依据。如“能正确解答已知反应物求生成物和已知生成物求反应物的简单计算题”、“学生能从提供的圆柱和球形物体以及非圆柱和球形物体中，识别出圆柱形和球形物体”、“能用气温曲线图和降水量柱状图判断热带气候类型”、“在 10 分钟内，学生能完成 15 道简单计算题”等。

④ 表现程度指学生学习后预期达到的最低表现水准，用以评量学习表

现或学习结果所达到的程度，如“就提供的一道应用题，学生至少能写出三种解题方案”、“学生能记住8个新单词”等。目标表述的是基本的、共同的、可达到的教学标准，而不是无法实现的最高要求(理想)。

在微型讲座这个环节中，我罗列出典型的案例供职初教师讨论，引导他们进一步认识规范的课时教学目标应该如何制订，如何表述，从而保障这次微主题研修的实效性。

最后，我给每位职初教师发放了“科利华中学教师备课情况调查表”(如下)，请每位教师发现自己备课方面的优势，提出自己最需要改进的问题，作为下一次微主题研修内容确定的依据。

科利华中学教师备课情况调查表(姓名　　　　)

项目	较好的做法	不足的地方
学情分析		
制订教学目标		
确定教学重点		
确定教学难点		
思考教学准备		
进行板书设计		
课外作业设计		
坚持写教后记		
教学环节设计		
教师活动设计		
学生活动设计		
教材内容把握		

像这样的职初教师微主题研修，我们还开展过多次，主题分别是：“教学环节与教学目标”、“板书设计的一般策略”、“教后记写作的角度”、“亲其师，有效教学的基础”、“把握教材，教师永远的基本功”、“优化问题设计，提高学生思考力”、“互动生成，重在有效”、“考试质量分析，教学的新起点”、“复习课，重在‘理’与‘通’”……这些微主题研修的微问题，来自职初教师的教育教学，为职初教师量身定做，涉及教学工作的方方面面，提高了职初教师的教育教学水平，提高了教师的课堂教学效率，促进了教学的有效性。

（三）反思

不难看出，“微主题”校本研修对职初教师乃至所有教师的专业引领有着具有现实的帮助作用，可谓是“小主题，大成长”。

一是基于真问题的研修，有价值。研修的微主题是教师自身存在的问题，而不是某种教学理论的假设，也不是虚构的、生造的，这易于激发研修动机，激起探究欲望，促进教师成长。

二是具体可触的小问题，有抓手。微主题研修，因其研究的问题的微小而可触，容易发现具体的思考角度和解决策略，容易将问题的解决落到实处，研修的“小问题”会带来教师的“大改变”。

三是跨越学科的研修，有眼界。研修打破学科疆域，加强学科间的融合，让教师在学科碰撞中打开思路，在相互启迪中进步提升，在跨域探索中成长进步。

近年来，我校的“微主题”校本研修开展得有声有色，逐步形成了以“问题调研——确立主题”、“理论学习——厘清认识”、“研究课例——实践体验”、“共研互学——分享感受”、“个体反思——行为跟进”为脉络逐步推进的“五步研修法”。我们是这样做的，每个月开展2—3个微主题研修，针对不同对象分层展开，如分为骨干教师、青年教师、职初教师等，根据他们的实际情况开展不同主题的学习研究活动。研修的主题来自事前的调研，每个微主题研修活动的五个过程是分层参与的，一次微主题的研修活动，既有集体互动，也有自主的空间。

（科利华中学　王跃平）

点评：科利华中学针对职初教师的备课开展了一系列微主题的校本研修活动，其中“教学目标的制订”微主题培训活动，从引导职初教师发现自身书写“教学目标”中存在的问题入手，形成学习期待。接着，发给每位新教师《定准教学目标，确保教学有效》研修学习资料，自主学习。最后，通过微型讲座，结合案例，总结规范制订教学目标的四个要素。活动的设计层层递进，有理论，有实践，注重问题解决。提高了教师对制订教学目标的认识，提升了教师制订教学目标的技能。他们开展的“微主题”校本研修是基于真问题的研修，有价值；是具体可触的小问题，有抓手。对职初教师专业发展有很好的引领作用，可谓是“小主题，大成长”，值得学习和推广。

案例四

精雕细琢，让教学目标更精准

备目标是备课工作中的一个重要组成部分，但重视的教师不多，认为是一种形式，一抄了之。而这对师徒却将每节课教学目标的制订作为一起研究教学、以老带新的切入口，有效促进了新教师的成长。她们是如何对教学目标进行精雕细琢的呢？答案就在文中。

尹佳丽老师是一名生物学本科生，作为一名专职科学老师来到学校，我顺理成章地成了她的师傅。经过3年的师徒结对，短时间内她就在我的指导下步入正轨，全面发展，已经成为区里科学专题班成员，在参加的各级各类比赛中屡获佳绩，赛课获一、二等奖，案例获一等奖，参与网络团队比赛荣获一、二等奖，基本功比赛一等奖……

在她迅速成长的过程中，成功因素有很多，特别突出的是我们对于教学目标的"较真"。在以往教学中，很多教师似乎不会太多揣摩教学目标，而是拿出教学参考书抄一抄，而我们认为，教学目标其实是一节课是否成功的首要因素。之所以将其放在这么高的地位，是因为如果教学目标都有偏颇，那花再多的精力，课堂再精彩，学生再投入，又有什么意义呢？只有在合理的、合适的教学目标的指导下，我们才能根据目标找出重难点，通过有结构的材料安排，详略得当的课堂教学过程，针对教学目标进行相应的检测，考察学习效果。

那么教学目标怎样准确拿捏呢？下面以《口腔里的变化》一课为例，谈谈我们对教学目标的研讨和打磨。

（一）研读教材

我们拿到这篇教学内容之后，不是忙着上网搜别人的教案，不是找教参，而是对教材内容进行详细解读，看明白每一部分想要表达的意思，理清各环节的前后联系，理解编者想要阐述的事实。课文一共分为两部分，第一部分是观察口腔，第二部分是观察牙齿。而编者想要表达的意图并不是只要学生对口腔内的结构进行记忆，而是要让学生去理解"口腔里的变化"是因为口腔里独特的结构，换句话说就是要理解口腔里结构与功能之间的关系。

（二）学习"课标"

寻求我们对文本理解的理论支撑——"课程标准"。每个人对教材的解读都可能不完全一样，那么谁的理解是正确的呢？我们的评判依据来自“课程标准”。有关食物消化方面，“课程标准”的要求是：“了解人体的消化过程，养成良好的饮食卫生习惯。”这说明我们的理解是没有问题的，“课程标准”中并不要求我们对口腔内的结构或者不同牙齿的不同形状进行记忆，只要求我们能够理解人体的消化过程，也就是从食物的角度出发，食物是如何一步步被人所消化的。把握了这个原则，我们就可以放心地继续剖析。

（三）分析学情

每一个学生来学习的时候，都不是一张白纸，他们每个人都有着自己的生活经验，我们不能不顾学生的生活经验和之前已经通过其他渠道学到的知识而自说自话地从零开始教学，需要正视学生的前概念。难道我们还要在课堂上教学口腔里有舌头吗？当然不需要。那么学生究竟已经掌握了哪些前概念呢？需要进行一个前概念的调查。通过对问卷的分析，我们知道了学生已经知道口腔里的结构，而且知道了部分功能。对于牙齿的形状，学生知道“板牙、尖牙、门牙”，也能试着说出它们各自的作用，但是说不清楚，而且会出现混淆。有了这样的前概念调查，我们就比较清楚了，这一课的教学过程中，我们需要教学的是口腔中各结构的功能，以及它们是怎样实现这样的功能的，而对于结构，我们几乎不需要进行任何的教学。

（四）拟定初稿

在完成上述工作的基础上，我们终于可以着手教学目标的梳理了：1. 知道食物在咀嚼过程中是怎样变化的。2. 了解舌头、牙齿、唾液在咀嚼过程中所起的作用。3. 知道不同类型的牙齿在咀嚼过程中所起的不同作用。4. 知道食物在口腔里的初步消化，为进入人体作进一步的消化提供了便利条件。这样的教学目标乍一看是没有什么问题的。可是这样的教学目标显然太粗糙，目标中没有阐述出达成行为，所使用的行为动词也不利于后续的检测，只能算一个初稿。

（五）修改打磨

接下来是对初定的教学目标从行为动词的使用、语句的表述，甚至标点符号等细节进行修订。通过几轮的斟酌与修改，最终完成了教学目标的制定：1. 咀嚼和吞咽食物，复述食物在咀嚼过程中是怎样变化的。2. 通过不同时间的咀嚼之后将食物吐出进行比较，解释舌头、牙齿、唾液在咀嚼过程中所起的作用。3. 通过吃不同硬度的食物，区分不同类型的牙齿在咀嚼过程中所起的作用。4. 对比经过不同时间咀嚼的食物，理解食物在口腔里的初步消化，为进入人体作进一步的消化提供了便利条件。

这样制定教学目标似乎很繁琐，但是很值得，教学目标的制定过程是对这节课作整体设计和架构的过程，教学目标制定好了，这节课的整个框架和流程基本上就成型了，而且通过这样的步骤，制定的教学目标更加有针对性，更便于实施，也更利于进行检测和评价，取得了事半功倍的效果。

在一次次和尹老师这样深入探讨教学目标的过程中，不但加深了对教材的理解，也提升了对科学这门学科的理解。正是这样严谨求学的精神，才使得尹佳丽老师能在短短的 3 年时间内在众多科学老师中脱颖而出，成为科学教学的骨干力量。

（中山小学　高　伟）

点评：高老师和尹老师这一对师徒在备课中，以教学目标的制定为抓手，将教学目标的制定过程变为认真学习课标、充分研读教材、细致分析学情、对教学过程进行整体设计和架构的过程。精心打磨制定的教学目标规范、准确，可操作性强，能有效引导教学、指导评价，收到了事半功倍的效果。高老师作为师傅，对青年教师的教学指导不是空洞的说教，而是身体力行与青年教师一起备课，共同研讨，寓指导于行动之中。在潜移默化中，青年教师提升了教学水平，掌握了教学技能，获得了快速成长和发展。

三、备导入——开启成功的课堂

案例五

“好招儿”怎么不好用了？
——例谈“课堂导入”的观察反思

居老师是一名工作才两年的通用技术学科新教师，她的课堂深受学生的喜爱。她勤学善思，注重积累，善于改进，用智慧教学，设计出一个个“妙招”吸引学生，成就了精彩的课堂。

“好的开始是成功的一半”，每一节课上，一个精彩的课堂导入可以将学生迅速带入学习状态，激发学生的学习热情，引起学生更多的积极思维。精彩的导入往往需要教师动用心思，巧妙设计。我在工作中也曾设计了一些收效不错的课堂导入，其中的一些形式，我将其积累为自己的“好招儿”。可是，在一次课堂实践中，我拿出了曾经收获过好效果的“好招儿”时，却意外地没有达到预想的效果。由此，引发了我的思考：如何更好地设计课堂导入，让自己积累的成果更合理地被运用起来呢？做到让“好招儿”招招管用，可以从以下几点出发。

（一）明确目标，贴合需求，不让“好招儿”变“错招儿”

以教学目标为准绳，合理选择课堂导入方式，是不让“好招儿”变“错招儿”的关键。经过我的实践总结，通用技术学科中，书中的很多内容如果光从字面上理解，认知难度很小，学生看起来也感到索然无味。如果采取开门见山，直接介绍学习内容或学习要求的方式进行导入，学生的学习热情可能难以被完全调动。所以，通用技术学科中，形式活泼的导入方式更能受到学生的欢迎。适用的导入方式主要有：

1. 动手操作，探究分析，活动导入；

2. 创设情境，引发思考，情境导入；

3. 温习旧知，梳理逻辑，温故导入。

而如何选择最合适的导入方式，则可以从教学目标出发，贴合教学重点、难点。活动类型的导入可以用于需要学生探究规律的章节。例如，《稳固结构的探析》就可以采取“鸡蛋支撑砖块”的试验来导入，激发学生的求知欲。而教学目标中对于“技能”要求较高的章节，活动导入同样适用。例如，教学目标中，重点要求学生能运用所学知识，对生活中典型案例（尤其是案例中蕴含有操作的内容）进行分析，就非常适宜采用贴近生活的小活动来进行导入。这样一方面可以调动起学生的探究欲望，另一方面还可以成为完成教学目标的重要手段。

情境导入的方式就更适用于要求学生掌握理论知识的教学目标。通用技术学科的理论知识往往与生活、生产有着紧密的联系，通过教师合理的情境设置，学生可以产生学习动机，对学习内容产生兴趣。例如，在《流程的优化》一节的内容中，我就结合了之前学生制作的简易相片架，设计情境，让学生成为相片架小作坊的厂长，比拼生产效益，学生立马对于流程优化的学习热情就上来了，课程也更容易进行了。

温故导入在通用技术学科中，主要用于与前面章节关联较大的内容。“故”不仅仅是已学习的知识、已形成的观念，更包含了已掌握的技能以及已完成的作品。温故导入适用的范围较广，例如，通过回顾之前学生制作某项作品的过程，可以导入操作性强的章节，如优化工艺；也可以导入强调理论的章节，如让学生分析作品的性质。学生对于很清晰的逻辑以及自己参与过的东西都有着很浓厚的兴趣。温故导入的关键还在于“故”的选择。

再以《技术与设计1》书中的《设计中的人机关系》一节内容为例，综合来看导入方式的取舍。本节内容较为独立，与其前后节内容关联性不强，温习旧知就不宜作为本节的导入方法。而如果通过活动来导入，可能会导致学生注意力分散，不能静心思考生活中更多的现象。关于本节的设计，还是要回到本节内容的教学目标上来。本节课中，我认为教学重点，就是学生在学习了人机关系要实现的目标后，要能够评价生活中的人机关系，能够知道生活中许多看似不经意的设计都是出于人机关系的考虑。就这样一个教学目标，最合适的方式还是通过创设情境，来引发学生对于生活的思考。本节课的导入，我就采取了“十万个为什么”来进行，提问学生生活中习以为常，却从未思考过的一些现象。学生的兴趣就被很好地调动起来了，也对于本节的内容更有学习欲望。

（二）学生本位，合理创新，不让“好招儿”变“老招儿”

有些好的导入方式，教师如果反复使用，“一招鲜”，学生反而会失去兴趣，提不起学习热情。所以，教师除了要能合理选择导入方式外，还应当积极创新、开发导入方法。而创新工作中关键一点就是对于学生的研究。学生是教学中的主体，以他们的基本需求、能力特点、兴趣点等等为出发点创新课堂导入，才能收到理想的效果。

通用技术学科导入的创新，可以从很多方面切入。在导入内容上可以创新，如了解时下学生最为关注的热点事件，找到其中与技术挂钩的部分，进行分析；可以对时下的新兴技术产品进行介绍；还可以留心观察生活中的技术现象，用学生容易忽略的细节创新导入内容。导入的形式也可以创新，如整合素材，头脑风暴，我们可以创造出好的活动形式；关注大众传媒，诸如电视节目、各大网站中的一些游戏形式我们也可以借鉴。处处留心，就可以发现许多适宜学生接受的素材触手可及；多用技术的观念去观察、去积累，创新也会变得得心应手。

当然，课堂导入形式的开发也应当“不走邪路”。一味迎合学生的口味，将当下的一些过于时髦的、有待商榷的活动形式或者学习内容拿到课堂上来，就有可能造成之后的课堂气氛难以驾驭，学生思维走偏等等不良影响。所以，课堂导入的创新还应当“胆大心细”，全面考虑学生的特点。

（三）灵活变通，巧变形式，让“好招儿”成“妙招儿”

常言道，“教无定法，贵在得法”。好的导入也不应该模式化、僵化，应当能够根据学生的情况，调整实施方法。最适合学生接受的方法才是最好的方法。

在活动导入中，偶尔会遇到活动难度设置不恰当的情况。此时，灵活的改变就非常重要。当难度过小的时候，教师可以适当增加一些条件和要求；难度过大时，则要给予学生一定的提示。确定好活动需要达到的预期效果，并及时关注学生进展情况，做出调整，可以保证导入活动有效开展。例如，在教授《技术试验及其方法》内容时，我设计了"纸桥桥面承重测试"的小活动，由于学生思路之间的差异，班级中有些学生很快就设计出了符合要求的桥面。面对这些学生我就又添加了一个要求，在规定的纸张使用限度内，造出的桥面跨度要能更长，此时，任务的梯度拉开了，学生们也都能投入到自己的设计中去。

在设置情境导入的时候，有时候也会遇到情境无法调动学生的兴趣。这时候，在情境中合理地加入一些联系到学生经验的内容，就能够巧妙地扭转。还是以《流程的优化》中的设置情境为例，让学生成为相框工厂厂长，有时候，学生会因为客观因素，没有全身心投入到课堂中，对此情境无感，此时，就需要引入一些能够刺激学生的内容，加强学生的感受。我就尝试拓展情境，将教师自己说成是一个淘宝卖家，要应对"双十一"店商大战的订货，需要稳定大批量的货源，从而引导学生进入情境中去。学生很容易被有自身经验的生活热点所吸引，很快就进入状态了。

有时，我们费尽心思设计的课堂导入，达不到预想的效果，并不是真的因为它不适合本节课的教学，可能需要的只是一点点变通；能够正确判断自己的教学，并且不断反思，不断改进，才能够让教学不断进步，不断发展。

课堂导入对于一节课的成功有着很大的作用，通过合理选择、积极创新以及灵活变通，课堂导入一定会越来越精彩，课堂教学也会逐步迈向成功。

（第十三中学　居月霜）

点评：课堂导入的教育功能，表现在激发学生的兴趣和情感，启发和引导学生的思维，让学生用最短的时间进入课堂教学最佳状态。好的导入如同桥梁，联系着旧课和新课；如同序幕，预示着后面的高潮和结局；如同路标，引导着学生的思维方向。居老师针对通用技术学科的特点，紧密联系学生的生活实际，精心设计每节课的导入，她设计的动手操作探究分析的活动导入、创设情境引发思考的情境导入、温习旧知梳理逻辑的温故导入，已成为激发兴趣、吸引学生的"好招儿"。更难能可贵的是，居老师勤于反思，善于动脑，积极创新，出新招；灵活变通使妙招，招招精彩。居老师在绽放课堂精彩的同时，也在书写着自己精彩的教育人生。

案例六

“情境引入”渐入佳境

——以《丰富的图形世界》一课的备课为例

创设情境导入新课已成为许多教师经常使用的教学策略。但创设恰当、有效的教学情境并非一件易事，你看秦老师为创设一个满意的数学教学的导入情境，在师傅和同伴的帮助下，三易其稿，才逐渐进入佳境。

在我校，公开课已成为备课组或教研组开展教学研究的载体和抓手，更是我们青年教师学习和获得师傅、同伴帮助的好机会。在教研组长的安排下，我承担了初一题为“丰富的图形世界”的一节公开课。课前，我认真研读了教材，查阅了资料，收集了素材，对各个教学环节特别是导入环节进行了精心设计。在组长和同伴的指导和帮助下，我对教学设计进行了多次修改，先后形成了不同的教学方案，使情境导入环节渐入佳境。

(一) 逐渐完善的导入方案

方案1：导入方式是直接演示“棱柱、棱锥、圆柱、圆锥、球”的几何模型，告诉学生这些几何体的名称。教研组长凌老师看了方案后，认为这种导入方法直接给出了结果，缺乏对概念的认识和建构过程，容易将学生带入死记硬背的学习方法中，不利于学生理解能力和思维能力的培养。我们使用的是苏科版教材，她建议我再借鉴一些其他版本教材的相关内容，修改教学设计。于是我拿来了北师大版的数学教材，进行了认真的研究与比较，从教材给出的教学目标中，得到了启示。苏科版本课的教学目标是：(1) 认识基本几何体：棱柱、棱锥、圆柱、圆锥、球；(2)认识图形是由点、线、面构成的；(3)进一步认识棱柱、棱锥。北师大版的教科书第一章第一节就是《生活中的立体图形》，教学目标是：1. 在具体情境中认识棱柱、棱锥、圆柱、圆锥、球。2. 通过实例认识点、线、面，感受点、线、面之间的关系。对不同教材教学目标的比较不难发现，北师大版教材的目标不仅有明确的学习要求，还给出了方法，强调在情境中学习和认识几何体。于是在方案的修改中，我强化了情境的设计，形成了方案2。

方案2：用丰富多彩的图片创造情境，导入新课，给学生创设一个想象的空间。在具体的情境中认识基本的几何图形，感受图形世界的丰富多彩。

在周一数学组活动中，我试上了这节课。上课时发现：开始时展现众多的图片，学生很兴奋。可一提出棱锥和棱柱中的点、线、面问题时，很多学生神情黯淡。我很茫然。

上完课后，凌老师将大家召集在一起："大家都来评评这节课吧。给秦路出些主意。"

钱德荣老师说："概念引入的情境太多了。这样反而不易理解概念。"

车金沙老师说："秦路原本想提高学习的趣味性，但是由于学生对背景不熟悉，反而给学生来个下马威。可以选择学生熟悉的情景。"

凌佳老师说："这次有河南的老师也来听这节课。可以选择南京城的名胜为背景。"

陈一红老师说："最好选择有代表性的，能把几个问题形成问题串。"

李光蕾老师说："多元智能的理论认为无固定的教学策略可能对某些学生有较好的作用。《丰富的图形世界》这节课是几何的一节起始课，繁杂的几何知识点很容易让学生疲劳，也不能激发他们的学习兴趣。"

董秀明、孙睿、张丽萍、朱菁、蒋华等等老师都建议我：要精选图片，形成有序的情景，去激发学生的头脑风暴。

根据组里老师们的建议和自己的反思，我再次修改了教学方案，形成了方案3。

方案3：在导入中创设了三个情境，引导学生层层递进。

情境一：以短片的方式介绍南京城市几大名胜。其间图片与讲解穿插，在讲解中并没有罗列南京的所有名胜，而是抽取了"含有基本几何体"的图。

情境二：让学生仔细观察长江大桥、音乐台、奥体中心等图片，找出其中认识的几何体。

情境三：出示在玄武湖灯会上拍摄的图片，引导学生认识图形是由点、线、面构成的。

公开课上按照方案3创设的情境导入教学，学生兴趣盎然，参与热情高涨，在熟悉的具体情境中认识棱柱、棱锥、圆柱、圆锥、球等几何体。通过对具体实例的分析，认识点、线、面并感受点、线、面之间的关系，学生在轻松愉快的氛围中，实现了教学目标的达成。

(二) 几点反思

经历这次备课，尤其是对创设情境、导入新课环节的设计，我有了很深的触动，也引发了进一步的学习和思考。

1. 创设情境导入新课应遵循一定的原则

创设的导入情境首先应具有针对性。教师应针对教学内容和学生的实际进行设计，切忌为了趣味而漫无目标地胡编乱造；创设的情境应科学，紧密联系学生的生活实际，符合学生的认知水平，有利于引发学生对本节课内容的学习。其次，应关注趣味性，切忌枯燥无味。从“趣”字上下功夫，采用多种手段，激发学生的兴趣，吸引学生的注意力，使学生全身心地投入到本节课的学习中。第三，注重启发性，切忌导而不入。应创造让学生说、问、做的机会，以引发学生的数学思考，启发学生的思维，使学生迅速进入本节课主要内容的学习。

2. 创设情境导入新课的方法可多样化

(1) 创设问题情境导入新课

问题情境的创设需要将问题置于一定的情境中，问题的设置应具体，有利于学生在情境中去观察和发现，同时应具有一定的思维性，以引发学生思考。如方案3中以南京市的名胜古迹中山陵、长江大桥、玄武湖、奥体中心的部分图片为背景，设置一系列问题串，层层递进，有效引导了学生的观察和思维，使学生很快进入本节课的学习主题。

(2) 创设操作情境导入新课

“眼过百遍不如手过一遍”，学生学习最好的方法是自己动手操作。学生亲自操作，可以加深对知识的理解，可以活跃思维，还可以激发学习的积极性。我们可以设计“画、剪、折、数”等操作实验，让学生通过观察和分析，发现规律，从而获得新的知识。在教学时，合理地创设情境，让学生自己动手，自己探索、实践、创新，能激发他们学习数学的兴趣，有效地培养他们的实践能力和探究精神，这样才能更深刻地理解数学知识。

(3) 创设复习情境导入新课

在教授新课时，教师在学生已有的知识和方法中，找出新旧知识的衔接点，设计出看似在温故，而实在知新的问题，启发思考，使学生在知识迁移中自然进入新课的学习。如讲“梯形中位线定理”时，教师可借助多媒体强大的作图、动画、变色等功能，首先复习“三角形中位线定理”，引发学生思维，为学习“梯形中位线定理”的证明奠定理论基础，使学生围绕“三角形中位线”的性质进行思考，从而进行类比联系，引入梯形中位线定理的学习。这种类比教学，学生接受快，学起来也容易。

当然，创设情境引入新课的方法不少，但是在设计情境时，都应以学生的已有知识和已有经验为出发点；以激发学生好奇心、求知欲为目标；以贴切自然、合情合理为准则，这样才能更好地引导学生对数学产生良好的情感和态度。

（科利华中学　秦　路）

点评："在课堂教学中要培养、激发学生的兴趣，首先应抓住导入新课的环节。一开始就把学生牢牢地吸引住。"著名特级教师于漪老师这句名言点出了导入环节的重要性。但设计一个好的导入并非一件易事，秦路老师《丰富的图形世界》一课的情境导入，在同伴的帮助下反复修改了多次，渐入佳境，取得了令人满意的教学效果。但渐入佳境的过程更让人欣慰，它是一个青年教师反思教学，不断完善教学设计的过程；是一个同伴互助，指导、帮助青年教师的校本研修过程；更是青年教师学习、成长的过程。希望更多的青年教师通过校本研修，让教学渐入佳境。

四、备思路——磨出精彩的课堂

案例七

"让学"，彰显儿童生命的精彩

——《埃及的金字塔》的磨课历程

"让学"顾名思义，就是让学生学，学生是学习的主体，如何真正做到在课堂上让出学生的活动时间，让出学生思维的空间，让学生乐学、会学？就让我们一起去感受"让学，彰显儿童生命的精彩"吧。

《语文课程标准》(2011 版)提出："全面提高学生的语文素养。"打破了过去对教材逐字逐句分析的教学模式。要提高课堂中学习效率，做到"全面提高"；并且培养儿童的"语文素养"，就是自主学习语言文字的能力。因此，"让学"理念下的课堂应运而生。在备课过程中，充分学习"让学"理念的精髓，对教材的解析历经三次较为重大的改变，让课堂的效果逐步提升，从中我也获益良多。

《埃及的金字塔》是小学阶段最典型的说明文。说明对象是金字塔，课文按照逻辑顺序介绍，重点突出外观宏伟和结构精巧两个特点，语言文字准确精练。以下是我的磨课历程。

(一) 一备《埃及的金字塔》：忽视文体，带着教案走上课堂

第一次备《埃及的金字塔》，首先基于理解文本，解读文本。按照对"让

学”课堂的初步理解，按部就班地设计以下教学流程。

导入课文，由八大奇迹引出埃及的金字塔；预习展示，检查生字词的学习；设置疑问，带着问题自读课文；自主探究，探究外观宏伟和结构精巧两大特点；合作交流，精读外观宏伟和结构精巧。

这次备课，我非常重视教学的导语、过渡语、小节语的设计，充分参照特级教师的课堂细节。把上课该说的每句话全都写了下来，包括对学生的评价语言。例如，叫三名同学读相同的一段文字，就想好三种不同的评价，并把他们全部记下来。课堂上，由于我准备充分，所有语言一气呵成，自信而大方，学生们也被我的激情所感染，学得有声有色。我千方百计使用我事先想好的“台词”，孩子也被我形象生动的语言所折服；对提出的问题，努力使孩子走向我预想的答案，让孩子的答案都成为我的答案，最后也“圆满”完成了教学任务。

上完课后，我还沉浸在抑扬顿挫的情感之中难以自拔。直到听了几位领导与特级教师对我的评课之后，我顿时羞愧难当。我完全忽视了语文教学中文体的特点（不同的文体其处理的方法也不相同），同时还以教师的教代替了学生的学，一味牵着学生的鼻子走，课堂的生动也只是一种虚假的现象。现在想来，莫不如是。课堂氛围虽然浓厚，可是学生缺少自主，每次学生说出答案后，就算和我答案意思差不多，我也重复一下我的答案，因为我设计的时候，这些答案都有过渡的作用。这些拙劣的手法在外人看来清清楚楚，而我仅仅是当局者迷罢了。

（二）二备《埃及的金字塔》：重视文体，带着教材走向课堂

如何凸显文本的特点？在教学过程中重视文本，就要明晰这篇文章的文体，《埃及的金字塔》这篇课文是一篇典型的说明文，既然是说明文就具备说明文的几大要素——说明内容、说明顺序以及说明方法。在教学过程中就要把这三点内容融合到课堂中，让孩子立足文体学习文本。接着，根据“让学”的课堂理念，不能一味牵着孩子走，要发挥孩子的主动学习力，让出更多的时间给孩子自己去学习。

这次备课，吸取上次教学的经验教训，在注重文本的基础上发挥学生的主体作用。基于学生对教材的预习，在课堂教学中让学生质疑问难，变教师的梳理文本为教师学生合作学习文本，检查学生初期预习的成果，针对在检查中出现的问题深入探究，变教师的重点为学生自主学习的盲点。课堂上，无法再牵着孩子，教学中心由教案渐渐走向孩子本身。教学步骤大致如下：

1. 以学定教

听写生字新词——展示自主学习生字词的情况，针对写错的进行探究。

初读文章——展示自主读书学习情况，确立教学目标。

精读文章——学生自主质疑，共同梳理疑问。

让学生读书质疑，教师与学生共同合作梳理文章的内容，解决孩子在预习中出现的盲点。

2. 以读入本

“以学定教”是前提，了解孩子不明白的知识点，从而确立教学目标，师生合作完成学习。而“以读入本”则确保了教师主导地位的发挥，光有孩子自主学习，没有教师引导的课堂就不是真正的课堂，教师在课堂上的主体地位也要展现出来。对于这篇课文而言就是说明文的文本特点，需要老师的点拨与提醒。让孩子在熟读的基础上研究以下三个方面：

说明内容：文章围绕金字塔介绍了哪些知识？

说明顺序：这些知识的顺序可以打乱吗？为什么？

说明方法：这些知识是按照什么方法介绍的？

通过对这三个问题的探究，体会到说明文文体的三个内容；当然说明文语言的准确性也需要了解，但在课堂上可以一带而过，要在有限的时间内抓住重点进行探究。

3. 练中品味

了解说明文文体的特点以后，就要突破文章的一大重点——外观宏伟和结构精巧，在练习诵读中品味语言文字的魅力，要抓住关键的词句理解品味金字塔的两大外形特点。在品味过程中，自然而然地感受到说明方法使用的巧妙与形象生动。

第二次上这一课，孩子的主体地位已经被“唤醒”，课堂上最明显的表现就是教师说的话少了，那些多此一举的评价语都没有了，学生读书的时间多了，探究的时间多了，质疑的机会多了，自然变得“自主”起来。

（三）三备《埃及的金字塔》：融入“让学”，带着儿童走进语言。

第三次备《埃及的金字塔》时，对上课过程中出现的一些问题进行了反复思考，尤其是对于“让学”课堂的理解。首先立足于新课标的要求“全面提高学生的语文素养”，深入研究“让学”的理念，思考什么是“让学”，如何去“让学”。其次，从上课的过程中，我体会到“让学”的关键在于激励、唤醒与引导，提倡在课堂中充分发挥孩子的主动性，让出更多的时间给孩子自主合作探究。基于对“让学”更进一步的理解，对这一课进行了第三次修改，修改的方向是：设置一些既能吸引学生的兴趣，又能发挥孩子自主性的方式。让孩子在有限的知识中感受到无限的喜悦，在兴趣中更好地学习语文。

1. 预习展示：学生自主听写

默写一直是孩子和老师都很头疼的形式，孩子们讨厌它，老是默不出来，默不出来还要抄好几遍。老师也讨厌它，对于孩子反复默写错误十分头疼。这次我改变了形式，列出“埃及、坟墓、轮廓、摩天大厦、砌成、几吨、宏伟”等生字词，让大家先读，之后分别请几名学生报，其他学生听写。孩子的积极性成倍提升；再看他们听写的成果，连平时成绩倒数的孩子都只错了一个，绝大部分同学全对，少部分同学错一到两个，这是我平时不敢想象的。

2. 设置疑问：依据过往经验，进入说明文的文体世界

《埃及的金字塔》是一篇说明性的文章。其实说明性的文章对于学生来说已经不陌生了，我让学生回忆本册语文书中已经学过的这种类型文章。从以往学过的文章中引出说明文的特点和说明方法，将学生已有的知识和方法迁移到本节课的学习中。我设计一系列的问题：你觉得说明性文章应该怎么学习？这篇文章介绍了有关埃及金字塔的哪些知识？如何介绍这些知识？通过这些问题打开孩子们的思路，引导他们阅读课文，自己总结。孩子在这种思考中才能真正有所收获。

3. 自主探究：自主质疑，感悟金字塔的外形特点

在第三自然段教学中，教师不主动提出疑问，而是引导，尽量让孩子自主质疑，让孩子自己提出问题：“为什么第三自然段中没有出现宏伟与精巧这两个词语呢？”从而引发孩子自主解决问题的欲望。接下来，孩子们一句一句去读第三自然段，想要凭借自己的阅读去解决这个问题。孩子们真正主动起来了。

4. 合作交流：学生讨论，深入感知外形宏伟与结构精巧

精读课文的第三自然段，学生们找到描写金字塔外形宏伟与结构精巧的相关句子，并抓住关键的词语去理解，还能结合相关的说明方法，并在探究中感受到说明方法的妙用。

5. 拓展提升：由建筑联系建造的劳动人民，体会劳动人民的智慧

学生通过感受外形宏伟与结构精巧的金字塔，来体会古埃及劳动人民的勤劳和智慧，引导孩子树立良好的价值观，要用自己的勤劳与智慧去实现自己的价值。由此实现情感、态度、价值观的目标。

一堂令人难忘的好课，必然会激发起师生个体的生命的鲜活。课堂上，重视“让学”的理念，不但可以提高学生的自主学习能力，还能更好地提高学习效率。语文的课堂不但是知识的课堂，更是人文的课堂，是学习习惯养

成、思维品质提升的课堂，是培养孩子能力的课堂。鲜活的语文课堂就是要让出学生的活动空间，让出学生的思维空间，让出学生鲜活的生命空间，使孩子能主动地走向辉煌的明天，彰显儿童生命的精彩。

（南京师大附中新城小学　江腾飞）

点评：《埃及的金字塔》是小学阶段最典型的说明文。在备课中，江老师用新课程标准和“让学”的理念指导备课，在不断反思的基础上对教学思路和具体过程进行较大的调整、改进，从“一备”忽视文体，带着教案走上课堂，到“二备”重视文体，带着教材走向课堂，到最终融入“让学”，带着儿童走进语言，使“让学”的理念真正转变为教学行为，让出学生的活动空间，让出学生的思维空间，让出学生鲜活的生命空间；有效提升了学生自主学习语言文字的能力，培养了儿童的“语文素养”。可见，青年教师只要乐于学习，勤于反思，善于改进，一定能实现课堂的精彩。

案例八

一课三备：层层推进，丝丝入扣

新教师、区优秀教师、区教研员三方签约培养新教师是南京玄武区教育局推出的一项举措。师傅们从新教师的备课入手，帮助他们磨课，指导方法，调整思路，将签约培养的任务落到实处。新教师受益匪浅，迅速成长。

2012年8月，怀着对三尺讲台的憧憬和对生物教学的热爱，我成为一名中学生物教师。在忙忙碌碌中很快一年过去了，我迎来了教学道路上一个重要的里程碑事件：区新教师课堂教学展示。刚接到这个任务时，我既激动又紧张。激动的是终于有机会在所有教师面前展现自己，挑战自己；紧张的是我很担心自己无法呈现一节好课。幸运的是，这节公开课的备课得到了两位导师的帮助和指导：一位是我的师傅、五十四中的冯老师，一位是区教研员程老师。正是在他们的引导下，我经历了三次备课，不断调整思路，完善教学设计。也正是在这个过程中，我学会了如何备一节好课；上课成功的喜悦也让我体会到精心备课的重要性。

（一）自主备课：按部就班，完成初稿

这次展示课的课题是《输血和血型》，确定课题之后，我便按部就班地进入了备课环节。首先是充分研读教材，制定教学目标。本节课的主要内容是 ABO 血型分类、血型鉴定的过程以及倡导学生关注无偿献血。虽然知识点不多，但与现实生活联系紧密，教材将该部分内容单独列为一个课时，体现了新课标对情感态度价值观培养目标的重视。因此我将教学目标设定为：说出 ABO 血型分类和血型鉴定的过程，认同我国的无偿献血制度，形成珍爱生命、关心他人的情感。其次是整理教学思路，收集资料。在对教材内容了然于心，对教学目标明确把握后，我研读了很多论文案例，设计了如下教学流程：视频导入，引发学生兴趣；设计实验，体验血型鉴定过程；开展活动，倡导无偿献血。针对该教学流程，下载了很多视频、图片；并且查阅文献资料，选择了合适的化学药品配备溶液来模拟血型鉴定；设计“献爱心”活动，帮助学生有效理解输血原则。最后将整个教学过程写成详细的教案。

（二）师傅指导：针对问题，修改完善

自以为备课非常认真，课堂想必也会非常精彩，于是我请了师傅帮我磨课。然而，第一次试上，出现了很多之前没有考虑到的问题。最大的问题是实验的沉淀现象非常不明显，而且由于实验用时过长，导致课没有上完，我内心非常沮丧。

评课时，我耷拉着脑袋泄气地说：“前几天试做实验明明很成功，可今天怎么关键时候反而掉链子呢？课也没上完，唉！”

师傅笑着说：“只要实验成功过，说明设计的思路没有问题。出现问题不可怕，关键是看你如何解决。会不会是用到的化学药品出了问题呢？”

师傅的话对我很有启发，我请教了化学教师，原来溶液中的硝酸铅和硝酸银是见光容易分解的物质，这几天由于溶液放在透明滴瓶里，化学物质见光分解，导致学生实验时只有少量沉淀出现。找到原因后，师傅建议我重新配备溶液并用棕色滴瓶避光保存。她语重心长地告诉我，一节实验课要想成功，需要教师提前进行多次预实验，才能保证实验的成功率。

我本以为实验这样改后就没有问题了，但是师傅又一针见血地指出：“我发现有些学生做实验时步骤不是很清楚，会导致用时较长；结果展示时，白色絮状沉淀受到投影仪的白色背景影响，导致结果不明显。这两个问题，有没有什么好办法解决呢？”

听了师傅的话，我感到很惭愧。于是我静下心来仔细思考，针对性地添加了小组长的课前实验培训，并在实物投影仪下放了一张黑纸，从而更好地反衬白色絮状沉淀，便于其他小组观察学习。

师傅指导下的第二次备课让我明白了课程中实验的设计和准备不能仅仅停留在文字的描述和器材的准备上，而应该更多地落实在教师多次的预实验上以及针对出现的各种问题进行修改和完善，从而让实验更好地辅助教学。

（三）区校联备，精益求精，打造亮点

回想这次公开课的成功，不仅得益于师傅的悉心指导，还得益于区教研员程老师的亲自把关。二次备课后，程老师和师傅等老师又听了我的第三次试讲。课后她帮助我理顺了语言的前后衔接，并指出这节课最大的问题是活动设计不够充分，仅凭借教材和教师空洞的讲说，很难使学生产生共鸣。

如何攻破教学难点，实现感情升华呢？程老师告诉我只有充分了解学生现状才能设计出有针对性的活动，只有打消学生的顾虑才能让学生真正认同无偿献血。

因此，我找来很多学生聊天，发现多数学生对献血存在恐惧心理，主要表现在担心献血会导致失血过多引起贫血，担心献血会传染疾病影响身体健康。针对这些疑惑，我设计了如下活动：

1. 运用简易教具，巧妙体现血量

课前准备了装满红墨水的 2 个 2 L 的饮料瓶（模拟 50 kg 的成年人体内总血量）和一个装有 400 ml 红墨水的烧杯（模拟最大献血量）。学生通过观察直观感受到成年人献血 200—400 ml，对身体总血量而言确实影响不大。

2. 现场访谈献血者，感受榜样力量

程老师告诉我："区里有位生物教师多次献血帮助他人，你可以跟她聊一聊，或许对你有帮助。"当我看到她的多张献血荣誉证书，听她讲述那些献血故事的时候，我感到内心很震撼。于是我设计了一项活动：现场采访献血者。她现身解说并且回答了学生的各种问题，打消了他们的疑虑，发挥了榜样的力量，起到引领作用。

3. 关注现实，让课堂更丰满

开课的前一天，我接到了程老师的电话，让我快看当天的《金陵晚报》，上面有篇名为《春暖花开，江苏血库却快见底了》的文章。我立刻买了一份回来，文中生动的事例和真实的数字，牵动着每一个读者的心。于是，我把其中一部分内容拍成照片放到 PPT 中，并添加了背景音乐《爱的奉献》（只要人人都献出一点爱……）意在号召同学们积极宣传无偿献血。

时间飞逝，很快到了开公开课的那一天，面对全区的生物教师，我难得地没有紧张,课堂从未有过的高效、自然,活动顺利开展、层层铺垫,学生热情投入。最后当我高声呼吁:“同学们,你长大后愿意献血帮助他人吗?”全班同学异口同声地回答“我愿意!”的时候,感情达到了最高潮。我知道我成功了。

(四) 几点反思

1. 充分调查学情,备课才能有的放矢

职初教师在备课时除了认真研读教材、教参外,还应充分深入到学生之中,了解他们的知识储备,从而在确定教学重难点、明确教学流程时,做到心中有数,有的放矢。

2. 教师预做实验,是保证实验教学的关键

生物学是一门实验性课程,通过实验可以帮助学生领悟科学本质,提高科学素养。故生物实验的备课要求教师提高自身素质,精心设计实验,通过多次预实验发现问题,进行修改,从而保证实验的有效开展。

3. 用心设计活动,实现三维目标的达成

新颖独特的活动能够吸引学生的注意力,提高教学效率。然而,活动的设计不能是教师的闭门造车,而应是充分建立在对学生学情的调查了解上。设计活动时,应尽可能从学生鲜活的生活中挖掘事例、人物,才有可能真正通过活动碰撞学生的心灵。

(紫东实验学校　李　静)

点评:紫东实验学校地处仙林地区,学校规模较小,地理位置较偏,青年教师的培养和发展存在着一定的局限性。为此,玄武区教育局和教师发展中心专门为该校的青年教师在全区范围内选派优秀教师担任师傅,实行签约培养。冯老师和李老师就是这样的一对签约师徒,同时区教研员也参与指导和考核。她们认真履行协议,定期相互听课、备课,互相学习,共同研讨。像案例中一课多备的磨课现象已成为她们研修的常态。本节课备课中,师徒反复研讨,调整思路,突出活动设计,其中设计的爱心卡片、模拟血量、现场访谈等活动构成了本节课的亮点,有效实现了三维目标的达成。在磨课中李老师学会了备课、上课,更学会了对教学的反思和改进。她的课堂生动活泼,深受学生喜欢。虽然工作不到两年,但她在师傅和区教研员的指导、帮助下迅速成长,已成为一名具有良好发展潜质的优秀青年教师。玄武区这种对职初教师传、帮、带的模式值得学习和推广。

案例九

“二力平衡”的探究需要师生“二力平衡”

这是一节“探究二力平衡条件”的初中物理课，三次的磨课过程告诉我们，探究活动中教师主导和学生主体的二力也要平衡。许老师在同伴的帮助下，在备课中，不断调整，最终达到师生的二力平衡。

2014年3月28日，我将开设一节区级公开课。课题是初二物理第九章第一节“二力平衡”。作为一名新教师能有机会开区级公开课，我感到很荣幸，同时也感到“压力山大”。接到开课任务之后，我翻看课本，发现这一节的内容其实并不多，重点是“探究二力平衡条件”的活动。我将备课重心放在了这节课的“探究活动”上。

（一）放手探究——一次失败的尝试

物理是一门以实验为基础的学科。让学生亲手操作、参与活动不但能激发学生的学习兴趣，还能加深对知识的理解和记忆，所以我准备让学生分组进行探究活动。

在分组实验确定以后，由于没有现成的分组实验器材，在实验室老师的帮助下，我们自制了课本第63页图9-2的器材。说实话，让学生自己想到用这套器材来完成实验几乎是不可能的，而直接搬出这套器材让学生使用又违背了以学生为主体的教学思想。所以关于“二力平衡条件”这一探究活动，我第一次备课的思路是，给学生尽可能多的器材，放手让学生自己选择器材并验证猜想。如果学生在进行实验过程中发现器材的选择有问题，或实验的设计不完善，不能继续进行探究，再帮助学生进行调整。这种几乎是全开放式的探究模式是对现有实验模式的一种挑战，也是对教师课堂掌控能力和学生自主学习能力的一种考验。虽然不知道课堂呈现的效果会怎样，但不试总是不知道的，所以在第一次试讲时，我给该实验留出来足够多的时间，放手让学生自己探究，希望他们从选择器材到进行实验再到得出结论的过程中能不断发现问题，并通过我的引导优化实验设计。

事实证明，理想与现实还是有很大差距的，第一次试讲在一片混乱中收场，不但没有达到我预想的效果，就连教学任务都没有完成，这让我倍受打击。我的师傅在听完试讲后耐心地帮我，指出第一次试讲过程中出现的问题，他说这次试讲的失败主要是由于我没有正确分析学情。这让我想起学校针对新教师的“微主体”校本研修中谈到的“学情分析是制定精准教学目标的前提”。结合这次试讲的经验和教训，我体会到结合教学内容加以拓展和尝试虽然是可取的，但没把学情分析当作备课的一部分，更没有转化为日常教学中的自觉行为，会降低课堂教学效果。在师傅的帮助下我归纳出具体的几点问题：

第一，由于没有正确分析学情，也没有对实验进行操作指导，学生对于器材的组装有困难，即使是组装好的小组对于整个实验的具体操作步骤也不太明确。这使得整个实验阶段看起来学生都在七手八脚地动手操作，但怎么操作才对，为什么要这么操作还不明了，课堂显得很“乱”。

第二，由于不同小组选择的器材不同，不同学生的操作能力也不同，教师需要对可以进行实验的不同器材以及不同操作方法进行点评和操作指导，这部分内容花费了大量的时间，冲淡了这个活动本身的目的——猜想和通过实验验证二力平衡条件，而不是组装器材。

（二）矫枉过正——牵着学生鼻子走

吸取了第一次试讲的经验和教训，为了缩短活动时间，同时使整个探究活动井然有序，在第二次备课时我重新设计了实验教学的思路。在学生对二力平衡条件进行猜想之后，直接展示课本第 63 页图 9－2 所示的器材，并介绍这套器材的优点，指导学生组装器材。进行实验时针对之前学生提出的每一个猜想，都让学生先分组讨论方案再操作，把四个猜想分成四个小活动展开，每个活动结束后学生再交流并总结出结论。

本组的各位老师在听完我第二次试讲后，觉得这一次的实验教学设计在实验指导方面有很大改进，基本解决了实验过程“一团乱”的问题。正当我对这节课的改进沾沾自喜的时候，师傅敲着我的脑袋说：“学生被你牵着鼻子上了一节‘说一不二’的物理课。你这节课貌似井然有序，实则一潭死水。校本研修时不是谈到过课堂教学要以学生为主嘛，怎么实际教学时就忘了呢？”我被师傅的一盆冷水浇下来，感到困惑无比：怎么放也不是，不放也不对呢？经过一番心理调整，我又翻出之前校本研修的材料仔细阅读，又重新看了一遍我这节课的教学录像，结合各位老师的建议，我再次总结了第二次试讲存在的问题：

第一，实验教学环节的四个小活动虽然都采用的是学生分组的形式，但教学手段比较单一，对于较简单的操作步骤学生在学习过程中缺乏兴趣。从器材选择到实验操作，整个探究活动貌似在教师的引导下有条不紊地进行，但学生的主体能动性降低了。

第二，由于人为地分割了整个探究活动，使得实验缺乏整体流畅性。讨论、操作、交流、总结，整个活动“四放四收”，有些学生在学生总结结论环节还没能完成实验，而有些学生已经进行下一个实验，所以导致教师在进行重要的知识指导时，学生的注意力不集中，听课效率低。

（三）博采众长——绽放精彩课堂

本组各位老师们各抒己见，针对探究活动这一教学环节和我进行了交流，并提出了宝贵的教学建议。师傅一边“敲打”我，一边细心教导我，于是我将探究活动再次进行了调整。

第一阶段：设计实验

器材的选择以图片形式出现，让学生模拟选择器材并讨论不同方案的优缺点。以减小摩擦为目的，确定两种可行的实验方案，最终让学生利用其中一种方案所需要的器材（课本图 9－2 所示器材）进行组装。

第二阶段：进行实验

首先明确研究对象和具体探究的问题，其次指导学生在只改变四个猜想的其中一个条件的情况下，观察卡片的运动状态是否改变。猜想 1 和猜想 2 由学生自主讨论后分组完成，猜想 3 在教师的情境提示下分组完成，猜想 4 由学生讨论并上台演示完成。每个实验操作结束后都由学生自行总结结论，验证猜想。

通过三次试讲、三次调整，正式上课时实验环节中层层递进的实验设计使学生对于器材的选择和用途更加明确；形式多样的教学手段激发了学生的学习兴趣，整个教与学的过程显得丰满而流畅。以学生为主体的教学理念和对学情的充分分析，帮助我成功完成了这节课的教学任务，实验教学环节的设计也成为这节课的亮点，得到了本区老师的一致好评。

（四）反思

以上是我在“二力平衡”这节公开课中“探究二力平衡条件”这一教学实验环节的备课及试讲过程。虽然这一教学环节只有不到 30 分钟的时间，但通过多次试讲、反复研课，包括教学语言的斟酌，都让我收获了很多感悟和有价值的想法。

1. 职初教师的成长需要一种环境和引领机制。师傅手把手的教导，学科组教师的倾心帮助，学校的校本研修，都为新教师的成长提供了保障，课堂教学是我们历练的好战场。学校的微主体研修活动针对我们的问题进行培训，非常有效，让我们学到很多，不仅是理念，更有实践的引领。

2. 教师主导，学生主体，二力也要平衡。课堂的主体应该是学生，而教师该做的是设计好每一个教学环节，为学生铺台阶，搭梯子，适时加以指导。教师在课堂上要做穿针引线的有心人，要敢放手，会放手。“课堂是教师的，也是学生的，但归根结底是学生的。教学要以学生为主体，教师为主导，体现以人为本的教学理念。”直到今天我才真正理解这些话的含义。

3. 思想重视，行动跟进，才能真正成长。青年教师的进步和成长，离不开师傅帮扶、同伴相助，离不开学校的引领督促，更重要的则是自身的努力。“学然后知不足，教然后知困”，只有不断学习，虚心请教，才能在教学过程中百战不殆。新课程倡导“以学生发展为本”的教学理念，这对学情分析提出了很高的要求，我们不仅要从思想上重视学情分析，更要在行为上为提高学情分析的质量而付出应有的努力，把分析学情作为备课的一部分，具体有效地落实到平时的教学中去。

（科利华中学　许　倩）

点评：探究性学习是新课程倡导的学习方式，而自然学科中的探究实验则是学生开展探究性学习的重要途径。如何组织学生有效地开展探究实验，是摆在教师面前的一道难题。怎样解决这道难题？许倩老师在师傅指导和同伴帮助下三备初二物理“二力平衡”一课，不断探索，调整思路，给了我们一些启示：一备：不了解学情，缺乏指导的放手探究，呈现的是无序的“乱课”；二备：矫枉过正，设计刻板、单一的活动模式，呈现的则是没有生气的“死课”；三备：发挥集体的智慧，设计丰富多样的活动，彰显了灵动的课堂。职初教师的成长需要个人的努力，需要师傅的指导和同伴的帮助，更需要良好的环境和引领机制。

专题二　课例研讨：规范过程与教学实施

课堂是教师教育生活的主体，更是职初教师实践智慧成长的舞台。所谓“站稳讲台”，不仅指出课堂教学对职初教师成长的重要性，更暗示了职初教师课堂教学适应的难为性。

作为影响职初教师专业成长最直接的环境——所任职的学校，应该根据职初教师课堂教学成长的规律，对职初教师的专业素养、成长需求、学校现状等因素进行综合分析，为他们在“站稳讲台”方面提供适切的校本培训课程，配备合适的导师和学科组成员，建立健康和谐、积极向上的学习共同体。依据《南京市职初教师校本培训指导纲要》的要求，在职初教师课堂教学实践能力培养的过程中，要充分考虑职初教师“课堂教学”成长的难点因素，进行点对点的突破，让职初教师较为有效地掌握教学行为策略，切实解决他们遇到的“眼前”问题。

在职初教师的校本培训中，要重视课堂教学的系统性和整体性，不要将各种能力的培养进行简单化、碎片化处理。要积极探讨“课堂观察”、“项目学习”、“学习共同体”等方式，让职初教师“在游泳中学会游泳”，实现点上突破与系统课堂教学能力提升的有机结合。

以下案例分别从学校对职初教师的团队支持角度、导师对职初教师的个别指导角度，和职初教师自我学习感悟角度，阐述了部分职初教师在“站稳讲台”过程中的成功经验与感悟。

一、切磋与自悟，掌握课堂组织技巧

案例一

妙学名师的“一点”智慧

听课学习是职初教师经历最多的学习形式。常言说得好：“内行看门道，外行看热闹。”以下案例中的教师善于用专业的眼光和思路，从要素多元的复杂课堂情境中，提取自己重点学习的内容，这样的思维方法值得学习。

作为参加工作不久的青年教师，我有幸听了中华中学吴老师的一节历史课。他的课堂在我头脑中留下了最深刻的印象，特别是他对教材结构的独到把握。

首先，我先交代一下人教版教材的结构。本课共有三个子目，分别是“光荣革命”、“议会权力的确立”和“责任制内阁的形成”。课本的结构应该来说基本上将近代英国君主立宪政体确立和发展的历史进程交代得比较清楚了，但其中仍有一些时间混乱之处。如第二目第一、二段交代了1689年《权利法案》，紧接着两段却是代议制和1832年议会改革。我认为此处甚为突兀。在我的备课过程中习惯于将代议制作为本单元引言内容导入，但是英国的议会改革我依旧按照课本顺序进行教学，然而自我感觉不是很自然。

而吴老师则对课本结构进行了大胆调整，将本课内容分为五大环节：“光荣革命”、“议会权力的确立”、“责任制内阁的形成”、“19世纪议会制改革”和“英国君主立宪制的特点”。也就是依时间先后对课本内容重新进行了整合。这种重组在我看来是成功的，至少让课堂的进行看起来更加流畅，突出了历史学科的一个重要元素:时间。

结合吴老师的教学,我在自己教学这一节课的时候,作了如下安排:

1. 对单元结构进行解读。近代西方资本主义政治制度,其核心制度是代议制,代议制在西方有两种形式:君主立宪制和民主共和制。然后将三个概念跟学生交代清楚。

2. 学习吴老师的做法,将课堂分为五大环节:"民主的前提:光荣革命(否定主权在君)"、"民主的开始确立:1689《权利法案》(确立议会主权)"、"民主的发展:责任制内阁的形成"、"民主的扩大:1832年议会改革(人民主权开始)"、"民主的特点:英国君主立宪制的特点"。以民主统领本课。

3. 在细节的处理上,优化素材呈现效果:一是将国王首相内阁和议会关系图用板书形式呈现,因为分析英国君主立宪制特点时,这是一个重要的素材。二是在分析君主立宪制特点时,将表格细化,把英国议会分为上院和下院,上院议员由世袭贵族组成,下院议员由选举产生。这样贵族制的出现就水到渠成了。结合国王首相内阁和议会关系图,因为内阁和首相都是实际上向议会下院负责,即可得出英国权力中心在议会的结论。三是在最后总结时,板书"主权在君——议会主权——人民主权",让学生体悟民主是一个历史进程,它是不断发展完善的,这体现了英国式的"和平渐进的变革"的政治发展道路。

教学无止境,在今后的工作中,我必须一如既往地向同事们学习,吸取他人长处,以补自己之不足。

(南京师大附中　徐聪颖)

点评:教材是教师和学生走进课堂的共同资源。如何根据课标的要求和学生的学习起点水平,对教材进行适度的取舍、加工、重组,使"教材"巧妙地转化为学生的"学材",从而达到让学生在课堂上更会学,更易学,是职初教师实现从备课走向上课的关键一步。本案例中的职初教师善于从名师的课堂组织实践中,分析提取名师处理教材的方法与策略。观察名师课堂,要善于找准一个点进行观察、学习与反思,那种没有方向,泛泛观察,是没有收获的。所以,在观察之前最好自己选定一个点:或者围绕自己教学中的困惑点进行观察,或从教学组织的整体布局进行观察,或从名师的教学语言风格入手观察。本案例中的老师选取教材处理与课堂结构的关系进行观察,并进行由学到用的延伸,不失为一种提高自己课堂组织架构的好方法。

案例二

清风好借力　扶其上青天

——巧妙处理预设与生成的关系

导师指导的形式多种多样。但是，怎样的导师指导，能够“善把金针度与人”呢？本案例的导师，就在指导徒弟的过程中，发挥了“四两拨千斤”的指导艺术。

导师心语：

导师也要摆正自己指路者的位置。导师不是职初教师的拐杖，更不能简单地用自己的教学理念、教学思路、教学方法给他们“洗脑”，养成“导师依赖症”。而应把每个职初教师看做独特的人，根据其自身的素质、特长、教学特点进行有针对性的指导与打磨，而非塑造一个翻版的“自己”。套用一句新课改的名言，“授之以鱼”不如“授之以渔”。

指导片段1：第一次试上后

师：在探究活动时，我发现当学生回答与你的预设不符时，你就会发愣。你当时在想什么？

徒(沮丧)：我不知道该怎样回答。我现在特别害怕在课堂上听到“独特”的回答。师傅，我该怎么办？

师：我教你两招。一招是反问法，当你遇到“独特”的答案时，你反问学生：“为什么你这样想？你的知识从哪里来的……”让学生来说明理由，解释原因，然后你再根据学生补充的内容适当评价。正确的表扬，错误的指出，不置可否的放到课后研究。

师：第二招是抛球法。你看，师问就是你把球抛给学生，生答就是把球抛还给你，如果总是师问——生答，这样抛球，课堂显得既枯燥，又没有面向大多数。更重要的是你总有接不住学生球的时候。那么，你为什么不能让更多的学生参与到这个抛球活动中来呢？你的问题抛出去，当生1回答后，你不要急着接球，再把球抛给生2、生3……从师生走向生生，多元的对话有助于你去解决那些生成的问题。

师：当然，具体问题具体分析，这两招各在什么时机用，我们还要研究。下午放学后，到我办公室来说课，我做学生，你做老师，让我们模拟实战。

徒:谢谢师傅。

指导片段2:正式教学之前

徒:师傅,我很紧张。我怕上不出来。

师:不要紧张,你已经准备得很充分了,相信自己一定能上好。我就坐在后面,为你压阵,你大胆上吧。

指导片段3:正式教学之后

徒:对不起师傅,我没把你说的都上出来,在处理学生对话的时候还存在问题。

师:没有啊,你上得很好,这节课是你试上这么多节课里上得最好的。

徒:师傅,你不是安慰我的吧?

师:你怎么这么没自信呢?上得好,就是上得好。你要做的是好好反思,争取下次上得更好。

导师心语:

当下这些"85后"、"90后"的职初教师们就像我们的学生一样,渴望被认可,渴望被赞扬。因此对待他们,作为导师要多一份宽容,少一份苛责。我们不要把他们与别的老师比,与自己比;不要老是抱怨当年的自己是怎样怎样,今天的他们是如何如何;而是要看到他们的努力,他们的付出,他们自身的进步,用认同的眼光树立他们的自信。

(秦淮区第二实验小学　汪晓勇)

点评:导师观察徒弟的课堂是最常用的校本培训方式。当观察到徒弟局促的表现、难以驾驭的状态、讲得不够透彻的知识点、不尽如人意的教学效果时,导师往往会采取"一篮子"解决问题的方法,给职初教师提出很多要求。然而,这样往往会出现打击信心、"消化不良"、效果不好等状况。本案例的导师做法值得借鉴,他先从理解职初教师的心理、学历、年龄特点出发,在课堂观察中,解决遇到的主要问题。具体表现在:一是给方法,让职初教师"一学就会"、"学了能用",如本案例中的"支两招",就能较好地帮助教师走出课堂师生互动的困境。二是一课一得,一堂研讨解决操作中的一个问题,效果就相当喜人了。三是给自信,职初教师的成长,是一种"在路上"的状态,有问题是正常的。导师的鼓励,能促进职初教师从自己的实践中汲取经验,成长智慧。

案例三

扬善而补短　多研而通达

职初教师成长的难点在课堂，遇到的问题点在课堂。课堂中遇到的问题最好在课堂情境中解决。本案例中的团队，采取难点逐个突破的方式，让职初教师“在游泳中学会游泳”，值得学习。

年轻的李老师开始上课时是稚嫩不成熟的，达不到较好的教学效果。后来在学校领导和年级组的帮扶下，经过她自己的勤奋学习和大胆实践，迅速成长起来。这学期我们学校来了一位知名数学特级教师做校长。果然新校长雷厉风行，开学前就布置任务，要求我们中年级组开学第一天出一节研究课和校长 PK。经过讨论，年级组推出年轻能干的李老师承担重任。研究课的内容是三年级的“两位数除以一位数”，这个内容看起来简单，但对刚从二年级进入三年级的同学来说，无论理解上，还是格式的书写上都有难度。

（一）课堂 PK：一样的认真，不一样的效果

为了上好这节课，我们年级组展开了热烈的讨论，决定做好三件事：每人研读教材，查找资料，备一份简案；针对教学内容、教学方法，交流磋商，达成共识；协助李老师做好上课前准备。

经过交流磋商，我们对本节课的教学达成了自认为较为详细的研究方案。我们还请教了其他年级组内经验丰富的教师，这样在上课前，我们信心满满。

上课时李老师面带笑容，语言简练，沉着稳定而又充满激情；学生专心听讲，发言积极，操作有序。可是上完课我们发现：学生动手分小棒比较花时间，而且这一教学环节并没有达到很好的帮助学生理解算理的效果，从作业反馈情况来看，班级中有$\frac{3}{4}$的同学在书写格式上都出现了错误，比如把

$$\begin{array}{r} 23\\ 2\overline{)46}\\ \underline{4}\\ 6\\ \underline{6}\\ 0\end{array}$$

写成了

$$\begin{array}{r} 23\\ 2\overline{)46}\\ \underline{46}\\ 0\end{array}$$

，为什么会出现这样差的教学效果?！是学生太笨，还是教学方法不得当？我们陷入了沉思……

带着困惑和迷茫，我们开始听校长上这节课。校长和学生进行自由谈话，态度亲切和蔼，一下子和学生拉近了距离，让学生放松了心情。最令人惊奇的是，新来的校长很快就准确找出班级里两个上课最不爱听课和发言的孩子，在他的鼓励和引导下，这两个孩子从不听课不发言，到后来积极举手发言，并且能够正确回答问题。孩子们的思维在富有挑战性的活动中不停地跳动。在场的每一位教师都被新校长敏锐的观察力、睿智的思维以及独特的课堂组织深深折服。不知不觉中一节精彩纷呈的课就结束了。学生的作业反馈情况显示，正确率达到90%以上！

课后，新校长与教师们互动，就自己在教学中遇到的问题结合本堂课的一些想法作了深入的交流。……听着校长娓娓道来的话语，我们豁然开朗：课堂教学的组织不是秀技巧，而是要捕捉学生的兴趣点和注意点，理解他们的认知心理规律，顺势而导，让课堂教学组织促进教学效果的提升。

（二）自己做题：寻找与学生思维合拍的课堂组织形式

研究课上完了，可是我们的思考才刚刚开始。我们带着李老师深刻地反思。通过反思，她深深感到教学中存在着不足，深切体会到学习的重要和迫切。本学期学校为了提高数学老师的专业素养，每周对全校数学老师进行数学解题能力的训练。刚开始李老师对这件事漫不经心，一忙起来就忘记参加。后来我们年级组的成员每次都会及时提醒她，并且事先拉着她一起思考、解题并讨论，一段时间下来她感到眼界开阔了，思维拓宽了，解决难题的方法和技巧都有了很大提高。受到启发，她建议我们年级组对学生也进行同样的思维训练，方法是年级组内老师每天根据学生所学知识内容编一道数学思维训练题，让有兴趣的同学解答。开始班级里有一部分同学接受挑战，后来几乎是全员参加，就连家长也经常在QQ群里热烈讨论思维题了，这项工作得到了学生和家长的一致肯定和支持，激发了学生学习数学的兴趣。

为了尽快提高李老师的教学水平，我们还决定加强上公开课的频率。每周开展一次教研研讨活动，使教学研讨成为常态；每两周开展一次同课异构教研活动。这种上课磨课的过程是辛苦的，也是充实的，每天，李老师不是上课，就是辅导学生，只要有一点空闲时间都在忙着查找资料，制作课件，演算难题。办公室里没有家长里短，没有明争暗斗，说的都是这个教学环节怎么处理，那道例题怎么演示；有的只是团结协作和真诚相助。本学期李老师多次承担了校级、区级公开课，如《三位数乘一位数口算》、《24时记时法》、《认识分数》等。其中，教学苏教版数学《确定位置》一课时，她做了如下设计：当学生掌握了数对中第一个数表示“列”，第二个数表示“行”之后，她和全体学生来了个“听口令，做动作，看谁反应准”的游戏。

1. 请数对(2,3)的同学起立行队礼。
2. 请数对(6,4)的同学起立挥挥手。
3. 请数对(x,2)的同学起立弯弯腰。
4. 请数对(5,y)的同学起立踢踢脚。
5. 请数对(x,x)的同学起立伸伸臂。
6. 请数对(x,y)的同学起立拍拍手。

把课堂教学推向了高潮，取得了很好的教学效果，得到听课老师的一致称赞。

经过一段时间的研讨，我们发现李老师的课堂组织能力提高很快。一方面是李老师换位思考，通过做题体会学生是怎么学习的，进而为课堂组织指明了方向。二是在团队研讨和帮助下，李老师在教学重难点突破上，不断创新课堂组织形式，让课堂富有节奏感，促进儿童积极参与学习。

（南京师大附中新城小学　郝铃宏）

点评：教学重难点的教学组织，是职初教师必须要突破的课堂成长“重难点”。因为这直接影响着学生的学习效果和教学目标的达成度。如何确定重难点？如何处理重难点？在职初教师眼中是模糊的。案例中的校长在组织教学的过程中，做到了关注个别学生。在对全班进行组织教学的过程中，即时而机智地通过调控，把他们拉进课堂教学活动中来。校长在课堂组织上，还注意重难点教学的活动组织和内容呈现时间顺序的调整，让学生的学习更符合心理规律。作为年轻教师的李老师在把握难点时出现了问题。怎么办？教研组通过让她从解数学题开始，体会学生学习的思维盲点、难点、困惑点，再通过查阅资料、课堂实践、寻找方法等途径，让自己的课堂重难点教学清晰、有效。教研组的准确把脉，让李老师掌握了课堂组织的技巧：一个是换位体验，亲近学生的思维，理解学习的历程，遵照学习规律组织教学；一个是在课堂组织上，敢于创新创意，让课堂变得生动、有趣、富有节律感。

二、碰撞与对比，掌握多样的教学策略

案例四

头脑风暴，掌握多样的教学方法

职初教师需要在团队中成长。然而，团队合作是一门学问。本案例中的团队合作，融入了教师们的创意和智慧，让研修活动变得生动、有趣。相信大家都会喜欢。

为了配合“新课程标准”的实施，2013 年 12 月 18 日南京市建邺区城西片音乐教师组织了南湖第三小学的一节音乐教学研究课。担任本次教学的是具有较少教学经验的年轻教师，但她思路活，点子多，勇于创新，敢于实践。

（一）创意方法：用变换角色来论证

任课老师冥思苦想地把网络上风靡一时的《杯子歌》的节奏运用到本首歌曲的节奏体验中，作为本课的亮点。为了这，她反复在网上学习《杯子歌》的节奏。但是《杯子歌》的节奏比较复杂，首先被教研组的老师提出了质疑，觉得让没有经过系统训练的学生在很短的时间里学会，并且和歌曲配合，会有很大的困难。

我们的研讨思路是：执教者模拟教学——教研组老师模拟学生学习——相互交流感受——提出修改建议——确定课堂操作方法。

我们邀请了本教研组教师和美术老师参与节奏的训练，把自己当作学生来学习这个节奏拍拍哒哒哒|放空拍，第一次接触，我们感到了压力，觉得一般的学生是不可能轻松能接受的。经过试验，一致认为《杯子歌》的节奏有其声势和节奏传递的特点，但是运用到《铃儿响叮当》歌曲中不是最好的选择。与其选择复杂的节奏不如减少节奏难度。否定《杯子歌》的节奏，创编的新节奏，留存声势和节奏传递的亮点。拍拿|传拍，研讨决定采用这个节奏方案。经过执教者在多个班级的试上，我们通过和学生的交流，了解学生学习的困难。结果是学生能轻松掌握这节奏，很乐意拍着节奏参与到《铃儿响叮当》的音乐之中。

（二）课堂尝试：当创意设计遭遇实施难题

带着大家共同研讨的教学方案，这位教师走进了试教的课堂。可是在

执教的过程中，又带来了新问题：第一个问题是学生在节奏配合上没有预期的好，也就是学生的学习效果没有达到预期目的；第二个问题是独立完成节奏练习时，好多学生没有掌握。

为了较好地把教研组的研讨转化成执教者的课堂实施步骤，让她在课堂上展示出来，我们采取的研讨思路是：执教者分析课堂问题原因——听课者交流听课感受——头脑风暴，寻找契合的教学方法——共同构思，形成新的教学操作步骤。

问题一：这个班的学生在节奏配合音乐的时候没有预期效果好，反而给人一种乱的感觉，跟不上乐曲的旋律。

原因分析：学生对节奏的掌握不熟练，不稳定，和旋律合不上拍。教研组中有人提出了质疑，是否值得用节奏的传递这个环节？也就是说，在临上课的最后一天改变教学策略，把最早认为是本节课亮点的地方去除掉，换成老一套的律动进课堂。

针对问题的策略：经过一个下午的反思，我们教研组统一思想，一致认为，在关键的时候拿掉关键的亮点环节，本身就是不战而败。教学的过程是教师如何教、学生如何学的过程，我们所要展现的就是教师如何教、学生如何学，是怎样达到预期目标的。首先学习节奏，然后老师带领学生拍节奏模唱旋律，第二步是教师弹琴学生主体的练习。让学生扎扎实实地掌握节奏，了解节奏传递的真谛，体会感受音乐的快乐，从而达到欣赏音乐的目的。

问题二：学生在熟练掌握了节奏之后，在没有老师带领的情况下，学生的节奏出现了反拍的现象。因为这个时候老师需要弹琴不能够带领学生进行节奏实践，学生把原本的拍拿|传拍，拍成了拍拍|拿传。

原因分析：由于受到《杯子歌》节奏的影响，在讨论简化节奏的时候没有考虑到学生的感知习惯和音乐规律，拍手这个动作就是强拍的表现，我们在第四拍沿用了《杯子歌》中的最后一个动作，造成了节奏上自然生成了“强弱弱强”的感觉，这种感觉本身就不符合四四拍的“强弱次强弱”的韵律。所以学生的反拍给教师一个清晰的信号，备课考虑不到位，预想不足。

修改建议：根据四四拍强弱规律的特点，节奏为拍拍腿|拿传。

（三）课堂展示：让好的教学方法为学服务

第二次教学展示，作为一名职初教师，在教学过程中，娴熟地进行多种教学方法的组合与调整，把学生带进了音乐节奏的美丽情境中，上了一节有深度思考、有有效教学行为和有效学习行为支撑的音乐课。以下是一些评价：

一是在学唱过程中，注意学生唱歌声音的培养。纠正了习惯性常错的节奏。

二是结合速度的变化带来情绪的不同体验，教学方法符合儿童的兴趣，引起儿童参与的积极性。

三是学习情境创设得当。学生通过喝酒碰杯的体验，了解了西方的文化，最主要的是通过肢体的语言解决了乐句的划分，进一步感受了歌曲的情绪。

（南湖第三小学　汪素梅）

点评：掌握灵活多样的课堂教学方法，能够让我们职初教师在课堂教学中游刃有余。然而，课堂教学方法有效绝不是技巧的堆砌，也不是“依葫芦画瓢”，照搬别人的方法，更不是拍脑袋的信手拈来。说到底，课堂教学方法的掌握，要以先进教育教学理念为灵魂。而职初教师在自己教学经验比较少的情况下，教研组通过全程跟进、不断论证、头脑风暴、课堂修正，掌握适切的教学方法。而这个方法，对职初教师理解课堂、理解学生、理解教材，都是极佳的成长途径。

案例五

师傅引领：兼得“授鱼”和“授渔”之妙

师傅在辅导徒弟的过程中，如何摆正自己的角色？与徒弟一起成长，也许是师徒结对的最佳境界。本案例的师傅通过片段式、对话式，没有把自己的观点强加给徒弟，而是让徒弟从中感悟，值得借鉴。

没想到匆匆一过，自己工作已数年，竟也被安排做“师傅”了。看着眼前这位与自己年纪相仿的“徒弟”，不禁诸多感慨和彷徨涌上心头。开始担忧自己的教育教学经验尚浅，生怕不能给她带来更多有益的东西；开始反思自己这几年间有无可持续发展，有资格解为师之惑吗？……开始的这些小紧张让我知晓，原来，“师傅”也不是那么好做的。那么，我可以带给她的将是我毫不保留的一线教学经验？我的成长经历？我与家长的沟通交流艺术？我与学生之间的相处之道？抑或是……太多太多了，我想，我们之间真正需要的是一起学习和成长，唯有这样的故事才是真切、温馨、踏实的。于是，我们就这样开始了。

(一) 磨合中的思考

想来，上出一节好课是老师最得以荣耀的事情。好课必是亮点纷呈，有亮点才能吸引学生，有亮点方显教学个性。那么，什么是教学亮点？从实际的使用看，意义比较宽泛，课堂教学中一切引人注目的有重要作用的环节、情景、方法等，人们都称作“教学亮点”。亮点有时是字字珠玑、抑扬顿挫的教学语言；亮点有时是层次清晰、简洁明快的板书板图；亮点有时是水到渠成、天衣无缝的教学环节；亮点有时是有张有弛、劳逸结合的教学节奏；亮点有时是起伏有致、疏密相间的课堂结构；亮点有时是启发诱导、虚实相生的教学方法；亮点有时是突破时空、回味无穷的教学意境……简言之，一段煽情的导语是亮点，一个诱人的问题是亮点，一段动情的范读是亮点，学生精彩的答题是亮点，老师恰当的点评是亮点，巧妙的课堂过渡是亮点，精当的顺序安排是亮点，老师大段的精彩分析是亮点，学生限时的默默思考是亮点，言有尽意无穷的结束语是亮点……大到教学的各个板块，小到教学的各个环节，亮点无处不在，无时不有。

(二) 实践中的反思

1. 利用语言教学优势，创设师生情感“互动”的教学模式

她是这样学的：

当上课铃响起时，教师走上讲台说：

“Is it time for class?”

“Are you ready?”

“Have you got everything ready for class?（你们做好上课准备了吗?）

Let’s start now. / Let’s begin our class / lesson.（我们开始上课，好吗?）Read it in your favorite way, please!（以自己喜欢的方式朗读!）

It’s better than before, doing once more must be much stronger!（比前一遍棒些，再来一遍会更强!）

You’re catching on.（你理解能力越来越强了）

I like the way you handle that.（我欣赏你的做法）

Nothing can stop you now.（没什么能难倒你）

You’ll make it.（你一定会成功）

Can you try?（能试一下吗?）

You’re on your way.（你进步了）”……

课前这样的过渡，既吸引了学生的注意力，又找到了师生进入共同学习

的良好契机。

学生答对时，教师常说："Good. Yes. OK. That's a good point. Thank you."

学生说错了，教师会说："Try again. Don't worry."

学生觉得很难表达而想放弃时，教师会鼓励说："Try your best."

所以学生在回答问题时就无后顾之忧，课堂发言会积极踊跃。

我是这样评的：

前苏联著名教育家苏霍姆林斯基认为："情绪的力量往往构成教学过程中最微妙最有意义的因素。"教师总是提前踏进课堂，忙着为上课设计板书，或抓紧时间和学生练口语。学生听懂了并能对答如流，就会由衷地产生一股兴奋感和成功感。这是最佳的课前热身。这比我们常用的"Stand up, please."这类千篇一律、陈旧呆板的开场白更能激发起学生的内在热情，投入课堂。

在商量的口吻、自主的交流、耐心的引导及恰如其分的激励下，能充分发挥学生的主观性能动性。在学生心目中，教师是最可依赖的朋友，是自己开启知识宝库的金钥匙；因此，学习中碰到的种种疑难、诸多想法，自然会乐于请教，从而疑难顿释。唯有学生"动"，课堂才能"活"，英语素质才会提高，创新能力才有新的发展。

2. 恰当处理偶发事件，使其转化为教学亮点

我是这样做的：

一次英语课上，我正好讲解到"You look happy."的用法，其他同学的安静听讲更突出了小奕的特别，只见他是前顾后盼，忙得不可开交。正当他回头与后面的同学说笑时，我轻轻走到他身边，微笑地说："You look happy.""哈哈哈哈哈哈"，全班哄堂大笑起来。小奕还没反应过来，之前没好好听嘛，当然不理解。脸上的笑容由得意转为尴尬，急忙前后左右地问："什么意思啊？"其他同学清楚了这句话的含义和用法，而小奕在后面的课堂上也听得很好，生怕老师又用他听不懂的话取笑他。

她是这样看的：

偶发事件是指课堂教学中没有预先预见而在教学过程中出现的事件。由于偶发事件具有偶然性、突变性、多样性和不易控制等特点，很多老师非常担心课堂教学中偶发事件的发生。作为一线的教学工作者，上课时被突如其来的偶发事件打断，这并非什么新鲜事，面对偶发事件，我们有时扫兴，有时恼火，有时束手无策，有时则习以为常。偶发事件，更多时候成为课堂

教学的干扰性因素，甚至成为个别教师教学心理中的阴影。其实，只要教师处理得当，恰当运用，偶发事件完全可以成为课堂教学的新亮点。在这节课上，小奕的不守纪律正巧为老师提供了一个绝佳的机会，一方面让其他同学深刻理解了"You look happy."的含义和用法，另一方面也巧妙地提醒了小奕。

3. 运用灵活多样、生动有趣的教学方法，激发学生学习兴趣

我们是这样试的：

(1) 在英语复习课上，为帮助学生巩固已学单词，由学生用英语去问，去找不同的合作伙伴。如你是 vest，那 tie，hat 这一组就是你们这个 family 的成员；如你是 Beijing，那你就要找 China；如你是 hamburger，那你就要找 bread。

(2) 为了讨论几组问题，也可通过小组活动。如有两个小组，其一组不动，另一组则依次移动。每个问题限时三分钟。这是一种快速交换 partners 的极好方法。

(3) 教师制作大转盘，上面写上供学生讨论的题目。每组都有一个骰子，抛到几，就回答第几题。

我们是这样想的：

每堂课都有一定量的课堂交际活动。其表现方式是课堂上师生之间、学生之间大量的交际活动，就像 play pingpong。其中主要以学生为中心，教师的一切活动都是帮助学生更好地自主学习。上述的活动教学法受到了学生的欢迎，学生感到学习英语不再是负担。重点而又全面地开发学生的思维潜力，激发了学生的想象力和创造力，满足了学生的求知欲，有利于培养学生活泼开朗的性格。

故事中的那些日子，我们一同走过，我们一同梦想，我们不在乎等待几多轮回，不在乎欢笑伴着泪水。"超越梦想一起飞，我们真心面对，让生命回味这一刻，让岁月铭记这一回。" This is our story —— our way, our dream! So wonderful!

（中山小学　黄　婧）

点评：课堂教学的亮点，也是课堂教学手段、方法达到最佳状态的课堂教学行为。课堂教学亮点的产生不是孤立的，它是和多种教学因素联系在一起的。如何让课堂教学因亮点的呈现，而让孩子更乐学，更会学？本案例中的师傅通过"下水"试的方法，让自己的徒弟既能学习到具体的方法技巧，更能领悟到教学亮点背后的教与学的原理，可谓"授渔"与"授鱼"的完美结合。

案例六

师徒同构课中"相长有术"

师傅的课堂是徒弟学习的样本,但是怎样从师傅的课堂得到更大的收获呢?本案例以师徒同课异构的方式展开,可以说是一次次思想的碰撞。

《义务教育语文课程标准》(2011 年版)(以下简称"新课标")出台已有两年了,为了解我校老师课堂教学落实"新理念"情况,我们语文教研组开展了主题为"新课标背景下的语文课堂"校本教研活动。师徒同课异构《草原》第一课时。通过对师徒同课异构的观摩与研讨,引导教师们进一步反思教学行为,落实课标理念,提升教学智慧。

(一) 异中有同,凸显学科和年段特点

师徒二人(左老师和杨老师)对同一教材进行认真仔细的钻研后,确定了各自的课堂教学目标。其中有两条目标不约而同:初读课文,整体把握课文内容。品读、感受、欣赏描写草原风光的词句,了解写作顺序与方法,体会作者对草原热爱之情。

【课堂教学回放】

从现场师生的问答中可以得到印证,如:

师(徒弟):刚才,我们领略了草原的美,这么美的草原作者是怎么写出来的?

生:作者仔细观察,展开了想象。

师(徒弟):能说具体点吗?

生:作者由远到近的观察。

生:作者写的时候是按照从远到近、从上到下的顺序写的。

(出示:"这次,我看到了草原。")

师(师傅):谁能带着你的心情朗读好这开头一句?

生:"这次,我看到了草原。"

师(师傅):你带着怎样的心情读的?

生:激动的心情。

(再请人读)

生:愉快、高兴的心情。

（又请人读）

生：看到这么美的草原，我被陶醉了。

……

不同的老师，确定了相同的教学目标，说明什么？我想，首先她俩认真阅读了“新课标”，把握住了高年段阅读教学特点，做到了心中有本，用“新课标”指引、烛照自己的课堂。其次，师徒俩平常一定多次交流研讨过，才会“心有灵犀”的不约而同。由此，我仿佛看到了程门立雪、桃李不言的身影。

（二）同中有异，路径不同致效果有别

虽然目标基本相同，但是，让不同的人去实施，所选择的路径不同，导致达到的教学效果也不尽相同。

（生字新词学完之后）

师（徒弟）：课文主要写了哪两个方面的内容？

生：先写天上，再写天底下的景物。

师（徒弟）：不对，是整篇课文主要写了哪两个方面的内容？。

生：先写草原很美，再写那里的人热情欢迎远客，和我们联欢。

师（徒弟）：你说得不够概括，谁来概括地说？

没有学生举手了，老师一时心急，只好自己边说边板书：景和人

同样，也是在培养学生整体把握能力，师傅是这样实施的：

（生字新词学完之后）

师（师傅）：浏览整篇课文，思考：课文主要写了哪两个方面的内容？

生：作者先写草原上的美景，再写草原上热情的人们。

师（师傅）：我想从你说的这句话中摘录两个字写在黑板上，你建议我写哪两个？

生（思考片刻）：“景”和“人”。

师随机将“景”和“人”写在黑板上。

师徒二人带领学生品读、感受、欣赏写草原风光美的词句之前，都安排了学生默读课文第一自然段，出示了阅读要求：

徒弟的阅读要求是：1. 作者主要抓住哪些景物来写的？2. 画出你喜欢的句子，并展开想象，说说它让你想到了哪些景象。3. 自己练习有感情地朗读这些句子，把感受表达出来。

师傅的阅读要求是：思考草原美在哪里，用笔批注，简要写下你的感受。

仔细看一下徒弟的阅读要求，既要求学生思考又要求学生想象，还要求

学生画一画、读一读。要求太多了，中心问题不够突出，也让课堂上老师的语言显得啰嗦了，挤占了学生阅读文字深入思考的黄金时间，这样一来学生的阅读兴趣还有吗？学生反而无处插手了。老师教得累，学生学得也累。师傅的阅读要求只有一个，是在学生整体把握课文主要内容之后提出的，是学生最近发展区的问题，所以学生读得很专心，思考得很深入，批注得很简练，交流得很精彩。

（三）徒弟感言：在细节处悟真经

1. 课堂是舞台，功夫在课外。练字，说好普通话，练好体态语……这些都是硬功夫，来不得半点虚假。著名特级教师于永正在《给新老师的20条建议》中说："如果——开头的一段话热情洋溢；板书的第一个字让学生为之赞叹；第一次朗读让学生为之感动；用丰富的表情和精灵的眼神吸引住学生……那么，你就成功了。"可见，练好扎实的语文基本功是成功课堂的必要保证。以此类推：读懂"新课标"理论，才能让自己的课不跑偏，不会"四不像"；读懂儿童的心灵，才能真正做到润物无声。

2. 放下自我，俯就儿童。是孩子成就教师，还是教师成就孩子？回答这个问题，得首先回答"教育为了谁"这个本质问题。当然是为了孩子。孩子是课堂的真主人，教师是孩子成长道路上的点灯人，点亮孩子们的心灯，让其温暖起来，不再寒冷；让其明亮起来，不再迷茫。未来的道路要他们自己去走，教师是代替不了的，教师是站在他们人生道路两旁的点拨者、鼓舞者，充满激情的点拨者、鼓舞者。只有我们循着儿童的思绪，拨动儿童的心弦，谱写属于儿童的乐章，弹奏属于儿童的心曲，寻觅课堂上属于儿童的智慧果实，才能听到儿童在课堂上清脆拔节的声音，看到儿童清晰的成长脚印。

（溧水区白马中心小学　颜志强）

点评：课堂教学首先是一个技术活，它需要教师有扎实的口语基本功，有较好的倾听互动能力，有端正飘逸的粉笔字，有较高的情商……而这些融合在课堂上，才能产生优质的课堂。案例中的"同课异构"，如电影镜头般让我们感受到导师和徒弟，亦如娴熟资深的演员与青涩刚出道演员的比照。其中的一招一式，需要徒弟用心感悟和不断历练。同课异构提供了这样比对和学习的鲜活素材。相信，徒弟的收获说不出来而悟得到的一定会更多。

三、砥砺与深思，形成变通的教学能力

案例七

自己“找”出来的教学思路

学科教学设计、学科核心知识教学、学科教学方法等一系列的教学技术，都是职初教师遇到的实践性难题。是模仿还是自得？本案例给我们以启迪。

1. 等待指导中的失望

“师傅，离公开课不到三周时间了，我还是没有理想的教学设计，能帮我出出主意吗？”临近人生的第一节公开课，焦躁不安的我冲进了师傅的办公室进行求助。

“公开课如何上，我不是你，不能代你设计，因为我的方法不一定适合你；同样，我也不了解你的学生，我的设计也不一定适合你的学生。所以课怎么上还得你自己想。”师傅认真地回答道。

听了师傅的话，我傻眼了，和我之前的预料完全不同。就在我傻愣愣站着的时候，师傅继续说了下去：“你先别着急，准备的时间还很长，不要自乱阵脚。我相信平时扎实、严谨的你一定能上好这节公开课。”

“可是我现在真的一点思路都没有，怎么上啊！”我带着些许火气回答道。

“来，坐下喝杯水，我问你几个问题。”师傅笑了笑，给我倒了一杯茶水，问道，“你知道为什么组里推荐你上公开课吗？”

“……”我没有吱声，低头喝了几口水。

“你虽然教学时间不长，但是认真、踏实、有能力，大家认可你，所以才会推荐你！”师傅看我没吱声，自己回答道。

我内心的火气在听了师傅这句话后开始慢慢消散。

师傅继续问道：“你公开课的课题是什么？”

“《第一、二单元专题复习》。”我回答道。

“复习课？这样，本周还有三天时间，你先回去听几节复习课，周五的时候再来找我。注意，不要只局限于生物，要多听几个学科。”就在我还丈二和尚摸不着头脑的时候，师傅结束了这次的交流。

2. 寻找中的惊喜

三天后，我再次来到了师傅的办公室。看到我来，师傅立即停下了手头的工作，问道："听了几节复习课，有什么感受？"

"复习课重点、难点非常明确；但是教师讲得太多，形式单一，课堂枯燥。"我如实地回答道。师傅满意地点点头，说道："总结得很到位。下面你知道要注意什么，突破什么了吗？"

我恍然大悟：原来师傅是要我自己发现问题，解决问题，找出公开课的设计思路啊！随后，我立即点点头表示明白。就在我准备回去设计公开课的时候，师傅补充道："回去到网上找找近几年的省优质课评比的视频，比较比较，找找灵感。思维和目光不要只放在学校内部。"

3. 进一步的寻找

周末两天，我利用网络的资源观摩了近10节省优质课，受到了巨大的"冲击"：原来不同学科的课还可以整合，原来教学的媒体这么多样化，原来学生活动可以这么丰富……

明确了复习课要关注的重点和要突破的问题，借鉴了多节省优质课的教学实例，公开课的教学设计在头脑里逐渐成形。教学重点、难点锁定在生物学重要概念，教学媒体选用电子白板，新课引入结合古代诗歌，课堂教学鼓励小组合作，学习升华建议构建概念图，巩固练习关注中考试卷……

周一刚到校，我就迫不及待地把教学设计告诉了师傅。我一边叙述，师傅一边点头。本以为师傅会在我叙述完后提出一些修改的建议，让我的教学设计更理想、更饱满；但我又错了，师傅还是没有告知我该怎么上课，只说了一句话："设计听起来挺不错，但是到底效果怎样，适不适合你的学生，你还得自己在班上试试。"

4. 教学实践中的校正

带着师傅的指导，我开始着手试课。4班，没上完，删、改！5班，学生过于纠结古代诗歌，忽略了生物知识，降低诗歌难度！7班，概念图构建出现问题，设置铺垫，展示部分知识概念图示例！8班，顺畅、高效，课堂活跃，学生喜欢！

于是，在上完8班的课后我激动地问师傅："用8班这样上是不是可以了？"师傅沉默了一会，说道："借班，就这样，再上！"我弄不明白了，这课不是上得挺好的吗？但是出于对师傅的尊重，我还是借班继续去试课。3班，顺畅、高效，课堂活跃，学生喜欢！2班，白板出现故障，课堂混乱，失败！

那一刻，我突然明白了师傅的用意，她希望我准备计划B来应对突发状况，让我不管在什么情况下都能上好我人生的第一节公开课。

连夜，我准备了计划B！

5. 自己走出来的成功

第二天，去找师傅，想让她给我看看计划B，支支"妙招"。师傅再一次说了句我非常意外的话："不看了，这公开课你可以上了，我相信你。"

时间飞逝，很快到了公开课的那一天。面对整个区的生物老师，我难得地没有紧张，课堂从未有过的酣畅、高效，学生热情，不断涌现精彩。课后，区里老师频频赞扬，称这是一节很棒的复习课。我说："感谢我的师傅，这是她的功劳。"师傅听到后笑笑说："我就指指路，课都是他自己设计的，我没帮上什么忙！"

6. 成长感言

感谢我的师傅，没有过于"热心帮助"，管得过碎、过细、过于刻板；感谢我的师傅，没有快速"复制成功"，让我忙着照本宣科；感谢我的师傅，没有"大撒把"，不管不问，让我无章可循；感谢我的师傅，没有对我"冷嘲热讽"，让我找出自信，寻得成功。

我相信，通过师傅的"手指"，我正越来越接近"梦想中的月亮"——教育教学的高效与成功。

（南京师大附中新城初中　胡　源）

点评：磨课历程是职初教师快速成长的"快车道"。上展示课、校内课、组内课都会有一段磨课经历。磨课中，职初教师要突破的问题很多，但是主要的，也是难点的是对课堂教学的整体设计和有效实施，特别是每一个板块所用的方法和所花的时间的把握。培养思维比教学方法更重要。本案例告诉我们，要上好一节课，需看清这一种类型的课型的教学方法。本案中的导师是一位高明的师傅，他让徒弟经历"向同伴学，发现问题——向名师学，寻找方法——试教下水，微调方法"这个过程，职初教师学习的实践智慧转化成为实践能力。这是一种非常有效的成长方式。

案例八

抱团攻关，成就一节公开课

"同伴互助"是职初教师获得教学实践性智慧的一个重要桥梁。本案例中的同伴是怎样帮助职初教师的？他们从中又享受到怎样的"成就感"呢？案例中的点点滴滴值得你分享。

《"番茄太阳"》是苏教版四年级下册第12课，这篇课文篇幅较长，描述了"我"与盲童"明明"的故事。美丽可爱、天真善良的明明给我带来很多快乐，她善良美好的童心深深感染了我，使我的内心起了变化，红红的"番茄太阳"一直挂在我的心中，温暖着我的心。

(一) 接受任务：在有限的时间里，教什么？

面对这样有挑战性的文章，我措手不及。就在我困惑苦恼的时候，校本教研帮助了我。在有限的时间里，我们教什么？在同年级老师的互相研讨中，我们明确了教学目标是课堂的灵魂，教师的一切教学活动应该围绕教学目标展开。常常是辛辛苦苦忙了很多，芝麻西瓜抓了一把，学生对课文最基本的内容却没有清晰的认识，芝麻漏了，西瓜破了，关键的问题在于对课堂目标的定位不准确，重难点不突出，没有找到要攻克的堡垒。

校本研究是一个教师个人成长的抓手。校本教研不仅可以促使教师在自己的岗位上，立足于自己的教学实践，提出问题，解决问题，使教学研究成为教师的职业生活方式、思想行为方式乃至生命存在方式的一部分。同时，还可以培植一种学校文化，强调民主精神和团队精神，营造求真、务实、自由、融洽的教研氛围，形成对话机制，为教师的信息交流、经验分享、专业会谈、展示自我提供平台。

(二) 试教点评：长篇幅文章，该怎么教？

在初次备课的基础上，我进行了第一次试教。以下是校本研修小组走进我的课堂，进行的课堂切片式研讨。

在有限的时间里，我们教什么？困惑是共同的，经验是大家的，思路却是一致的，通过研究我们发现：《"番茄太阳"》一课中，内容众多，但有路可寻。

人物众多：文章中的人物有盲童明明、"我"，还有盲童的父母。

在内容众多的长文章里，我们如何做到长文短教？应该选择什么内容去教？如何做好融合，呈现一节清清爽爽、扎扎实实的课呢？讨论经历了这样的过程：

【片段一】

1. 课堂回放

(1) 请默读课文，用自己喜欢的符号(直线)画出明明笑的句子。

(2) 学生交流，读自己找到的句子。

一生读第四句："明明咯咯的笑声银铃样清脆，一串一串地追着人走。"

师：银铃般清脆的笑声，听来是怎样的笑声？(悦耳、动听、爽朗)明明银铃般的笑声为什么能追着人走？

师：你们喜欢听这样清脆的声音吗？把这种情感融入朗读中，就有味道了。

生齐读。

师：看着你们读，看出你们心里流露出来的情感是那么美好！你觉得这是一种怎样的笑啊？

生1：天真，像天使般的笑。

生2：纯洁的笑。

生3：欢乐的笑。

……

(3) 明明灿烂的笑脸感染着身边的每一个人，作者就是其中的一个，快速默读课文，找找文中写作者心情变化的句子，用笔画出来。

2. 研讨要点

从明明的笑入手，是希望学生从明明的角度走进本文，解读文本。但是这需要学生有较强的语言能力和想象能力，不然学生面对不认识、不了解的明明，反复地读有关明明笑的句子，依然显得有些苍白，孩子们的情感和明明的情感没有联系，再“有感情的朗读”也读不出那么深刻的含义，在实践操作中有些难度。

【片段二】

1. 课堂回放

(1) 根据板书引导学生回答：明明和“我”就是课文中的主要人物，课文就是写我们之间的故事。

(2) 请同学们找出课文哪些自然段写的是“我”和明明之间的交往的故事。给课文分段。

(3) 在我们的交往过程中，“我”的心情有哪些变化？画出表示“我”的心情的词语。

2. 研讨要点

从故事情节入手，是希望学生站在作者的角度，去体会生活中发生的诸多事情对自己的影响。但是对于这样长篇的文章来说，无疑是很有难度的，在实际的操作中，光是要学生理清文本，找出课文哪些自然段写的是“我”和明明之间的交往的故事，给课文分段，就占用了大量的时间，让课堂浪费了很多宝贵的时间，学生参与的积极性也不高。

【片段三】

1. 课堂回放

(1) 出示三处含有“番茄太阳”的句子，读一读。

(2) 自主学习：联系上下文读一读，想一想三处“番茄太阳”的不同意思。

(3) 小组学习：小组交流三处“番茄太阳”的意思，写写批注。

2. 研讨要点

从“番茄太阳”的不同含义入手，是希望学生站在“读者”的角度去走进文本。加上引号的课题和多次出现的内容，这本身就是学生感兴趣的生发点，学生在交流和感悟中没有走弯路，直接就找到了需要解决的关键问题，直接思考课文字里行间的意思，在自主探究的平台里，学会了知识，也学会了学习。这样的设计符合中年级学生的年段特点和教学要求，这样的设计学生容易学，老师也容易教。这样的设计也充分培养了学生“联系上下文，体会关键词句在表情达意方面的作用”。

(三) 课堂展示：磨出教学过程的精彩！

经过不同层次的探讨，在我校的教学视导中，我执教了《“番茄太阳”》一课，获得了教研员老师的好评，对课堂中教学目标的定位和教学过程的整合都给予了充分的肯定。

通过学习别人的经验来促进自身教学技术和教学行为的变化，也就是说教师专业成长的切入点和突破点在课堂，解决了课堂上的问题，也就赢得教师个人成长的第一步。在评课反馈中，聚焦课堂，强化以教学为中心、质量是生命线的意识，引领着我们提升教学品质，达到不断学习，不断成长的目的。

教师的个人成长不是一步到位，而是一步一个脚印、脚踏实地向前走。在不同平台、不同层次的研究中，在领导和老师们的关注和关心下，青年教师需要不断努力，一边研究，一边反思，认真学习，才能有所成长。每一次的磨课经历，都会让我们的教学能力有提升。我们磨去的是不需要的想法，是不全面的认识，是不专业的思考。

（莫愁湖小学　王　晨）

点评：依据教学内容和课标精神，制定适切的教学目标，并组织合适的教学内容来落实目标，是职初教师必须要有的教学基本功。这里有理性思考，更有教学重难点的突破，已经历教学组织形式的创新。本案例中，学科组成员深入职初教师的课堂，抓住主要教学片段，以“切片式”研讨的方式，帮助职初教师解决课堂教学中关键环节的教学处理。所谓“提领而顿，百毛皆顺”。通过对一节课课堂的深度研讨，大家抱团为职初教师量身定制一节研究课，解决课堂教学的重难点问题，也解决了职初教师课堂的重难点问题。把有效教学新理念运用于平时的教育教学实践中，突出有效课堂这一重点，突破有效训练这个难点。

案例九

师徒共切磋，提高教学细节处理水平

教学细节的处理，可以让课堂的亮点不断。教学细节的处理技巧，需要经验作基础。围绕教学设计中的细节处理，师徒切磋的行动值得我们关注。

11月下旬我们接受了市教育领导的教学督导检查，当督导结束，并且听说反馈不错的时候，我悬着的心总算踏实了。回顾这一个月来反复磨课反复修改课件的过程，我想用一句话来形容：痛并快乐着！最主要的是在这个过程中，我成长了，我进步了，这种自我提升的快乐让我充实而难忘。

我和同年级组的李老师一起备课，李老师正好也是我的师傅，我们的课题是《5A Unit6 Doing housework》的综合板块(EFGH 部分)。在确定了课题后，李老师提议我们先各自初步设计教案和课件，再融合修改。

(一) 第一次对话：回归学的路径

根据积累的有限教学经验，我知道综合板块的知识点比较零散。为了让教学连贯流畅，需要一条主线串联各个部分，任务型教学是个不错的选择。我准备设计一个闯关游戏，正好设计四个环节，对应 EFGH 四个部分。H 部分是一首歌曲，我将歌曲调整到第一个环节，作为闯关游戏的第一关，既可以调动课堂气氛，又可以体会到闯关的乐趣。接下来我写好教案，就开始积极认真地制作课件……

第二天我把教案和课件拿给李老师看，李老师看完后只问了一个问题，我就哑口无言了。李老师以学生的口吻来问我："老师，我们为什么要闯关？"我心想：糟了，只为了教学环节流畅设计了闯关游戏，却没有从学生的角度考虑，学生闯关结束后，难道仅仅就为了得到一句"Congratulations!"吗？没有目标，没有动力，学生不会对这个游戏充满兴趣的。我知道，我的错误在于：没有从学生的角度思考。

(二) 第二次对话：靠近学生的起点

李老师看到我将 H 部分调整到第一环节，她让我说说自己的设计思路，我就将自己的想法说出来。李老师说这个设计出发点很好，但是要结合学生实际情况。以一首陌生的歌曲想要调动课堂气氛是有一定难度的。我知道，我的错误在于：没有分析学情。

接下来，我看了李老师的教学设计。李老师的教学设计体现出高年段教学的特点：合作探究，自主学习。特别是F部分语音学习，她对教材挖掘很深，让学生看图片围绕"what，where，who..."提问题，再巧妙引导学生说出课本上的词汇：red，vest，bed。进一步学习字母e的发音。整个过程环环紧扣，由易到难。给学生充分的空间思考、探索。我知道，我要学习的是：学会放手。教师只是引导学生探寻知识宝藏的地图，学生才是寻宝践行者，老师不可越俎代庖。

（三）第三次对话：寻找适合学生的手段

我们将教学设计和课件整合修改后，李老师拿来教参，我们再一次研读探究，综合板块的教学目标是巩固本单元新知，进一步拓展运用语言。我们的教学设计中也涉及了知识的拓展，但是可以再大胆一些，学生的能力不可低估；英语学习不外乎"听说读写"，目前的教学设计只体现了"听说读"，书写方面有待加强……看来，这是要大改啊！

我重新认真写教案，做课件。在修改的过程中，突然有了一些新点子，比如，我可以丰富语音部分的图片，加上 pencil，telephone，pencil case 等等。学生可以模仿例句，改编更多的句子，可以更深刻地体会字母e在这些单词中的发音了！而且，在学习语音的同时，还可以生成情感目标：学习如何做家务。另外，歌曲学习可以另辟蹊径，创新才有亮点。歌曲的处理可以很灵活，不一定就是听一听唱一唱，可以抠词，作为听力练习、书写练习，还可以改编创作。太好了，就这样修改！我开始体会到磨课的快乐，当文思泉涌、灵感突发的时候，快乐挡也挡不住！

（四）上课成功：借力师傅智慧，成就完美课堂

第三稿教学设计新鲜出炉，我又试上了一次。这一次各环节流畅连贯，学生反馈不错，拓展内容也恰到好处。没有最好，只有更好，我和李老师精益求精，觉得在歌曲环节，抠词让学生听歌补全歌词的时候，可以教给学生做笔记的方法，"授之以鱼不如授之以渔"，这堂课不能仅仅满足于学生填好这首歌的词，最主要的是学生学会做笔记这个技能。下面是我们修改后教给学生的笔记方式：

The ___tel___ is ringing.

Who's that  ?

This is __H__ speaking.

What are you do···_______?

I am 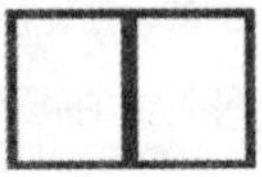 .

What's Mike do···______?

He's Z Z Z

笔记中有简写：tel 代表 telephone；H 代表 Helen；do... 代表 doing；也涉及了简笔画：嘴巴代表 speaking；书本代表 reading；Z 形标志代表 sleeping。学生会体会到原来笔记也可以如此方便有趣。

（金陵中学实验小学　刘晓莹）

点评：教学细节的推敲处理，是让课堂逻辑结构更清晰，思维转换更顺畅，教学流程更畅达。教学细节的推敲与处理，需要教师从宏观教材、目标，走向环节、过渡、媒介等小要素的处理上。教学细节的处理离不开教师的教学经验。本案例中，师傅与徒弟的切磋对话，是一种务实的“下水”式辅导方式。帮助徒弟解决教学中因经验不足带来的困难，而徒弟灵活的创意也给师傅的教学带来鲜活的教学细节。师徒切磋，不失为推敲课堂教学细节，让课堂日臻完善的好方法。

专题三　合作跟进：积极反思与教学反馈

一次完整的课堂教学行为应该包括课前、课中、课后。而课后做什么，怎么做，往往容易被职初教师所忽略，往往以为下课铃声响起就意味着一堂课的教学任务完成了。其实不然，课后的积极反思，不仅能让年轻教师即时而准确、清晰地了解自己课堂教学现场情况，更可以将自己的教学行为与学生的学习效果联系起来。就职初教师而言，积极的课堂教学反思，更是提高自己系统思维能力和统筹设计水平的重要成长路径。

反思是一种良好的思维方式和工作方式。职初教师在迎接教育工作的同时，就要有主动反思的意识。开展教学反思要有全程视野，既要注重一节课后的反思，也要注重课前准备和教学过程中的即时性反思与调整。开展教学反思要有全面视角，既要从教师教的角度思考教材处理、教学组织的得与失，也要从学生学的角度思考学生的学习动机是否被激发，学习的自主性是否得到尊重，学习的能力和水平是否得到有效增长。开展教学反思，要有“用数据说话”的研究意识，既要注重通过讨论、反馈等方式获得成长，也要学习用好课堂观察、调查问卷、访谈等方法手段搜集有效的数据，进行有依据的反思。

职初教师的教学反思水平的提高，需要学校学科组的支持，需要导师的帮助，更需要职初教师自身的积极融入。学校要力求营造一个积极合作的氛围，本着合作共赢的原则，让职初教师在一个全新的集体中，既能感受到来自导师、同事关心呵护的感情的温暖，又能及时获得恰当而准确的反馈信息，让他们能够看清自己教学行为的不适应和不足，即时校正，更快更好地度过教学“适应期”。

一、巧用分析报告，让规划引领反思

案例一

教师的成长＝经验＋反思

职初教师进入岗位后，需要做的事情有很多，那么，如何管理自己的时间，在琐碎而繁多的工作中，不迷失方向，检视自己工作的得与失，成长教育智慧呢？文中的职初教师，给予我们很多启迪。

“教师即研究者。”这是20世纪60年代英国“人文课题研究”运动提出的口号。这也昭示着从事教育实践工作的教师不能仅仅是教材、教参、教案的执行者，更应是教学工作的研究者。特别是随着信息渠道多元化时代的到来，教师早已走下圣坛，我们必须由职业自觉转向专业自觉，在这个渴望成长的时代，以好修为常，上下求索，争做一名有思想的实践者。

美国心理学家波斯纳提出“教师的成长＝经验＋反思”。而阅读是获得经验的最直接、最高效的途径。入职以来，我逐一研读《语文课课程论基础》、《名作细读》、《跟大师学语文》等教育教学专著，虽不能全然领悟，但也卓有功用。特别是孙绍振教授的《名作细读》实践应用价值很高，让我对文本解读有了更新的认识；《中国著名特级教师教学思想录》一书让我看到了形式各异、精彩纷呈的教学理念和教学实践，为之眼界大开。我坚信，有了思维的困惑才能迎来思维的螺旋式提升，因为近年来，我就是这样一路阅读过来的。

当然阅读不止于此。一次，在高一教学楼走廊与县教研室的黄本荣老师相遇，我便迫不及待地向他询问我一直以来要请教的问题。"黄老师，您给我们青年教师推荐些必读书目吧?"黄老师面带微笑地对我说："其实，你要先钻研一两本教学期刊，像《中学语文教学参考》、《中学语文教学》等核心期刊里，既有传统的经典的教育教学理论，也有目前较前沿的实践探索，要读读这些的。"于是我立即定了全套期刊。随着阅读的进行，我越来越发现自己拥有期刊的好处。一期刊物中，文章质量、文章类型、文章风格，有很大的差异，是否合乎自己的胃口也是一个问题。于是我开始了"三读"期刊：一读，浏览了解全貌，勾画自己认为质量高、适合自己阅读的文章；二读，重点研读自己喜读的文章，这类文章似乎能极大地激发你的阅读快感，对你的教学实践和思考有着最直接的影响；三读，自己厌读的文章，多是理论性较强的文章，特别是那些大学教授的论文，全文未必读得懂，但对那些前沿理论"一知半解"，也是大有裨益的。特别是自己在教学中有困惑时，也许灵感一闪即是源于那你厌读的文字，厌读处即是盲点所在。在这种分层次、分类别的选择性阅读中，我获得了教育教学的大量经验，自身的教育理念也变得有条理了、更丰厚了。但我没有做膜拜式的阅读者，不是一味跪着读，将所读奉为圭臬，而是学会站着阅读，敢于质疑。当阅读到《中学语文教学参考》上的《"一人之心"是"千万人之心"吗?》一文时，我产生与之不同的观点，大胆地撰写了商榷文章《"一人之心"就是"千万人之心"》，得到《中语参》编辑的认可。

做一个反思的阅读者，更要做一个反思的实践者。课堂是教师的真正舞台，而这个舞台每天上演着各色式样的剧目，这些剧目中隐藏着无数个教育的心得和灵感。作为青年教师，就是要学会在课堂中捕捉教学灵感，积累教学心得。我在教学《春夜别友人》一课时，发现学生对"离堂"有着两种截然不同的解读。一部分认为是离别的厅堂，有一部分认为是离开厅堂。这时我抓住离堂的两种解读，启发学生解读整首诗歌，教学效果良好。课后我利用两节课的时间写出《离堂的多元解读》一文，并发表在《新语文学习》上。同样的"偶得"不止一次发生着，《〈琵琶行〉的延宕艺术》、《何人倚楼?》、《〈想北平〉中三个"说不出"的教学记》、《成长需要契机》、《原是沙鸥一只》、《不可忽略的插图——〈今生今世的证据〉》等多篇文章都是课堂给我的灵感，这样的灵感是美丽的，也是短暂的。教师必须及时地记录和回味，要趁热打铁，有的时候放一放，也就凉了。

为了不断激励自己及时撰写教学心得，我每学年都将自己全年的创作打印成册，三年来已有三四十篇教学体会。心得来源于课堂，心得也将实践于课堂。像《岂一个“真”字了得——〈金岳霖先生〉》在“有趣”的基础上我又解读出“苦中存真”的可贵。这些反思心得重新在课堂中应用，也都收到了较好的教学效果，同时有了更深刻、更透彻的体悟。实践——反思——再实践——再反思，这样循环往复，也使我的课堂不断趋向富有智慧、富有生命的绿色课堂。

在不断地阅读、总结、实践、反思中，一步步向有思想的成熟型教师努力追寻着。学习的本质是人与人之间的交往，是他人思想和自我见解的对话。一路走来，逐渐领悟到，我遇到的人，我经历的事，皆是我的福分，当一生珍视。

书籍、恩师、学生，是教师积累经验和反思教学的无量泉源，是教师成为有思想的实践者的无上牧场。不禁写下：书，我师也；师，我一生之师也；生，亦我灵感之师也。有师相伴，一路花香。

（溧水高级中学　张　宇）

点评：基于课堂教学的反思有很多种，本案例中的作者向我们展示了一个很有效的反思方式，那就是将反思与阅读结合起来。案例中的年轻教师首先把持续的专业阅读作为支持自己语文学科专业成长的路径，这是非常重要而有效的。其次是有效地将专业阅读与自己的课堂教学反思结合起来。每一堂课的教学都会给教师留下或精彩的教学片段，或得意的教学组织，或值得深思的问题，而这些教学情景往往稍纵即逝。本案例中的年轻教师，能够从专业杂志《中学语文教学参考》得到启发，学习到反思的方法，把稍纵即逝的教学闪光点固化下来。长此以往，这样的反思方式一定会促进青年教师思维方式和工作方式的优化，坚持做下去的成效就是让自己快速成长为有思想的教师。

案例二

学情是教学的一面镜子

职初教师如何关注学生？如何研究学生？如何根据学情设计合适的教学方案？本案例的职初教师，善于用数据来帮助自己思考，具有很强的可操作性和参考性。

本学期我授课的初一班级分别是初一(1)班、初一(2)班。共2个班级,授课内容是体育与健康的教学。授课时间为一学期。

(一)基本情况分析

所教班级初一学生共90人,其中男生49人,女生41人。由于身体原因不能剧烈运动的同学共5人,其中因眼睛高度近视的一人、慢性胃炎一人、腰伤一人、支气管炎一人、先天性贫血一人。

(二)身体素质分析

根据国家体质健康标准,初一两个班级耐力普遍偏低,男生及格率不足20%、女生及格率在40%左右(男生1000米及格要求在4′50以内、女生800米及格要求在4′20以内)。男生在耐力素质方面不如女生;力量方面,男生引体向上50%同学一个也做不了,但也有个别同学能做11个。女生仰卧起坐平均在40个/分左右,但也有极个别同学停留在个位数上。立定跳远男生及格率98%,高于女生93%;速度方面,男女共有6名同学未达标,合格率93.3%,男生速度方面优于女生;柔韧方面,坐位体前屈男生平均在10厘米、女生平均14厘米,女生在柔韧素质上优于男生。

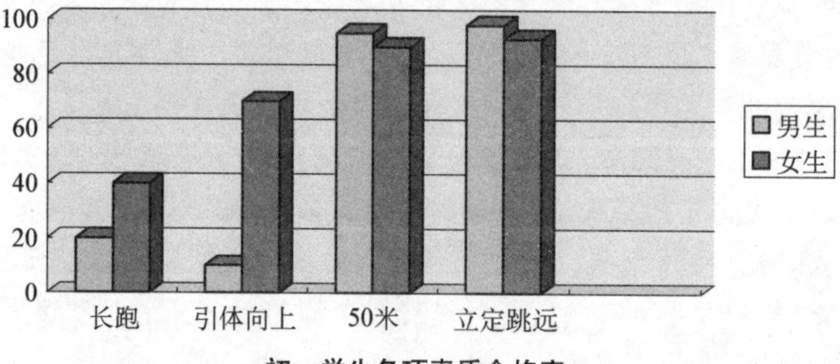

初一学生各项素质合格率

初一同学在耐力、力量素质方面普遍不足,速度、柔韧方面素质尚可;女生耐力、力量、柔韧等素质优于男生,男生在速度、下肢爆发方面优于女生。(以上为依据国家体质健康标准,在平等的标准下进行比较得出的)

(三)给课堂教学的启示

首先,初一学生总体上表现出学习欲望较强,对活动的参与度高,上课积极认真,非常乐于服从教师的安排;但有时学生过于活跃,容易造成上课秩序的混乱。例如:一班有一名男生上课过于积极活跃,上课没等老师安排任务就开始嚷嚷要做这做那,跑操时喜欢跑在队伍的最前面并冲刺。对于过于活跃的学生,要在开始的时候对他提出上课的要求与秩序,让他(或他们)明确上课时应该做什么、怎么做。上课活跃是好现象,要把同学们这种热情应用在日常的练习中,适当地提出有轻度困难的任务,鼓励他们看谁先又快又好地完成,以调动活跃学生的积极性来更好地完成教学。

其次,初一学生身体发育尚未完全,许多素质有待发展与提高,在很多运动方面还不能较好地完成动作或要求。因此,我们教师要根据学生个人的实际情况来制定出适合每个学生的单独计划。如对于实心球项目,有的学生发育较早,身高、力量发育较好,他们现阶段的标准就不能和发育较晚的学生一样,应适当地提出不同的标准。

最后,初一学生对各项运动的兴趣度较高,往往非常积极地投入某项运动。然而,会有很多同学对运动项目的规则不明确或者盲目地跟风选择运动项目。因此,对于初一学生进行运动项目规则的讲解,培养学生正确的运动动机就显得尤为重要。

(共青团路中学 张 凯)

点评:学生的学习基础和学习情况是教师反思的最重要因子。本案例中的教师能够从学生的身心发育与发展的特征出发,分析学生的起点水平,进而寻找课堂教学的方法途径。案例中男、女学生在长跑、引体向上(仰卧起坐)、50米、立定跳远等项目方面的测试水平,通过图示的方式呈现出来。这些有说服力的数字,是教学反思重要的依据,是教学走向科学化和进入理性思考的重要的一步。当然,案例中的教师还可以将分析报告做得再深入一点,比如增加对体育课的认识,考虑学生对参与体育运动的兴趣、态度等,将学生的分析反思做得更加深入,细致。

案例三

错题集
——师生的"掌中宝"

对教学效果的反思,不仅是教学研究的必要,也是职初教师成长的必要阶梯。本案例中的教师,巧用"错题集",实现对教师、学生都有效的反思路径,不失为一种实在而有效的反思方法。

当青年教师进入教学状态时，批改学生习题几乎成了每天必做的事情。有的时候，我们往往被一堆堆作业本所困扰。辛辛苦苦批改，对学生错误之处作出标志，可是学生并不领情，对错误有的漠不关心，甚至反复纠正的内容，也还是依然错误。如何对学生练习中出现的错误进行巧妙利用，让其成为提高学生学习效率和提高青年教师授课水平的资源呢？正好赶上学校大力提倡使用错题集，我开始进行一些尝试。

（一）学生错题集，为促进思考而设

请大家看一下我设计的学生错题集专用格式。

新世纪小学三(3)班学生错题集专用纸

<table>
<tr><td>时间</td><td></td><td>错题来源</td><td colspan="2"></td></tr>
<tr><td colspan="2">错题呈现</td><td colspan="2">错题归因</td><td>错题更正</td></tr>
<tr><td colspan="2"></td><td colspan="2">1. 审题马虎（　）
2. 思路错误（　）
3. 做题粗心（　）
……………………
……………………</td><td></td></tr>
<tr><td>举一反三</td><td colspan="4"></td></tr>
</table>

起初，我们要求学生将错题抄在一个本子上，再做一遍，即将错题的正确答案订正在本子上。当然这也是一种很好的方法，在每一单元考试前将本子上的题目再集中复习一下，也能取得一个好的效果。后来渐渐发现，班上很多学习比较浮躁的学生只满足于知道自己这道题错了，但是认识往往不是很深。比如为什么会错？错在哪？老师分析题目时，他只记答案，不重视解题过程。甚至有时一些不专心听讲的学生将别人的正确答案一抄就了事了。基于以上考虑，我设计了这样的错题集格式：首先请学生将错题抄录在“错题呈现”一栏，并在“错题更正”一栏重新做出正确答案，这样就显得很有检验效果，而且能凸显巩固的作用。最重要的是，我认为错题集不是简单的错题改错本，要让学生对错题的错因进行重点诊断。我在“错题归因”一栏将学生经常出现的错题原因列举出来，让学生分析自己的错误原因后在相应的一栏打钩，如果还有其他原因，可以写下来。最后要求能“举一反三”，让学生再找些类似的题目做一做。

（二）教师错题集，为反思教学而设

新世纪小学教师错题集专用纸

时间		错题来源	
题　目	错题呈现	错题归因人数	错题学生名
		1. 审题马虎（　）人， 2. 思路错误（　）人 3. 做题粗心（　）人	
改进措施			

这样的设计对我的教学有三方面的帮助：一是能及时掌握学生学习的情况，便于我有针对性地进行知识的弥补，或就共性错误进行整体讲解，或就个性错误进行个别辅导等。二是通过整理分析出学生做题时的不良习惯，针对学生的不足，加强学生学习习惯的养成教育。三是为我提供了复习时的素材，在复习课时我有针对性、有重点地进行复习，提高复习的时效性、实效性。

（三）错题集的科学使用，促进教与学的反思

1. 指导用好错题集，帮助学生改掉不良的学习习惯

学生粗心马虎是很普遍的现象，这种不良习惯成为影响学生学习进步的烟雾弹，严重阻碍了学生学习成绩的提高。一位专家说：要解决学生“粗心”的问题，有效的方法除了加强针对性训练之外，帮助学生养成反思和检验改错的习惯，能有效地帮助学生克服粗心的毛病。在错题集使用之后，我都会将错题原因的统计结果告诉学生，不断地向学生强调粗心问题的严重性。一些学生通过将错题与正确答案进行对比后发现，由于自己的粗心造成了作业不能得“优”，也就意味着不能得到五角星。

2. 掌握好错题的处理时间，提高学生学习反思能力

由于我把纠错练习安排在学校作业处理时间，因此常常出现这样的情况：上课认真听讲、作业正确率高的学生因为没有错题或错题很少，就可以拥有比别人更多的自由支配时间；相反，上课不用心、作业马虎的学生则因为忙于订正而大大减少了自由支配的时间。学生通过这种切身的体会，加上教师适时的教育，认识到对学习认真、负责的重要性。他们为了争取更多自由支配的时间，就会自加压力，自己提高对作业的要求，努力做到把会做的题目做对。

3. 用好错题集反馈信息，促进教师的课堂教学反思

我们在教育教学过程中去寻求好的、实用的教育教学方法，无非有两个

目的：一是减轻学生的学习负担，让学生尽量少进行重复劳动；二是减轻教师的教学负担，让自己既能在繁重的作业中解脱出来，又能让学生的学习成绩达到高效。概括起来说：学生快乐学习，教师轻松教学。

（浦口区新世纪小学　张　萍）

点评：课堂是师生共同经历的一段生命旅程。作为职初教师，在课堂中成长是重要的旅程。这段“旅程”的质量如何？效率怎样？不仅关乎学生的生命质量，也是对职初教师成长质量的检视。本案例中的教师，通过师生共同完成错题集的方法，提高教师教的反思能力和学生学习的反思力。这种方式的好处是：让职初教师的思维方式，从“感觉怎么样？”走向“事实怎么样？”思考问题更客观、更理性；同时，这也是职初教师自我调节和反思的好方法。学生学得怎样？关键知识点的讲述是否清晰？教学难点突破的方法是否有效？这些问题都能通过错题集得以反映。可以说，错题集就是课堂教学效果的一面镜子。作为职初教师，要善于寻找像错题集这样的反思载体，通过学生作品、作业、自我录像等载体，透过现象，分析课堂教学效果，改善自己的教学行为。

二、善用课堂观察，让数据支持反思

案例四

课堂观察：对师生问题互动有效性的反思

课堂上的反思怎么做？是凭感觉还是拍脑袋？本案例中，通过拟列课堂观察量化表，对观察的内容进行再分析，这是做有思考的专业课堂反思的好样例。

课堂是高中学习最主要的载体，而学习效率的高低跟师生之间的问题互动效率密切相关。笔者试图通过对本人在2013年12月中华中学“中华杯”好课评比竞赛的一堂录像课的量化分析，对课堂上师生问题互动有效性课题进行反思，以期对以后的教学改进完善。

（一）课堂观察量化分析记录表

授课班级	中华中学高一(5)班(平行班)
课题	人教版历史必修一第17课《解放战争》
整堂课老师提问总数	23个
提问方式	设问:11个
	反问:4个
	追问:8个
所提问题与学习目标相关程度	95%密切相关
超越学生认知水平、知识结构的提问	2个
所提问题希望达成目标	巩固基础知识:13个
	发散学生思维:10个
学生回答问题的方式	齐答:11次
	举手回答:7次
	自由发言:6次
学生回答与教师预设答案的吻合率	82%吻合
学生生成问题个数	2个

（二）课堂观察反思

1. 课堂提问要有所依。课堂提问引发学生的学习，因此，教师要思考和推敲自己提的是什么问题？为什么要提这个问题？学生会如何回答这个问题？通过课堂观察，本堂课我共提问23个，总体教学是由问题驱动的。其中，利用图片、史料、视频等教学资源对学生进行设问、反问、追问等，也要求学生进行齐答、举手回答、自由发言等，师生互动方式比较多元，能够体现课堂中教师主导、学生主体作用和问题情境式教学方法等新课标理念。但是也清晰地看到，教师的提问过多、过密，不利于学生整体思考历史事件，形成较为完备的答案。

2. 课堂要形成有效互动。教师的提问必须紧扣学习目标要求，教师要为提问做好铺设，层层深入，不能突兀出现提问，而且所提问题要为后面的学习作好铺垫，问题呈现方式要能最大限度地调动学生思维和情感，让学生带着目的去思考学习。漫无目的的课是白白地浪费时间，增加学生的疲劳，使他们养成一种松松垮垮的习惯。在我所提问题中，基本都有前提、有目标，既有巩固课本基础知识的提问，又有发散学生思维的提问，这是值得坚持的。从上面的课堂观察表上，我清楚地看到自己提问虽然注意了上述的特点，但是课堂齐答的次数过多，不利于课堂互动，也影响高中学生的思想表达。学生生成问题过少，课堂教学中互动的理想状态没有真正形成。

3. 课堂提问要契合学生的认知水平。前苏联教育家苏霍姆林斯基说："青年学生有一种喜欢用'思维的眼光'把握大量事实的需要，教师应当满足这种需要。对学生来说，如果他不能体验到自己思考的自豪感，那么他就不高兴进行脑力劳动。"这就要求我们教师的提问既要在学生认知的"最近发展区"，又要能激发学生进一步探求的欲望。例如在本课中，我让学生探讨"解放战争为什么是共产党取得了最终胜利而不是国民党"，学生对国共两党有一些基本认识储备，而且每个学生储备的方面各异，在相互交流中出现了学生论战、一度胶着的场面。我想，这样的课堂才是生动活泼的课堂！当然，我也清楚地感受到，基础性问题还过多，这些一看就会、一次阅读就找到答案的问题比例还较多。

4. 教师对学生回答的点拨要切中要害。这是包括我在内的很多职初教师所缺乏的能力。学生回答好的我们该如何点评？错误答案我们如何点拨？另外，历史课堂的多元与开放性使得学生可能出现很多我们预设之外的答案或者争论，这时我们该如何及时将学生拉回到正题上去？作为青年教师，我在课堂把控方面还要加强锻炼，比如在讨论的时候，学生回答很积极，思维很活跃，但对学生发言的总结和点拨上，我表现出来的评价语言匮乏单一、不能到位的问题，这是我今后教学中要揣摩和纠正的！

冰冻三尺，非一日之寒。每一位优秀老师的背后肯定也经历了无数次这样的磨练，作为一名职初教师，我要走的路还很长，但我相信我可以一步一个脚印，一路行走，一路收获……

（中华中学　吴胜霞）

点评：课堂观察是我们进行课堂"回头看"的一种方法。它可以让教师就某一个方面，进行深度的剖析和思考，进而从原理层面提高课堂教学的理解能力和反思水平。本案例中，教师针对自己一节历史课堂上的提问情况进行观察反思。教师借助资料，对自己历史课堂的提问总数、提问方式、所提问题与学习目标相关程度、所提问题希望达成目标、学生回答问题的方式、学生回答与教师预设答案的吻合率、学生生成问题个数等方面进行数据统计，并就数据进行追因分析。这对于职初教师冷静分析自己课堂提问的情况，是一次富有成效的分析。当然，我们在进行课堂观察时，不能自说自话。要学习相关的学科教学方法论的知识，使我们的观察与分析不至于偏离学习科学基础。有时，还可以请学科组或者导师一起参与反思，将同伴在现场的观察感受与数据分析结合起来，作一次客观而有效的课堂观察反思。

案例五

录像课，支持教师反思的载体

教学反思，其实就是给自己的教学"照镜子"。在教学成长中，我们能否找到一面镜子，照出自己的教学得失？"录像课"研讨给了我们更广阔的空间。本案例就作出了积极尝试。

（一）缘起

近三年来，由于我校物理组两位重要的骨干教师陆续退休，导致物理教师队伍人手紧缺，学校领导为了补充队伍，于去年引进了两位新人。在这样的新形势下，教研组建设问题尤显突出。如何搞好教研组建设，是摆在我这样的年轻教研组长面前的一道难题。刚好校长在开学教师会上提出重视各教研组建设，其中一项具体措施是进行录像课研究。我想这应该是一个很好的契机，可以利用这项措施有力推进教研组建设。

在教研组活动时，教研组成员就此事进行讨论并达成共识：积极参与活动！因为一方面对于个人来说可以完成学校任务；另一方面也是最重要的，可以提高组内教研的气氛，增强组内凝聚力，同时也是为两位新人示范，引导她们快速成长。

（二）组织

我们物理组共有教师 9 人，高级教师 1 位。活动要求是授课人提前精心准备教学设计，安排一次试讲，组内没课的教师参与听课、评课，提出修改意见。授课人修改后在集体备课活动时间授课，同时摄像。全组人再次听课、评课，交流心得。

（三）行动

自己作为组长，要起到带头作用，下面用我开设的《光的折射》为例，具体谈谈从准备到试讲再到完成的过程。

1. 准备阶段

一直以来，《光的折射》这节课的实验就是教师演示实验，但学生学习的效果并不是很好。我想着这次上课能不能有所突破。众所周知，实验教学是物理教学的重要组成部分，是落实新课程目标，全面提高学生科学素养的重要途径。

实验室现有的器材是早几年配置的，存在问题：①光具盘不可活动；②分光器上的玻璃柱容易掉；③小磁铁片也容易掉；④内部配的长方体玻璃砖为透明的玻璃，使用效果很差。

现实逼着自己开始做功课，主动学习。万能的网络，确实资源丰富，竟然找到多位老师开设的公开课，学习，再学习，努力从中获得各种启发，再结合实际，有了自己的想法并形成了教学策略。本节课将在教师的主导下，学生有目的、有意识地自主观察、总结光的折射概念；自己动手探索实验，形象直观，画出大致的实验图像。在此基础上，教师再引导学生就图进行比较分析，自主归纳光的折射的特点。

所以要准备的主要实验器材：

(1) 学生分组器材：激光笔(2支)、半圆形玻璃砖、光具盘、方形塑料瓶(装有大半瓶水)(学生自备)、香、打火机。

(2) 教师演示器材：一次性纸杯、硬币、吸管、强光激光笔、分光器、水槽、自制的光具盘、牛奶、滴管。

2. 试讲阶段(初次摄像)

按照这样的思路进行试讲。考虑到有些老师因为有课，参与不了听课，通过摄像机全程摄像，我们就可以利用空余时间听课，并在一定时间内进行书面评价，指出优点和不足。确保人人听课，人人评课。这样我就可以集思广益，同时对录像中试讲的各个环节进行反思。比如这节课试讲时，时间不太够，在评价中发现是课堂的导入不够精练，实验环节放手的时间还可以适当地精简等等。

对于引入新课部分，我是利用了教材中的硬币“再现”实验，有老师指出，学生本来就知道杯里有钱，等钱再次出现，也就没什么惊奇了，这一点可以从录像中看出，学生表情一般。这个地方可以再想想。

而整个实验教学的设计，从学生实际出发，充分认识学生认知水平和年龄特征；关注学生思维品质的训练，重视且突出学生的主体性；有效完成教学目标。这些方面得到大家的一致认可。

3. 正式上课(二次录像)

在试讲的基础上,我综合考虑各位老师的评价,并根据自己的思考正式上课。同时进行全程摄像。

4. 综合评课(对比录像)

组内其他老师听课,再次评课,并要求写出与试讲相比有哪些进步之处。考虑到老师的教学任务重,评价采取延时评价,老师可以观看前后两次的录像。这样的教研就在身边,实打实地展现每一位教师的思考。

5. 自我总结

根据各位的评价,我最后整理出对这节录像课的评价。

(1) 实验有创新:①引入新课的"变"硬币魔术实验:相较于教材中的硬币"再现"实验的处理,创设学生看到"能用水变出钱来"的教学情境,既有趣,又惊奇。学生进一步学习的欲望得到加强。②水槽的演示实验:借助光具盘,加水前与加水后的光的传播的实验现象对比,设置这样的情境,关注学生的切身感受:光线折了。再通过旋转入射光线,引导学生自主总结光的折射的概念。非常顺畅。③探究光在空气与水之间的折射特点实验:变传统的教师演示实验为学生分组实验,且突破实验的可操作性和可视度。实验发现,装有水的长方体且面平的塑料瓶比普通的矿泉水瓶或可乐瓶,效果更好,特别是在操作光路可逆时,干扰因素少,现象非常明显。这种瓶子超市有卖,学生自备非常方便。

(2) 表达重能力:整个实验教学的设计,关注学生思维品质的训练,重视且突出学生的主体性。在教师的有效引导下,学生有目的、有意识地自主观察、总结光的折射概念;学生设计实验并自主完成实验。实验现象通过静态的光路图板书展现,有效引导学生自主归纳光的折射特点。

(3) 板书有创意:画图的板书设计重视知识的应用,解决视深度的问题以及课前的疑惑。

(四) 收获

记得一句英国谚语是这样说的:"我听了,我忘了;我看了,我会了;我做了,我懂了。"录像课的实施,只有真正经历了,才能知道这其中的付出和收获。通过这样的具体措施,感觉这一年多来过得非常的忙碌和充实。这样的活动,组内成员全员参加,组内凝聚力大增,真心互帮互助。如全程摄像都是组内老师哪个有空就帮忙,不计个人得失;实验器材的准备,有时都能研究到很晚才下班;借班上课,不厌其烦;详尽的评课,如实的反映等等。在这样的氛围里,我们组抱成团,共同进步。在这期间,组内成员收获多多:两个新工作的年轻教师进步显著，工作的第一年都已成功开设区级公开课，获得同行的一致好评；侯老师参加市级赛课，获得三等奖；而我，关于《光的折射》的教学论文现已在《物理教学探讨》上发表。

（第二十七中学　丁志红）

点评：教研组如何开展有效的教学研究？如何在教研活动中促进对教学的反思？如何通过教学反思让职初教师从有经验的教师那里学习到更多的教学经验？本案例中的教研组创造了一种研修方式，让组内所有教师都在组内研讨中得到切实的成长。本案例采用的载体是录像手段，并对利用录像进行反思分析做了详细的规划，其基本思路是：第一次研讨备课——上课、录像——观看录像、反思——修改教案——第二次上课、录像——两次录像对比分析——完成分析报告。录像课成为教研组深度反思的重要依据，每一位教师都能从不同角度对课堂教学进行再思考。这样的深度研讨有思路，有章法，有策略支持，就职初教师来说，不仅提高了对一节课的反思能力，更掌握了一种思维方式。

案例六

观察量表，多角色研讨的桥梁

一所农村小学，一位职初教师，如何实现快速成长呢？本案例为我们提供跨校合作、团队成长的成功尝试。

长期的工作实践使我们认识到：农村小学校本教研要“基于”学校，但不应该“局限于”本校，应该大力提倡校际合作。所谓“校际合作”，就是在同一区域范围内，按校区相邻、就近便捷的原则，将多所小学整合为一个个校本教研片组，联校成片、以片组为单位开展校本教研活动，达到资源共享、校校互动、共同进步的目标。

不久前，由溧水区教研室组织，区数学骨干引领，以和凤小学省级重点课题“小学数学教师课堂‘低效提问’的现状分析与对策研究”课题组为主体，连同区实验小学、开发区小学、柘塘小学，开展了“以有效提问促学力提升”的主题教研活动，取得了预期的效果。

(一) 校际合作的过程

1. 前期准备

首先，根据活动的安排，各校教研组规定成员学习《教师课堂提问艺术与技巧》、《顾泠沅(1999)“数学课堂提问的问答检核量表”》、《教师专业发展的知识基础》等理论文章，学习交流时发言人要展示自己制作的PPT，教研组每位成员根据交流和自学情况进行点评。其次，课堂的研究采取同课异构形式，先由上课教师个人备课，在此基础上各备课组内进行第二次讨论，形成共识后定稿。特别是课题组教师在参与“磨课”的过程中分成四组，运用数据统计方法对课堂中教师提出问题的类型、挑选回答问题的方式、教师理答方式、学生回答类型进行数据统计与分析。

2. 课堂展示与数据分析

根据前期的准备情况，将4位工作3年内的教师每两位为一组，分别执教三年级的《两位数乘两位数》和六年级的《百分数的意义》，对课堂进行了全程实录(目的是为了评课时回放和积累资料)。为了使研究更有对比性，又组织了教师听特级教师李烈执教的《两位数乘两位数》和黄爱华老师执教的《百分数的意义》。听课过程中，课题组教师同样分为4组，利用“数学课堂提问的问答检核量表”，对选定的课堂实录按“师生教学对话分类”进行分析后确定行为类别后统计。如：

表1:提问及反馈行为数据统计表

行为类别		普通教师		特级教师	
		次数	百分比	次数	百分比
A 提出问题类型	A1. 常规管理性问题	11	16.1	2	4.2
	A2. 记忆性问题	21	31	12	25.3
	A3. 推理性问题	32	47	21	43.2
	A4. 创造性问题	2	3	13	27.4
	A5. 批判性问题	2	3	0	0
B 挑选回答问题方式	B1. 提问后，让学生思考	5	7.5	1	2.2
	B2. 提问后，让学生齐答	14	21.2	10	20.7
	B3. 提问后，举手者回答	42	63.6	31	66.3
	B4. 提问后，让未举手者回答	3	4.5	1	1.1
	B5. 提问后，改由其他学生答	2	3	5	10

续 表

行为类别		普通教师		特级教师	
		次数	百分比	次数	百分比
C 教师理答方式	C1. 打断学生回答，或自己代答	1	5.2	1	6
	C2. 对学生的回答不理不睬，或消极批评	0	0	0	0
	C3. 重复自己的问题或学生的答案	14	73.7	2	12
	C4. 对学生的回答鼓励、称赞	3	15.8	8	49
	C5. 鼓励学生提出问题	1	5.3	6	34
D 学生回答类型	D1. 无回答	2	3	1	1
	D2. 机械判断是与非	10	16	4	7
	D3. 认知记忆性回答	23	37.7	14	28
	D4. 推理性回答	23	37.7	22	43
	D5. 创造性回答	3	4.9	11	21

师：你们的面部表情告诉我，你们特别的高兴。我很感动，也很高兴。现在我想说的是咱们是一起学习、一起研究、一起讨论，可不是你们坐在那里听我讲，每人都要争取有发言的机会，好吗？[A1]

学生们劲头十足，齐声说：好！[B2][D2]

师：口算，大家应该没问题吧，看谁反应快。咱们一起看这里（投影）。[A2]

生：21×3=63，21×30=630。[B3][D3]

师：我把它们放在一起，也要看看它们之间有什么联系，算完以后要琢磨。[A3]

生：下面数是上面数的10倍。[B3][B4]

师：好！继续。[C4]

生：34×2=68，34×20=680；41×5=205，41×50=2 050；15×2=30，15×20=300。[B3][B5][D3]

师：啊——[C5]

更多的学生醒悟过来了。

师：这两个算式有前面的关系吗？[A3]

生：没有了。[B3][D4]

并进行统计整理(表 1)：

听完课后大家聚集在一起对课堂情况进行讨论。先由上课教师交流课前的准备情况、上课过程中的感受和课后的体会，然后课题组教师公布统计数据。参会教师根据统计数据结合各校和学生的实际进行讨论，对有不同观点的片段又将课堂实录再一次进行播放，边回放边讨论，使上课者与评论者都能有根有据。通过对比发现普通教师与特级教师之间，无论提问的类型还是理答的方式都有很大的不同。在此基础上对教学设计进行适度重整，再一次选择相应的班级进行课堂体验，目的是将理性思考在实践中体验、落实。

3. 活动总结

通过交流、讨论，大家对课堂观察的课题研究方式有了更深刻的认识，课堂观察得出的数据很有说服力，特别是和名师的数据对比更能说明日常课堂教学中提问存在的问题。课题主持人罗白春老师作了《当下教师课堂提问的现状分析与对策》的专题讲座，从理论层面结合本次课例进行了分析归纳。最后，教研员吴义明老师对此次活动进行了系统分析和提炼。

4. 活动收获

校际合作跳出了原有的本校教研组的小圈圈，活动中，骨干老师的发言体现出其深厚的专业功底，让参加的教师都强烈地感受到：若一个教师仅仅满足于获得经验而不对经验进行理性思考，那么即使他有几十年的教学工作经验，也只是一年工作的几十次重复罢了。特别是职初教师通过这样的活动，充分感受到了教学研究的重要性和实效性。

(二) 校际合作的启示

1. 精心策划是前提

一次成功的校际合作教研活动必须统筹安排，周密策划。首先要有明确的主题。此次活动所以效果明显，就在于把活动主题与和凤小学的省级重点课题"小学数学教学中'低效提问'的调查与对策研究"结合起来，为活动主题的展开奠定了一定的理论基础和研究基础。

其次，有具体的实施方案，并让参与者事先知晓方案的内容。这次活动是提前通知的，老师们有准备的时间，因此在活动中就能形成互动和思维的碰撞，生成了更多有价值的问题。由于不同教师分工明确，骨干教师有引领示范空间，职初教师有探究改进的平台，这就实现差异发展、共同发展。

2. 过程扎实是关键

本次活动，从理论学习到后续的材料工作，老师们都能一步一个脚印地去做。每一步里面都凝聚着教师对"有效提问"的深入思考。尤其是参加"磨课"的教师，在精雕细琢中探寻有效提问的策略。执教的老师不厌其烦地反思并修正着自己的教学设计。特别是在集中研讨时，每一所学校的教师都能积极发言，交流他们对有效提问的理解以及操作策略，把自己在教学教研实践中的困惑带到小组中来讨论、解决，将自己的有效做法与大家分享，活动后教师们还写下了活动心得。

3. 合作分享是策略

校际合作，大大地开拓了交流领域，激活了参与学校教研组乃至一所学校的教研活动，也激发了集体智慧和合作精神。因为"磨课"的需要，执教老师一般要在校内进行试教，需要组内教师之间的合作，需要和同事间反复研讨，这样可以更好地营造良好的研讨氛围，让每一个参与的教师都有所收获。执教老师的体会常常成为自己学校内、教研组的财富。来自不同学校的课例，蕴含着学校的不同见解，融合在一起，使差异也成为研修的一种资源。

4. 骨干引领很重要

活动的有效和深入开展得益于骨干教师的引领。我们借校际合作的机会，积极挖掘区域内人才资源，将4所学校的2位市优秀青年教师和5位区学科带头人整合成"专业引领"团队，让"骨干辐射、点面结合"有了践行的载体，有效解决了农村小学缺乏名师进行专业引领的问题，实现了专家引领"本土化"，为职初教师的发展产生持续的支持力和动力。

（溧水区和凤镇中心小学　罗白春）

点评：培养和指导职初教师，指导教师怎么做？学校层面怎么做？作为农村薄弱学校，如何支持职初教师成长？解决好这些问题，需要我们有创新突破的思维。本案例为我们提供了一个创新的研修思路。首先是主题先行，学习为先。这个研修团队把研究课题嵌入研修活动中。整个研修团队不是匆匆地进行课堂教学实践，而是围绕课题进行一次深度学习，聚焦主题的学习，让团队成员之间有了交流的基础。而接下来的团队协作基础上的"同课异构"，不是一般意义上的课例研讨，而是围绕专题的思维碰撞。观课不是面上的"泛泛而评"，而是用专题分析表，让专题研究分析再次聚焦。这个团队中的每一位成员都有一份可供讨论的数据，话题交流更聚焦、更深刻。在研修过程中，大家一定发现，职初教师不是一个被动的接受者，而是一个积极的参与者，现场的互动者。在群体中成长，在互动中成长，在任务驱动中成长，应该不失为一种有效的成长路径。

三、活用辩论研讨，让思辨促进反思

案例七

角色扮演，在情境再现中反思教学

教育教学中遇到的问题，往往具有两难性和随机性。这时，职初教师往往处理会欠妥当。将一些典型教育事件情境化，让职初教师在角色扮演中换位思考，增加对教育的理解，本案例就做了这样的尝试。

（一）案例背景

我们雨花外国语学校建校几年来吸收了较多的年轻教师。为让年轻的老师尽快地成长起来，实现教师整体素质的提升，学校积极主动创新校本研修方式，让职初教师换位思考，深刻认识如何处理教育教学中的棘手问题。以下是我校创设的一次情境培训，它给年轻教师带去的触动和影响是巨大的。

（二）案例再现

6月7日下午，我们雨外小学领导、部门负责人、全体青年教师参加在学术报告厅举行的青年教师第二次培训活动——作业纠纷。

主持人李娟老师声情并茂的开场白，一下子把大家带到了情景模拟的现场："尊敬的各位领导、老师们，大家下午好！前段时间，教导处收到多起家长关于作业方面的投诉。其中有一封信是这样写的：我家孩子上三年级，可以说没有一天是能在1小时内完成作业的，特别是周末，作业也绝对是3天的量。语文作业太多，单单这一门课就不可能在1小时内完成。数学作业，虽然作业量比语文少，但是数学有一些孩子不理解的题是需要家长反复讲解的，所以学习时间根本无法控制。英语也很有意思，平时没声音没图像没作业，就连课上到哪里我们也不清楚，只有考试前老师会发一堆题目让孩子写……”

信读到这儿，我们不难看出，写信的家长一定是对班级任课教师布置的作业长期存在不满。家长的情绪到底为什么会如此失控，让他们列举出这样多的不满？他们究竟有什么困惑或疑问需要我们解决？鉴于此，我们进行一场别开生面的现场模拟，让我们听一听家长们怎么说。

首先，张庆老师代表家长发言，她很生气地说：“我家孩子每天作业都要写到十点以后，尤其是考试前夕，这样做已经严重地影响到孩子的身心健康！真心希望调整教学方式，关爱孩子，让他们健康成长。”她一出声，全场就感受到了浓浓的“火药味”。

听到家长如此气愤的质疑，戴蕊老师并没有生气，她接过话筒亲切地说：“这位家长您好！先不要生气，请问主要是哪些方面的作业？”

见老师的态度如此的诚恳，家长张庆稍有些不好意思，语气也平和了许多：“主要是语文查找资料方面，家长帮忙查资料，很耽误时间。”

“的确，进入三年级以后，各方面的要求越来越高，而语文学习中，预习又十分必要，我们会考虑尽量让孩子在学校完成任务。刚开始查资料会很耽误时间，很多时候在学校是很难完成的，可能的确需要您的支持。当孩子掌握学习方法后，您就可以放手让孩子自己做了，当然孩子这方面能力的提升需要一个发展过程，您说对吧？”

“家长您好！”语文老师毕言琳也忍不住发言了，“语文也不是所有的预习都需要上网查资料，可以通过多种方法进行预习。比如：查字典、百科全书等。部分孩子会借用上网查资料，去做一些与学习无关的事情，还需要家长予以监督，培养孩子良好的习惯。我相信通过我们的共同努力，您的小孩一定能学会预习的。”

老师耐心、细致的解答，家长的心情渐渐平静，她不再像刚开始那么愤怒了，而是渐渐听进了老师的建议，有的时候还在频频点头。看着冲突的逐渐化解，我们大家都会心地笑了。

“老师您好！中小学规定，小学书面作业时间不超过1小时，我们家孩子作业速度较快，但还是做不完，尤其是数学方面的难题，很费时间。我想请问老师这是怎么回事？”又一位家长代表陈晨老师反问了。

真是一波未平，一波又起啊。现场的气氛刚刚缓和，又陷入了新的尴尬中。

面对这位家长的不友好，数学老师满斌表现得十分宽容，他慢慢地推了推眼镜，面带微笑地开始了他的应答："这位家长您好！书面作业一小时，这还是出于全班同学的整体考虑，现在数学上的确有很多题目对孩子的理解能力要求较高，家长如果能够现在多引导，以后一定会节省更多的时间的。"可是满斌的回答并没有让这位家长满意。

台下观摩的老师们也不禁为满老师捏了一把汗，家长不满意，老师更要发挥自己的机智，怎样收场，如何尽快给这位家长一个满意的答复，成了在场老师们迫切要解决的问题。

王渊松老师沉思了一会，拿过话筒："这位家长，我来补充一下，数学作业中不少题目需要思考的时间较长，请家长看看孩子在写作业的过程中有无走神，中途有没有干其他事情，要规范孩子的学习习惯！"他那低沉的嗓音伴随着颇显理性的回答使得现场的温度再度降低，这似乎更不能让家长满意了，全场的气氛更紧张了，这根无形的弦似乎越绷越紧。

在这双方僵持不下的紧张时刻，石莉校长站起来："这位家长您好！您的困惑可能也是很多家长遇到的。可能全班每个孩子都控制在 1 小时内有些困难，孩子 1 小时是不是都在认真地写作业，孩子可能会走神，对于习惯不是很好的孩子，还希望家长能够在旁边监督。如果的确是因为难题，可能还需要你们去辅导或者带到学校找老师单独辅导，这位家长您说是吧？"她精彩的回答让台下的老师暗暗叫好，同时也让家长陈晨露出了会心的微笑！

……

最后，教导处方余顺老师进行指导："各位老师您好！今天培训活动很成功。我校严格执行'五严'规定的要求，要求教师做到减负增效，这一点是毫无疑问的。关于作业我们也明确规定低年级不留书面作业，中高年级家庭作业不超过 1 小时。那么怎样才能做到减负增效？表现在作业布置上我们就应该动脑筋想办法。作业应该有针对性，根据每一个孩子的具体情况和存在问题，认真思考，巧妙设计，科学、合理地安排课内外的学习任务，帮助孩子掌握所学的内容，充分发挥学生的主体作用。更重要的是作业应该有层次性。布置作业时，特别是家庭作业时，面面俱到，一刀切，是造成学生课业负担过重，消极对待的主要根源。作业要体现个性化，要有助于'提优、抓中、补差'。设计作业应注重作业的层次，有一定的灵活性，针对不同的学生设计不同的练习，让不同层次的学生在选择作业时能'爱我所爱''对号入座'，调动各层次学生学习的积极性，还要注意作业力求多样性，考虑趣味性……"

整个模拟现场热闹而不失秩序，渐渐天色已晚，但是培训现场的老师们还是意犹未尽，大家在欢声笑语中收获满满。

（雨花外国语小学　卢晓平）

点评：在实际教学生活中，职初教师常常会遇到吃力不讨好的事情。比如作业设计，明明自己很用心、很认真、很努力，但是孩子和家长往往就是不满意。如何清醒地认识自己的行为与学生家长期待之间的落差呢？换位思考是一种很好的方式。本案例中的学校能创新研修方式，用角色扮演、情景再现的方式，让老师们领悟师生沟通、家校协同的小窍门、小方法。

活动案例取材于本校教师教育教学的真实事例，鲜活生动。从师生关系的处理到家校合作的指导，从班级管理的点点滴滴到教学工作的智慧闪耀，凡是触及一线教师的每一件事情在这里都可能有所呈现。这些案例中有孩子的欢笑与悲痛，有家长的抱怨和感动，有教师的关爱与冷漠，有学校的支持和帮助。每一个案例都给人带来深刻的启迪，每一次培训都让年轻老师经历教育之光的洗礼。从“作业纠纷”中知道了沟通胜于沉默，交流能减少误解。这样的方式，可以说为职初教师提高解决教育教学中的实际问题打开了一条快车道。

案例八

导师对我是“放养”

师傅对徒弟的评课，是课堂教学反思的重要环节。师傅如何评？评什么？什么时间评？这需要一定的智慧。让我们共同关注本案例中导师的方法。

走上教师这个岗位，我对工作充满了理想和激情。虽然在大学期间自己的美术专业课学得不错，但美术学习与美术教学毕竟不同，对于如何教学我们非常缺乏经验。好在学校非常重视对年轻教师的培养。在工作不久后，学校安排了市美术学科教学带头人王倩老师与我“师徒结对”。这位现已是省特级教师的师傅，有着丰厚的教育教学专业积淀，听了她上的几节课，我一下子就成了她的“粉丝”。

在“帮带”的过程中，师傅告诉我一条“秘笈”。她说：“我自己对教学的悟性是从一个个课例的长期积累开始的，不做一个个课例的积累，就永远不具备真正的教学经验。”因此，她要求我一段时间进行一次“一人同课多轮”的课例研究。所谓“一人同课多轮”，就是让我选择一个教学内容，连续多次上同一课，内容重复，但行为要不断地改进。这几年我从“站稳讲台”逐步能够向“站好讲台”发展，很重要的是得力于师傅带我开展基于自己真实课堂的研究。从中我学到了作为一名合格教师的实践知识，获得了对教育理念、理论的情境化理解。

记得几年前一次我上到美术课(苏教版)第九册第九课《表情丰富的脸》时，我主动与师傅约定把这个内容的教学作为一次课例研究，并选用陶土做主要的教学用具。

第一次“晒课”。这是一次“独立课”，师傅是要我独立备课、上课。作为入行新手的我，总觉得教材太简单，因此，备课时我的关注点是如何补充教学内容，总想多给学生讲一些这方面的知识与能力。我认真地撰写了好几页教案，设计了详细的教学环节，带着“露一手”的心情走进课堂。按照预设的第一步我向学生抛出一个问题：“你们说说‘夸张的脸’是怎样的?”学生一下子就被这问题给蒙住了。于是我请了一名学生在讲台上表演了几个夸张的表情，学生都笑起来了。我接着又连珠炮似的提问学生：“他表演了哪几种夸张的表情?”“夸张的表情有什么特点?”“夸张的表情有什么作用?”学生七嘴八舌回答我的问题，回答得有些乱，我感到应接不暇。于是，我不再提问，一个人唱起了“独角戏”。我先在黑板上画出各种夸张脸的示范画，然后请学生到讲台上做一些夸张的表情游戏。还给学生观看了关于夸张的脸搞笑、有趣的视频。学生情绪很高涨，内容没有讲完下课的铃声就响了。

课后，师傅在我自己诊断的基础上，重点与我讨论课堂教学目标的问题。她结合这节课上的情况，希望我在第二次备课和上课时要反复考虑三个问题：一是这节课期待学生能学到什么，目标一定要清晰。她特别强调美术教学中“操作目标”的重要性；二是教学过程、方法及手段是不是支持、服务于教学目标的达成；三是我怎么能知道学生已经达成了教学目标。师傅的指导给我最大的感受是，教学目标一定是学生的学习目标，教学的有效性主要是学生学习目标的实现。

第二次“晒课”。这是一次会诊课。师傅和教研组的其他老师都来听课。这次，我在教学过程中不仅积极引导学生通过初步观察人物的各种表情，了解喜、怒、哀、乐不同的表情特征，而且特别重视这节课的“操作目标”，引导学生抓住表情特征，用泥塑的方法表现人物。我把人物的脸部分为三个部分，即脸型、发型与五官，在组织学生“动手做”的过程中，一步步出示各个部分的“陶泥板贴”，让学生跟着我一起动手做。我把“夸张的五官”作为教学重点，在出示“五官板贴”时，组织学生做了一个找“五官”的游戏。我在实物投影上出示一个人物头像，在人物旁边提供了一些供选择的各种夸张五官小道具，分别请学生来选择，并向大家介绍自己表现的夸张面容。这个游戏让学生通过对人物头像结构的基本认识和五官特征的观察，积极思考与研究面部结构可以怎样进行夸张。在这样的基础上让学生自己做，那么学生“做中学”的目标就比较明确、清楚，做的泥塑中也能融入自己对“夸张”的理解及想象。

在议课中，大家对我的这次上课基本给予肯定，同时提出了可以进一步改进的地方。师傅要求我思考、小结这节课的教学方式。在大家的帮助下，我把这节课教学的基本形式归结为“教一点，学一点，练一点”，展开来说就是教师教一点，学生立即跟着学一点，练一点；然后教师再教一点，学生再学一点，练一点；这样由部分到整体，由简单到复杂，每前进一步都再经过这样一个即教即学即练的过程；并且，在教、学、练的过程中把“个人学习”与“合作学习”结合起来。经过这样的指点与讨论，我的认识好像跨上一个台阶，实际上自己在做的时候有些是“无意”的，现在认识到“无意”中的意义，今后就能“有意”去做。

第三次“晒课”。这是一节“汇报课”。教学过程比较顺利，我自己感觉有效果。课后，师傅介绍了她对我这次教学的课堂观察，和我一起对观察结果进行诊断。从中我领悟到：课堂上要关注全体学生，眼睛不能只盯在一部分喜欢发言、作品比较好、动手比较快的学生身上。要设身处地想一想老是在课堂上当“配角”的学生的心理感受。在师傅的启发下，我在教学反思中设置了一个话题——“要重视分层，顾及全面”。

几年来，师傅把这样的“晒课”作为帮带我的一个重要方式，她没有手把手地给我修改教案，没有要我具体模仿她的教学过程，而是让我在“晒课”中不断展示自己对教学内容的理解，暴露我在教学观念和行为方面存在的问题；让我自己总结、提炼、逐步积累经验。每次“晒课”后，师傅还就我的“最近发展区”给我提出要求与建议，使我在成长的过程中不断地迈小步、不停步。正是这样的过程，不仅迅速提高了我的教学水平，增加了我的教学经验，更让我充分感受到教学的真谛，引导我把师傅对我帮带的精髓，迁移到我对学生的教学中去。去年，我被学校评为“优秀青年教师”。

（南京外国语学校仙林分校　葛含之）

点评：在青年教师成长中，离不开帮助教师成长的导师的悉心指导。导师一般都是由在专业领域有一定研究的资深的骨干教师担当。但是导师如何指导职初教师？是对职初教师倾筐倾箩地将教学实践知识告诉他们，还是应用启发式，让徒弟在实践中去"悟"？本案例中的导师给徒弟的"一人同课多轮"研讨，是一种值得借鉴的方法。首先，它可以让职初教师在做中学习，课堂行动既是职初教师的一次教学设计体验之旅，也是自己反思和教学提高的素材。其次，它将导师的评价和指导后置，能充分发挥徒弟的自我设计和构思智慧，提高整体教学水平。再次，体现"基于反思的教学"的研修成长理念，徒弟在一轮课的研讨中，经历一个自我否定和突破的多轮蜕变，是反思让自身内部获得了成长的力量。

案例九

在"访谈"中提升职初教师的反思力

教师的反思交流，往往会开成一边倒的批评会或者表扬会，而掩盖教育教学中的本真问题。本案例巧用"访谈"形式，给校本研修"打开一扇窗"。

提及"访谈"一词，大家并不陌生。《实话实说》、《超级访问》、《鲁豫有约》都是家喻户晓且收视率极高的访谈节目。它们虽主题各异，但共同的特点为：着眼于话题选材，在节目中通过意见的交流、观点的表达，形成碰撞与共鸣，极具主题性、引导性和思辨性。若在评课、研课中注入访谈元素，会是一番什么景象？会受到上课、听课老师的认可吗？能促进教师研究水平的提高吗？这样的方式对指导青年教师思考教育教学中遇到的问题有帮助吗？带着这些疑问，笔者进行了实践性研究。

(一) 认识访谈：是一种行动学习

"访谈"(Interview)，指的是研究性交谈，以口头形式根据受访者的答复搜集客观的、不带偏见的事实材料，以准确地说明样本所要代表的总体的一种方式。若进行访谈活动的访谈者对执教者(被采访的访谈对象)根据访谈内容及提纲，采用对话、讨论等面对面的交往方式调查、探询，促进访谈对象对于教学中各类问题的意味探寻、思辨，这种小组形式的行动学习就形成了评课、研课中的访谈。

（二）访谈行动：促进教师反思力提升

1. 访谈追溯“为什么？”

访谈的核心要素之一是“访谈内容及提纲”。针对评课、研课关注点与面的结合，访谈内容可以涉及以下方面：教学目标、学习重难点、教学方法、教学方式、学生作答、预设与生成的空间大小等多项。访谈提纲是对访谈内容进行具体化。

例如围绕“教学设计”的访谈提纲是：你是怎样做本节课教学设计的？能说说设计的过程吗？这样教学设计的根据是什么？以下是两位青年教师，同课异构《求一个数是另一个数的百分之几》（苏教国标版数学六年级上册）后现场作答如下：

A教师：先认真研读教材和教参，体会编者的意图，然后确定重难点，经过一段时间的思考，初步理清教学流程，进行教学设计，然后逐步完善。

B教师：依据学生主要学习内容先自行确定重难点，接着参考教参，结合理解进行调整，备出整节课的大体模块。在试上中发现问题加以调整，最后形成教案的文档。

两位教师对于“你是怎样做本节课的教学设计”的访谈，都是先行于关注“学生学什么，再确定重难点”。但B教师的“关注学习内容后自己先确定重难点”引发了我们的关注。

2. 访谈反思“怎么样？”

A教师的新课引入回放：

师：在刚刚结束的全国青少年车辆模型大赛中，天正小学取得了优异的成绩。老师收集了一些数据（图略）：

师：从图中你能了解到什么？

生：三个学校的获奖人数。

师：能提出哪些数学问题？

生1：天正小学获一等奖的人数比雨花小学获一等奖的多多少？

生2：浦口实小获一等奖的人数比雨花小学获一等奖的少多少？

生3：三个学校的获一等奖的共多少人？……

B教师的新课引入回放：

师：什么叫发言率？

生:发言的人数占全班人数的百分之几。

师:怎么算呢?要求出发言率得知道哪些条件?

师:今天我们的发言率能超过80%吗?让我们一起学习今天的新知识。

围绕《求一个数是另一个数的百分之几》进行的"新课导入"设计访谈提纲为:本节课你是如何引入新课的?你认为使用该方法能使学生比较容易学习这一课题吗?你是怎样知道的?

A教师:天正小学有车模队,据此引入新课,应该会比书上田径队的情境要好。但没预料到学生提出的数学问题总问不到点上,和我的预设相差甚远。我的思考:如何提问更具指向百分数的意义?

B教师:先前准备让学生从生活中找条件提出关于百分数的问题,但在试教中发现学生取材太乱,导入效果不佳,于是干脆结合课堂关注"发言率",由此激发学习兴趣。但在实际教学中,知道"发言率"的学生并不多,若能据此灵活删去"怎么算呢?要求出发言率得知道哪些条件?"两问就好了,那才是"依据学情来设置",做到真正的"心有学生"。

综观两位教师的新课导入,一为"情境导入法",一为"问题引入法"。"情境导入法"是针对数学知识的呈现过于抽象、缺乏现实情境的依托等状况提出的。但A教师只注重了形式上的亲近感,忽略了站在学生认知角度看待问题。导入表面看似热闹,实则没有功效。但教师的反思"如何提问更具指向百分数的意义"很有价值,访谈出了引入效用的本质。

"问题引入法"是针对所要讲述的内容,提出一个或几个问题,通过学生对问题的思考、分析、解答或造成的悬念引入新课。B教师通过"什么叫发言率",不仅试探出"学生已有的知识经验",还提出了与所要学习课题有关的问题,点出了学习的重点,接着又通过"今天我们的发言率能超过80%吗?"造成悬念,促使学生思维具象且积极期待新知的学习。

3. 访谈关注"学生学得怎么样?"

围绕"学生作答"设计的访谈提纲为:这节课你是如何决定谁来回答问题的?

A教师:因为是借班上课,不了解孩子情况,所以我基本都是请举手的发言,这就导致有一部分孩子得到的机会很多,而另一些孩子却一次都没有。

B教师:经统计,有35名学生回答问题,有的是随意,有的是看举手,如果有小组交流的话,我会根据巡视中听到的答案是否需要请他来回答问题。

根据对"作答人选"问题的访谈,两位教师的回答是否让你有"借班上课”的雷同感受，附加“小组巡视目的之一”的“寻答策略”，这样的课堂是我们期待的课堂吗？可又如何解决这个实际的问题呢？在访谈后，大家交流出制定《学情座位表》进行“学生的语言流动记录”的方案。《学情座位表》指的是由被借班教师提供学生座位表，至少在表中借助符号分别表示出“优秀生”和“学困生”各五六名，印发一份给听课教师进行“学生语言流动记录”，统计师生间的语言互动方向和数量。借此反映一节课当中语言流动的分布情况和分布类型，如用向下的箭头表示学生根据教师要求陈述，用向上的表示学生主动发问等。

（三）访谈成效：促进教师教学观念转变

访谈不仅探询教者“为何这样教”，还能知晓教者“习得方法、思路”的时间和途径。例如，围绕“教材处理”设计的后两个“访谈提纲”为：你为什么要这样处理教材？你是怎样获知这种处理方法的？

A教师：同事中有参加区数学研究班的，给我们传递了现代课堂教学的转变——放！于是我应用了“放手让学生自主探索”的学习方式。

B教师：在不断磨课的过程中，师傅不断指导，自己逐渐感悟。

回答中显见，一方面，教师可以通过“师带徒、研究班学习、课题研究、同伴交流”等途径研究学问并指导自身的教学活动；另一方面，可以通过自我获取研究方式的最佳组合，促进不同区域、学校研究方式的优化整合。

（天正小学　张高洁）

点评：课堂是一个由多个要素和多项任务交杂在一起的复杂的活动系统。要对一节课进行一次深入反思，对职初教师来说是难以做到的。有的甚至是找不到反思的点，难以触及教学现象背后的本质。本案例中运用的“访谈”研修方式，抓住教学过程中的教学设计的“为什么”，教学过程的“怎么做”，教学效果的“怎么样”，让职初教师从一个个点上追思、叩问，在教学现象中思考教学依据，审视教学效果。当然，我们在访谈中，要有一种合作的心态，而不能异化为审视和质疑的态势。我们还可以引导职初教师进行自我访谈，与自己对话。更为重要的是，访谈不是随性和随意的，应该是基于教学原理的，梳理教学环节或者要素，进行点上的提问和思考。

入职0—5年，是教师专业成长的关键阶段。这个阶段是他们增长实践智慧，将从书本学习的理论，动态转化为教学行为的阶段，是思想、观念更新、生长的阶段。因此，基于校本的培养与研讨，能让职初教师在自己的真实的工作环境背景下，获得真实的体验，获得改进和优化自己教学行为的多重力量。教师教育理论告诉我们，这是一条有效的教师专业化成长路径。

基于校本的职初教师教学能力培养，首先要解决他们的教学技能技巧问题，这时，有经验教师的引领就非常重要。从本专题的研修案例中，我们不难看出，“师傅”在优化职初教师的教育教学行为，精致他们的教学细节，提高课堂即兴处理问题能力等方面，有着非常重要的指导作用。基于校本的职初教师的培养，还要有“我在场”的培养意识，职初教师他们既是一位需要学习的“徒弟”，更是共同工作的“伙伴”、“同行”。因此，对职初教师的培养培训，更要注重把他们拉进教研组、学科组之中，让他们承担教学、研究、活动等任务。在具体角色中，发现自己的存在感和认同感，焕发起他们成长的内驱力。职初教师成长的舞台不仅仅在课堂上，他们还是一个教育人，需要有宏观和中观的教育视野，需要有育人的责任担当。因此，对职初教师的校本培养，还必须兼顾全面性。下一章的德育教育及班主任工作的学习，是他们学习重要的一部分。

第三部分　导师指导与德育实践

教育具有悠久而崇高的历史。从柏拉图和亚里士多德这样的先贤，直至今日的教育工作者，教师对他们周围的世界产生了巨大的影响。几乎每个人都会深情地回忆一位或更多的教师，而且有些人将自己生活的成功归功于某一位教师。可见，作为一名教师是多么的自豪。

教师是一种特殊的职业，需要一颗善良而坚定的心。教师只有坚信人性之善，用积极而富有洞察力的生活态度影响学生、帮助学生时，才能发挥自己的潜能，实现自身的价值。尽管教育会有压力，有时也会费力不讨好，但当教师最终会得到与众不同的回报。为此，教师提高个人修养，以人格魅力和学识魅力感染学生，做学生健康成长的指导者和引路人，增强教书育人的责任感和使命感尤为重要。

哲学家雅斯贝尔斯认为“教育过程首先是一个精神成长过程”。可见，育人先育己，育人要育心。教师首先要是文化人，是人格高尚的人，这样才能成为学生的引路人，做学生的良师益友，教书育人方能如春风化雨，为学生的终身发展奠基。

那么，职初教师如何做一名合格的德育实践者呢？在《职业适应期教师校本研修课程指南》中，我们从管理育人与班团组织建设；活动育人与主题教育；行为育人与师表示范三个方面，阐述了德育实践的课程目标与内容、实施策略与建议。这里，我们将展现一批优秀德育工作的鲜活案例或职初教师的班主任工作体验，分享建设班集体、开展主题教育活动、进行家校合作等工作策略。这些案例或许不是解决问题的“万能钥匙”，但从中您会有所启发与收获。

专题一　切磋共建：管理育人与组织建设

理想的班集体应该是什么状态？班主任又该是什么角色呢？这是职业适应期教师不断追问的话题。

有经验的老班主任这样说：班集体应该是一列轰鸣着、奋力前行的火车，班主任就该是动力十足的火车头。班集体应该是一片激情澎湃、千帆竞渡的海洋，班主任就是一名有胆有识的领航员。班集体就像一只展翅欲飞的风筝，爱心和责任就是班主任手中的长线，而要想放飞这只风筝，班主任必须有高超的艺术和技巧。

有经验的老班主任还说：班主任的管理应该追求这样的境界——关注每一个人，让每一个人都感到自己重要，富有责任感；让每一个人都成为班集体的建设者和奉献者。不让一个人感到自卑、感到零落，不让一个人成为另类或异己。

作为一名职业适应期的班主任，要做到这些谈何容易呀！陌生的工作环境，陌生的学生群体，焦虑、孤独、沮丧、抓狂简直就是家常便饭。

然而，只要我们留心观察与虚心好学，建设班集体的秘密武器就藏在我们身边。周围的老教师就是"智慧老人"，他们随时随地都会打开"智慧锦囊"，答疑解惑，指点班级教育工作的迷津。

我们走访了南京市一些优秀的德育工作者，聆听他们的经验介绍；寻访了一批骨干班主任，汇集他们的成长故事。这些宝贵财富，妙法亮招，也许能启迪我们职业适应期教师的德育管理智慧，开启我们德育实践魔法之门。

我们还征集了一批新任班主任的教育案例，他们现身说法，述说班主任工作的酸甜苦辣以及得意举措，也许能激起我们的共鸣，共同寻找到理想班集体建设的最佳方略。

一、名师引路——班团组织建设有奇法

案例一

班级岗位招聘会

——"掌门人"诞生前后

班集体建设的首要任务是组建班级管理队伍。如何依据每个学生的

兴趣、爱好、特长、天资、才能与个性，设置恰当的服务岗位，激活他们的管理意识呢？“班级岗位招聘会”是妙招。

多年的班主任经验告诉我，当孩子们从四面八方来到学校，如同山涧的小溪欢快地汇聚到我们班级的时候，我们看到的不仅仅是形貌各异的男女学生，更应该认识到他们是有着种种差异的发展中的学生。

班集体建设的工作重心在于为每个成员的兴趣、爱好、特长的形成和发展开辟广阔的天地，让每个人都能够充分显示其天资、才能与个性。作为刚入职的新教师，要注意留心观察班级里每一个孩子，从他们的言行举止中，捕捉他们的兴趣爱好，从他们的喜怒哀乐中，体察微妙的心理需求。这样，就能将教育工作做到孩子的心田中。只有善于依靠全体成员的共同支持和参与，在安排各自的岗位时，尽量考虑每个学生的兴趣、爱好和特长，给个性各异的成员提供较多的选择和实现自我价值的机会，班集体的工作才能富有实效。

1. 巧给岗位命名

刚开始，我只抱着试一试的态度，没想到，同学们的反应十分热烈。瞧，班会课进行着。一个个智慧的名字就在同学们的欢声笑语中瞬间诞生了：鱼长（负责养鱼）、花长（负责养花）、报刊发行员（负责协助老师分发报纸杂志）、窗长（负责开窗关窗）、运输大队长（负责领杂志等东西）、灯长（负责开关班级日光灯）……同学们集思广益，让我想不到的是，孩子们竟然能在教室里找到那么多发挥自己才能的岗位，一个又一个新颖有趣的岗位名称让我惊叹。当班会课结束时，班上每一个孩子都有了自己心仪的岗位，有的独立承担一个岗位，有的两三人组成一个管理小组，轮流上岗，有的设有正副职。严肃而热烈的讨论中，孩子们一个个俨然是班级的主人。自己设岗，自己命名，凝结着自己的智慧与情感，认同度就高呀。只要是孩子们喜欢的，我就认可，保护他们的创造性和主人翁意识。

经过协商，我在班上设计了如下的26个岗位，并制定了岗位职责。然后，张贴在班级醒目的位置上，供大家竞选。同时，写上一段激励大家参与的话语：“班级人人是主人，人人都有岗。自荐上岗，定期培训，明确职责，大胆工作。自主是前提，责任是关键。小主人个个都是小能人。”

班主任	班长	副班长	学习委	体育委	宣传委	文艺委	劳动委

班级岗位由学生制定，我这样做保护了孩子们的积极性，又呵护了他们

的向上进取之心。

学习能豆豆	协助各科老师收发作业本(各学科设立正副各一名)
卫生小白鸽	教室保洁(两名)
图书管理员	负责班级图书借阅整理(两名)
报刊发行员	负责报纸杂志的发放(一名)
灯长	负责日光灯的开关(一名)
花长	负责养花(成立绿化小组)
窗长	负责开窗关窗(一名)
掌门人	负责开门锁门(一名)
劳动小能手	负责分配卫生打扫任务,监督检查(每天各有正副两名)
纪律小卫士	维持课间活动秩序(四名)
节能小卫士	负责电器的开关(一名)
黑板小卫士	负责整理讲台、粉笔盒、黑板(一名)
运输大队长	负责领取班级杂志、牛奶等东西(两名)
鱼长	负责养鱼(细心、有爱心的两名)
伞长	负责雨具(一名)
成绩录入员	记录各科成绩(电脑高手两名)

2. 争当班级“掌门人”

有了岗位,由谁来担任呢?大家自荐、推荐,自己的事情自己做!责任意识的培养就在其中。

也许是被同学们积极的态度所感染,平时不太爱说话的小陆也举起了手。看他那一脸真诚的样子,我纳闷:他究竟能干什么呢?但我实在不忍心打击他的积极性,于是便请他起来说两句。小陆不慌不忙地站起来,响亮、自信地说:“我想负责每天开门、锁门!”“啊!?”小陆此言一出,班上一片哗然。“不行!不行!他经常迟到,怎么能开门?”“他自己作业都不能按时完成,怎么能认真完成开门、锁门的重要任务呢?”“不行!不行!”……同学们的嚷嚷也正是我心中的困惑。我示意大家安静下来,再请小陆说说自己的想法。小陆的话让我们每一个人都深感意外:“我以前是会迟到,但只要同学们给我这个机会,我就一定不会辜负大家的希望。我每天留下来写作业,正好把门锁好。我希望大家能相信我一次。如果试用后不合格,我就自动下岗!”

小陆看来是经过深思熟虑了,这番真情表述似乎打动了同学们,教室里一下子安静下来。不知谁先起了个头，大家竟然为他鼓起了掌。既然大家都同意了，虽然我心中有那么多个不放心，但此时也只能搁在一边。小陆那坚定的眼神告诉我，他一定能干好！

"好，谁给他这个岗位起个名字？"

"门长！""看门的！""掌门人！"

"你们看，哪个名字好？""掌门人！"

又是一致通过。我们班的掌门人就这样诞生了！——一个专门负责开门、锁门的"掌门人"！

3. 履职第一天

清晨，当第一缕阳光照进教室的时候，我和往常一样早早地上了楼。此时的教学楼还很安静，偶尔早来的几个孩子正在打扫卫生。我走到教室门口，按老习惯正准备掏钥匙开门的时候，发现门已经开了。我走进教室，发现教室最后的角落里一个孩子正忙着扫地。听到声音，他抬起了头。哦！是小陆！我们的掌门人！今天是他正式上岗的第一天！他说话还真算话！我心中暗暗高兴。良好的开端是成功的一半，希望他能坚持下去。但他究竟能坚持多长时间呢？我心中没有底。

日子一天一天地过去了。小陆依然每天第一个来，最后一个走。听他爸爸说，孩子长这么大，从来没有看到过他如此认真地做一件事。小陆是在用行动兑现自己的诺言。很自然，试用期满后，他正式上岗了。我庆幸自己给了他这样一个机会，保护了他那颗稚嫩的童心，在他幼小的心里，播撒了一颗责任的种子。

岗位锻炼人呀！这个孩子在自己的岗位上能够尽职尽力。这不就可以培养班干部的组织能力了吗？

4. 坚持就是胜利

小陆依然话不多，他还是会迟交作业，还是会和同学追打哄闹，但他一直坚持着认真地开门、锁门。教室的钥匙没有拴起来，他害怕掉了，不用人提醒，不声不响地用一根红绳子把它拴好，开门之后就挂在门边。每天看着这用红绳子拴着的钥匙，我心中就会涌起一股暖意：多好的孩子啊！一个对开门、锁门的事如此负责的孩子，他还有什么事做不好的呢？慢慢来，让我们陪着孩子在人生的道路上慢慢走，等着他们慢慢长大。

哦！掌门人，一个不一般的"掌门人"！

班级管理中，我还会采用各种活动，培养小干部。如"小岗位轮换"，是班级管理的一种策略。在根据班级、学生的具体情况，设定班委及小岗位后，灵活地确定每届的任期，在期中进行一次岗位民主评议。对工作出色的提升为小导师，同时调至其他岗位再体验，而对于一些工作不到位的同学，通过评议，集体献策改进工作方式，提高其责任意识和工作能力。让每个学生都尝试一下当干部的酸甜苦辣。

要充分调动每个学生的积极性，以发现、发掘、发展每个人的潜力为目标，有意识地采取多种多样的任用方式。可以采取民主选举、公开竞选、推荐自荐、班长聘任、班主任委任……不管采用何种方式，都应该将那些积极要求进步的、渴望表现自己的、某方面有特长的、特殊家庭的、有闪光点的学生，及时放到适当的岗位上磨练。有时，可直接委任某些方面有缺陷的学生，担任某个职务。

新一届的干部上任以后，班主任要满腔热情地指导他们的工作。特别要指导班长的工作：指导班长理清工作思路，学会布置工作，学会督促、检查工作；学会协调人际关系，及时、公正地处理一些事情；学会调查、研究、讨论、决策……班主任因势利导，培养一批有管理水平的小干部。

（拉萨路小学　武立华）

点评：班级要实行科学管理，首先是建立班级管理组织。在进行班级组织建设时，新教师要向学校里的老教师学习，采取商量、讨论、自荐或他荐等方式，组建班级管理团队。在此基础上，逐渐完善班长责任制、班委会成员责任制、值日班长责任制、物品保管责任制等规章制度。尤其是班级岗位责任制度要明确、具体，落实到人头，这样就能像案例中的武老师那样，因事设岗，因人而用，事事有人做，人人有事做。

案例二

班团干部的管理规范
——民主自治的秘方

全国优秀班主任李镇西在做班主任时，给班级的干部制定了严格的管理规范。我们选读其中的一部分，希望能给职初教师的班级干部管理带来锦囊妙计。

1. 班长应严格执行《班规》，管理升旗仪式时的队列，负责安排值日生，抓班级纪律，协助其他班委搞好工作。每周向全班作一次总结，平时代表全班同学向班主任反映意愿并监督班主任工作。保管教室钥匙一把。班主任不在班上时，代行班主任职权。若有失职，视情况严重程度，分别予以在班上作书面检查、留职察看或撤职等处罚。

2. 学习委员平时应认真填写《教学日志》，并按时交到教导处。打考勤，组织各类学习交流活动。负责统计班级每次考试的相关数据。若有失职，分别予以在班上作书面检查、留职察看或撤职等处罚。

3. 生活委员负责安排检查清洁卫生，负责管理教室的电灯等其他电器，在生活方面为同学提供各种力所能及的服务。若有失职，处罚同上。

4. 文娱宣传委员应积极组织各种文娱活动，每月至少负责办一期板报，写各种班级文书。若有失职，处罚同上。

5. 体育委员负责早操和体育课整队，管理纪律。记载体育课违纪情况，组织并监督课间操与罚跑。组织班内及班级间各项体育活动。若有失职，处罚同上。

6. 纪律委员负责课堂纪律和自习纪律，提醒并监督同学们遵守课堂纪律，记载违纪情况。若有失职，处罚同上。

7. 团支部书记，做好团员管理工作；协助班长做好学生纪律管理；负责有关文书写作。若有失职，处罚同上。

8. 班主任随时听取同学的意见和建议，班干部一个月接受全班同学一次评议。特别不称职的可以中途撤换（十名以上同学集体签名上交班主任可即时罢免）。

班干部必须接受监督同学的监督。对徇私舞弊者罚其独自扫教室一天；对执行不严者对应相关处罚。

（本文摘自全国优秀班主任李镇西的博客）

点评：“不以规矩，不成方圆。”一个集体要维护自己的统一，必须有一定的行为准则与判断标准，这就是集体规范。在班级管理中，经全体成员的参与，制定了若干合理而且可行的具体条例与规定，就需要规范面前人人平等地执行。

“火车跑得快，全靠车头带。”李老师给班级干部立规矩，就是用规范制约班级学生干部。在全班树立“规范面前，人人平等；正己，才能正人”的民主管理意识。

案例三

QQ群，凝聚人心的密器

三年，平平凡凡的一千多个日子。QQ，似红娘，架设师生心灵相约的鹊桥；QQ群里的千言万语，温暖你我，见证师生幸福相伴、共同成长的美好时光。显然，现代通讯手段的巧妙利用，也能助班级管理一臂之力。

每一天，不经意间，总会有不同于昨天的情景翩然而至，总会有一些令人感动的片段破土而出。即使我们的生活是如此平凡，在这三年里，6班的孩子和我一起成长，快乐地学习。

开学第一节课，看看教室里一张张稚嫩的小脸上，透着一些拘谨害怕。此时我暗暗窃喜，老老实实的听话就好。随后的每天早上，我检查孩子们有没有按照我的规矩来，课代表带领大家进行早读。经过一段时间的巡视，自觉早读的学生越来越多。此时，我便稍作停留，随即离开，不再打扰属于6班每个学生自己的早读时光。

什么是教育？是空洞的说教，无谓的怒吼吗？显然不是的。只有给学生学习的空间，让他们明白，早读、自习课、每节课的时间都是自己的，有计划地安排，合理地利用自己的时间，才会取得良好的学习效果。很高兴，6班的孩子们正在养成主动学习的习惯。

有一天，班上一名学生问道："老师，QQ号多少，加入我们的班级群吧？"我有些迟疑，这样的群会不会成为孩子们上网的借口？

但转念一想，网络时代了，何不借此联络学生的情感，也许还能探一探他们的小秘密呢。

于是，我就答应道："好的，我的QQ号是猫小姐。"全班笑声一片，几个孩子居然在下课时煞有介事地说："猫小姐，今天的作业直接发在群里。"显然，换个方式布置作业，学生还是挺期待的。

随后我规定了班级群周一到周五的作息时间，不影响做作业。爱子心切的"广爸"也加入班级群，悄悄监督着呢。

我真心感谢班级群，大家会分享一些励志的话语，传递着正能量。我发现了孩子们更可爱的一面。群里号称是我"亲人"的俊杰同学（俺俩同姓，才有此说），总是会慢半拍，总会问作业。"星同学"不厌其烦地报告写作业进度，得意得很呢。“聪同学”一直潜伏着。平日话最少的“文茜”同学也有开心的表达。“潇同学”经常接受我的任务，她回复的表情总是让我乐一乐。这里的每个孩子展现出他们纯真善良的一面。也许是虚拟的世界，我借助QQ表情，毫不吝啬表达我对每一孩子的喜爱与赞美，居然还会招来“嫉妒、吃醋”。源于真心交流，我们之间的距离更近了，属于我和孩子们之间的秘密，专用词语越来越多。

“这节课我们一起复习一下《陈涉世家》。”教室里坐了十几个听课的老师。孩子们刚开始显得有些小紧张，一双双眼睛一直注视着我。随后专属于我们的课堂得到了真正的展现。“哪位同学朗读一下课文？”要是平时，我可不是这么问的。“我愿意。”（同学们笑了，听课的老师也笑了。这可是广告词哦）这是胖胖的王同学，有着一张灵巧的嘴，可惜的是在家的学习无法保证，因作业的问题经常挨批，成绩一直不温不火。但这些并不影响王同学的心理，她依然快乐着。听着她洪亮的朗读，我也开心极了。“糖宇，你来解释加点词语。”“叶子，上黑板默写。”一节课就这样轻松地结束了。评课时，老师们对这样的学习氛围大加赞赏。只有我知道，与孩子们的心贴近了，课堂上娓娓道来，轻松交流，快乐学习才能得以真正实现。QQ上的昵称，让我们的心更为接近了。

三年走来，留下的是孩子们成长的脚印。教育与快乐相伴。孩子们在各个方面表现出强大的能力。高质量的黑板报，书香墨韵的班级布置，运动会的总分胜出，常规考核的优秀，书画作文竞赛获奖……这是孩子们成长的见证。成长路上他们明白了：自己学习，自己活动，自己管理，尽全力就能创造更多的精彩。

（华电中学　魏　萍）

点评：案例中的魏老师借助QQ群，找寻到了适合本班的教育秘方，建立了属于自己与学生之间的“密码”。师生间QQ互动中的评价、鼓励、提醒与分享，让彼此享受到进步的喜悦和成功的快乐，心与心贴得更近了，班级管理也顺畅多了。QQ，成了凝聚师生情感的密器，发挥了教育的正能量。

随着信息技术的发展，班级QQ群、班级博客、网上视频、短信家访等都是班级管理的新平台、新手段。善用它们，会给我们的班级管理带来不一样的效果。

二、群体合作——班级教育共同体显奇效

案例四

多彩的竞学小组
——同伴共进的助推器

管，是为了不管，也许是我们做班主任梦寐以求的愿景。多样的竞学小组，是激励学生自动自发，互助成长，实现从他律走向自律的良方。

初二阶段是学生分化最严重的阶段，在这一阶段的学习尤为重要，只有让学生更多地投入学习，思想分化才能得以缓解。为此，我在班级环境建设中设置了三个板块：群英争霸，青春足迹，群星闪烁。

“群英争霸”为组与组之间的学业成绩竞赛提供展示的平台。“青春足迹”为组内成员常规表现提供直接的视觉提示。“群星闪烁”为每两周一次的小组竞争赛中表现突出的小组提供展示的机会。这三个板块专为班级竞学机制设置，在空间上强化了常规、学习的重要性。竞学，就是让学生们自己挑选竞争对手，自主成立一个学习型小组，在每次大型考试结束后进行兑现活动。兑现可以是组内兑现，也可向其中一支实力相当的小组兑现。竞争中成绩较低的失利者要给胜者一份小礼物，这份礼物可以是一句名言、一句鼓励的话，也可以是一块橡皮、一支笔，目的是相互勉励，找出原因，共同进步。

这项活动开展得如火如荼，班内共有八支竞学小组，分别为狭路相逢组、逸尘凌虚组、Angle在线、RBC、火蓝刀锋、冰雪Queen、Smile爷、史莱克六怪组。每个小组建立了组员档案，其中有小组成员介绍，小组的组歌、组徽，成员各自的职务头衔及各科考试情况。每次阶段考试，成绩一出来，组长都要负责计算组员均分，并向同层次的竞学小组宣战，应战；失利的组长还负责组织组员分析讨论不足，互相帮助，互相督促，树立信心，迎接新的挑战。这样以竞争为乐的气氛，使学生在竞争中取长补短，共同进步，也有效控制了初二的两极分化。

多彩的竞学小组，让同学们呈现出“坚持不懈的自我超越”、“细水长流的心智改善”、“持之以恒的愿景累积”等良好态势。个人自主与团队合作的学习方式，促使集体中的每一个成员更加努力地去实现班级共同愿景。实

践证明：班级的竞学小组，的确是同伴之间比学赶帮超的助推器。

（第三中学　刘玉英）

点评：案例中的各种学习型小组，都是在班主任的引导下，学生自发地建立的。这些组织能够正常运作，离不开班级奋斗目标的确立。

班级，也是社会生活的一部分。学生自愿组合，在有趣的学习小组中学习、工作，享受集体互学互助的生活，其本身就是社会性成长的体现。而这种学习型小组，可以凝聚小组内、组际间的智慧，为小组或班级的教育目标建言献策，贡献团队力量。

作为新教师，我们也渴望自己带的班严肃活泼，孩子们招之即来，来之能战，但是，不经风雨哪有彩虹。轻松的背后是辛勤的培养与指导！

案例五

班级教育小组
——新教师快速成长的平台

当你为课堂纪律的管理犯愁时，当你布置作业出问题时，当你与学生家长发生矛盾时……独自面对，硬着头皮扛起时，是否渴望有一群导师为你支招、解围、补台救场呢？文中的胡老师就如此幸运，享受着班级教育小组的温暖。

我是一名新教师，管理班级的纪律成了我最头疼的事情。

我的师傅闻安凤老师得知后，十分关心我的工作状况。为此，她召集老师们开班级管理例会。

奇怪的是参加会议的不仅有教学老师，连住校管理的生活老师也在。带着好奇心，我细细听了那次例会。老师们纷纷对班级的现状提出了自己的看法，生活老师还介绍了学生在宿舍的表现。边听边想，我终于找到管不住学生课堂纪律的原因。首先，要制订规范。师傅们告诉我可以编儿歌提要求。如："上课铃声响，快步进课堂。坐好等老师，仔细来听讲。""要发言，先举手；得到允许，再开口。”接着，课堂上注意养成守纪律的习惯。做到随时提醒学生，时时注意训练学生。最后，闻老师他们对后面的工作做了安排，希望大家严格常规管理，各学科教师共同商议，制订较为一致的班级纪律，共同执行，强化训练。

渐渐地，我明白了，学校采取的班主任领军，多学科教师参与，集体负责的班级教育小组真有威力，集大家的智慧解决一个个问题，比单兵作战强百倍。

记得，一年级新生学前培训时，教育小组的每个人都参与其中。经常是教育小组中的三位老师全部到场，相互配合完成工作。

记得一节游戏课，要把学生分成三批。这样分工：崔老师在教室管理没轮到玩游戏的学生，给他们猜谜语。武琼老师负责给玩游戏的孩子摄像。我的任务是带着孩子玩游戏。

由于我是新教师，没有经验，各位老师特别提醒我要先分组，选好组长，安排好游戏的步骤、时间，器材等。只有精心地做好准备，学生才能有条不紊地开展游戏活动。我按照大家的指导，顺利地完成了游戏活动。

“听君一席话，胜读十年书。”我非常感谢教育小组里的每一位老师给予我的指导与帮助。课堂纪律好了，我上课也轻松了，学习任务也能顺利完成了。

晚自习后，我们一起去学生宿舍关心孩子的住宿情况，帮着生活老师一起安抚一些哭闹的小朋友。当时，“一线通”还没有开通，崔老师进行分工，每人给十多位家长发了短信，让家长放心。

一路上，几位师傅还不时地夸奖我：胸中有纪律，眼中有学生，管理不放松啦。其实，管理课堂纪律得婆婆嘴，碎碎念。新教师不会这个功夫，有时还不好意思。

“师傅领进门，修行在个人。”新的挑战也在等着我呢。

班级教育小组中，我的交友对象是个帅气的小男孩李同学，然而就是这个看上去白白净净的孩子，课堂上没有几分钟能静心听课，不是摸铅笔，就是翻抽屉，或者与别人说闲话，不遵守纪律。更让我后怕的是，开学第一周的一个晚自习，他在自由活动时，擅自离开了活动范围，跑到校门口，要求门卫给他打电话回家。当时我甚至都没有注意到这个孩子不见了，门卫打了电话给班主任崔老师，还在校车上的崔老师连忙电话通知我。此时我要看管班级其他的孩子，走不开。李璐老师热心地帮我把那个孩子领了回来。当天晚上我拉着那孩子谈话了很久，到了第二天，教育小组的每个老师都对他进行了教育，也与他的家长进行了沟通。这个孩子当面答应得好好的，行动上却不见起色。

我们教育小组的老师对他加倍关注，天天跟他讲道理，一有进步就发小奖品鼓励他。可他还是一有机会就想跑出校园，在教室也不太服从管理。

我们在周例会中商量办法。他上厕所或出去洗手，崔老师指定五个同学轮流陪着他；他去医务室，教育小组老师亲自带他去。每周，教育小组的成员轮流与他父母沟通他在校的情况。经过不懈努力，这个孩子现在进步很大，不仅不会擅自离开集体，课堂上注意力比以前集中很多，作业也越写越认真了。

从李同学的例子让我感觉到教育小组齐心协力教育孩子的效果真好。大家协作，补台不拆台，一人有困难，大家齐帮忙。作为一个新教师，在大家的呵护与帮助下，化解了教育的难题，避免了危险的发生，从中也学会了应对问题的技巧。

前不久，班主任崔老师家中有事，而英语武老师生病住院，班级管理要我一人独当一面。出任“临时班主任”那几天，班级的事务多到让人应接不暇，小干部帮我分担了不少，班长苏同学和刘同学一下子变身“贴心小天使”，帮助老师看管班级纪律不说，还利用自由活动时间组织了几次班干部会议商讨班级事务。我的班级管理达到了事半功倍的效果。

一周之后，两位老师回到班上，欣喜地看到班级事务一切井然有序，对我竖起了大拇指。得一点窍门，摸一点门道，心中别提多开心啦！

由于尝到了班级教育小组对自己帮助的甜头，我开始琢磨：学校是怎样建立班级教育小组的呢？又是如何管理与评价的呢？我请教了学校德育处的周卫兵主任。周主任这样介绍的：

1. 教育小组人员构成

班级教育小组分为核心成员和重要成员。核心成员是班主任以及2～3位任课教师，部分教师任教不止一个班级的课，但他只进入一个班级教育小组，参与班级的教育和管理工作。重要成员，包括学生代表两名（能够反馈学生意见的学生），家长代表1～2人。

班主任是主要的负责人，是班级教育小组的组长。班主任作为组长是这个集体的行政领导，班级管理体制改革是在最基础的班级建立了最基层的行政组织。

2. 教育小组的工作形式

班级教育小组核心成员集中办公。一般采用下面的工作形式：

(1) 日碰头。核心成员每天用5～10分钟随机处理一下班级的问题，或者将第二天的工作安排好。

(2) 周例会。如果只是小结本周工作，安排下周工作，只要核心成员参加就可以了。但有时候班级要展开比较大型的活动，或制订班级工作计划、制度，这时候就需要通知学生代表甚至家长代表与会，一起讨论工作该如何开展。

(3) 月诊断。每学期三次，开学、期中考试之后、学期结束之前，对班级学生逐一进行诊断。特别是新接一个班级的第一次，至少两小时的时间，对每一个学生的智力因素、非智力因素、长处、短处，以及该学生整体应该在哪些方面去发展、提高，进行具体诊断分析，然后由谁去指导，分包到每一位老师头上去。不再是班主任管理全班40名左右的学生，而是整个教育小组的核心成员去共同指导。第一次诊断之后，第二次和第三次没有必要再每个人一一过堂，只对一些比较突出的、存在较多问题的或特别优秀的学生再进行一些重点的诊断，给出具体指导的方案。

3. 教育小组的工作内容

目前，我们把需要完成的任务归纳为四项分工——重大活动分工、主题班队会分工、值周班主任分工、牵手学生分工。

重大活动分工是指当班级有比较重要的活动时，教育小组的所有成员都要参与其中，为活动的开展出谋划策，同时根据每个老师的特点，承担相应的任务。例如：体育节到了，学校会开展一系列的活动，仅靠班主任一个人，很难把工作做到位。这时，班主任利用周例会与大家共同商议：学生的入场式如何设计？需要什么样的服装、道具？由谁来训练？参加比赛的同学由谁带着训练，提升成绩？这些具体的工作均要由教育小组成员集体商量决策，同时根据个人的特长领取适合自己的任务，分头进行。学校每年的六大节、春季远足、秋季实践等重大活动均是这样进行的。

值周班主任分工是指教育小组成员轮流参与班级的管理，每个人分管一周，从学生早晨到校的卫生、早读、早操、课间、夕会等多方面入手，承担起班级管理的责任。

主题班队会分工是指每周的班队会并不是由班主任一个人承担，教育小组的核心成员每人每学期至少组织一次班队会，参与到班级的教育中来。

通过上述两种分工，提升教育小组成员的育人意识，同时不断提升他们的育人能力，对全员育人从能力上给予保障。

牵手学生分工则是指把班级的学生相对平均分给教育小组老师，每个人分包10名左右的学生，要求老师对分包的学生多观察，多交流，多指导，使指导具有针对性，让指导落到了实处。

过去这些事情全都由班主任来承担，现在是由班级教育小组成员尤其是核心成员集体承担、集体行动，大大提高了工作的实效，从而让班级的管理更加细化。

4. 评价方式和分配方式

任何一项改革，必须要有相应的评价方式和分配方式。如果没有评价方式的改变，任何改革都很难完成。我们的评价方式，对任课老师既看教学工作，也看班级工作。原本几乎百分百看他教学的情况，根本不去考虑他在班级工作的情况；但现在不同，现在至少要有30%～40%的权重是看他在班级教育小组工作的情况、实际的效果，教学工作占50%左右。我们平时发班主任津贴的时候，所有教育小组成员只要参与了班级教育小组工作，每个月都有一定的津贴。另外，在学期奖的评定中，既要看该老师的教学工作，也要看他在班级教育小组中的工作情况，采取的是捆绑式的考核，即考核小组整体，20%是优秀，70%是良好，10%是合格，每个班级教育小组有四名左右核心成员的评定等级是一样的，让每一位老师在这样的集体中，具备集体的思维和行动。

听了周主任的介绍，我为自己能够在这样一所学校工作而自豪。作为一名新教师，周围有这么多教育经验丰富的导师点拨、引导，教育不孤单，是多么庆幸呀！

（南京市外国语学校仙林分校　周卫兵　胡博文）

点评：案例中南京外国语学校仙林分校，创新德育管理模式，成立班级教育小组，为新教师的成长搭建平台。在这样的集体管理中，新老教师、多学科教师“抱团取暖”，融合教育力量，减轻了职初教师的工作压力，让新教师不再孤军奋战。同时，也为各校提供了值得效仿的班级德育范式。

虽然我们所在的学校管理体制与该校不太一样，但是可以结合自己的校情，大胆创新，为年轻班主任专业发展铺路搭桥，缩短他们的成长期，让新教师尽早适应纷繁复杂的学校育人工作。

案例六

有效的沟通技巧
——家校携手同心的黏合剂

约谈家长“告黑状”，掀起“暴风雨”，不仅是走向教育的反面，而且把家长、教师、学生三者之间的关系对立起来，变得僵硬。智慧，只因换了一个说法，礼让一寸，得礼一尺。也许，这一对师徒与家长沟通的故事，会让你体悟更多。

作为一名老教师，学校连续几个学期在师徒结对中给我安排了新教师作为我的徒弟。在日常工作中，我们共同面对遇到的问题，共同想方设法解决问题，以期取得家长对我们工作的大力支持。

那是一个周五的晚上，急促的电话铃响起。拿起手机一看，不是熟悉的电话号码。接通之后，是一个陌生的老太太的声音。“老师，不好意思这么晚打扰您。我想向您反映一个情况。”虽然话语比较客气，但是依然可以感觉到对方激动的情绪。

这么晚打来电话的是班级学生小美的婆婆。小美的爸爸妈妈都是留美博士，平时工作很忙，都是由婆婆照顾小美的生活和学习。

前几天放学回家，婆婆发现活泼的小美总是不开心的样子，一拿出数学作业就唉声叹气。于是，问孩子为什么不开心。孩子委屈地说：“数学老师很偏心，他只喜欢班上成绩好的同学，不喜欢我。”听了孩子的诉说，婆婆想还是和数学老师沟通一下，看看是不是孩子学习上有什么问题。于是，便约数学老师周五下午面谈。

让婆婆生气的是，数学老师告诉她，孩子在数学学习方面不灵光，没有天分；还说，有些人天生学不好数学。婆婆很不服气，孩子的父母都是留美博士，而自己也是非常有名的儿科专家，自己家的孩子怎么就在数学学习上没有天分呢。于是，两个人在办公室争执起来。回家之后，越想越生气，就打电话给孩子的父母。孩子的父母一听，也非常生气，说是周一来学校找校长反映情况。婆婆知道我是数学老师的师傅，担心事情闹大了影响不好，便先打电话给我说明事情的原委。

听了婆婆的倾诉，我先安慰她不要着急，不要把这种情绪传递给小美。多给孩子鼓励和帮助，让孩子对数学学习充满兴趣和信心。婆婆听了我的话，暂时平静下来。

放下婆婆的电话，我立即打通这位数学老师的电话了解情况。说起下午的经过，他也是满腹委屈。他说小美每次考试成绩都不好，同样的问题别人讲了就明白了，跟她讲几遍都不懂。每天都要帮小美补习功课，怎么就吃力不讨好呢？

这位数学老师刚刚参加工作，很有热情，也非常热爱儿童，课间经常和学生们打成一片。可是，毕竟年轻气盛，希望自己教的学生个个都能取得好成绩。估计和家长沟通过程中出了问题。于是，我先肯定了他的工作态度。然后跟他耐心地交换了思想。希望他跟长辈交流，要先表扬孩子的优点，让家长从感情上接受你。然后要求他将心比心看待自己工作中的不足，如果别人当面指责你，即使是为你好，你可能也不愿意接受吧。

听了我的话，数学老师沉默了。我接着说，你和家长沟通的目的是什么？不就是让家长支持你的工作吗？老师和家长都希望孩子学好，目标是一致的。再说了，小美的婆婆比你父母的年龄还大，跟长辈讲话，最起码的礼貌和尊重还是需要的吧。良久，数学老师说："我今天确实太急躁了，态度不够好。明天，我先打个电话给小美的婆婆吧。"听他的口气，已经平静了很多。

星期一早晨，小美的婆婆来到学校。因为周末数学老师已经打电话解释了自己的想法，小美的婆婆态度明显缓和。数学老师又真诚地道了歉，表示一定会更加关心小美，鼓励小美学好数学。小美的婆婆也表示了谅解。后来，数学老师对小美的数学学习改变了原来的方法，给予更多的耐心和鼓励。家长看到孩子的进步，也就放心了。后来，小美的爸爸也打来电话表示感谢。

数学老师和小美的婆婆之间产生的矛盾，看上去是一件小事，可是，如果不能及时有效地沟通，后果可能不堪设想。究其原因，我觉得数学老师前期存在以下几个方面的问题：

1. 评价不当，伤害了家长的感情

在跟小美的婆婆交流时，数学老师过多强调了小美在数学学习中存在的问题，虽然初衷是善意的，可是，容易给家长造成误解。再加上孩子认为老师不喜欢自己，家长已经有了先入为主的印象。老师当面指责孩子没天分，就是给孩子的学习定性了。这样，严重伤害了家长的感情，导致矛盾激化。

2. 埋怨情绪，影响了与家长的沟通

年轻教师自尊心很强，希望班级有个好成绩，急于证明自己的能力，而后进的学生拖了班级的均分，多少存在一些情绪。教师与家长之间互相埋怨，一方怨老师不会教，一方怨家长不会养。这样，导致双方产生对立情绪。交流时，这种情绪不经意流露在话语里，往往让对方难以接受。

3. 缺乏尊重，阻碍帮扶计划的交流

从整个事件来看，小美的父母和婆婆都是高知，属于有教养的人，不存在无理取闹。家长到学校和老师沟通，也是想了解孩子的情况。作为老师，与家长沟通的目的，也是希望与家长交流帮扶孩子的计划，取得家长的支持。教师缺乏对家长的尊重与理解，就会失去共同帮助孩子的契机。作为年轻教师要虚心听取家长的意见，客观对待学生的错误，以商量的口气与家长共商教育方法，对家长给予应有的理解和尊重。

那么，作为一个年轻教师，如何与家长进行有效沟通呢？我觉得：

第一，教师要取得家长的信任。信任是沟通的基础。信任是合作的台阶，没有高度的信任就不可能有非常成功的沟通。中国有句古话叫“亲其师，信其道”。只有让家长觉得你可亲可敬，才会信任你，理解你，支持你。而这份信任来源于你平时对孩子点点滴滴的关爱和帮助，孩子愿意信任你，亲近你，家长自然也多了一份信任和亲近。

另外，和家长交流的态度很重要。作为老师，要设身处地地理解家长，理解家长“望子成龙”的愿望与我们“望生成才”的愿望是一致的。同时，要用诚恳的负责任的态度和家长交流。对孩子的方方面面作充分的了解，包括学习成绩、性格特点、优点和缺点、家庭基本情况以及你为这个学生做了哪些工作等，最好拟一个简单的提纲，这样做的一个好处是：你在与家长交流时，就能让他感觉到你对他的孩子特别关心、重视，产生你工作细致、认真负责的好印象，这样从情感上容易迅速沟通。在谈孩子缺点的时候，教师最好能主动、坦诚地检视自身在工作中的失误，商讨纠正、改进的措施，让家长觉得你是在真心实意地爱护他们的孩子，从而接受你的意见并积极合作。

其次，要尊重家长，维护家长的尊严。俗语说：“庄稼是人家的好，孩子是自己的好。”虽然父母也会看到孩子的诸多不足，但是大多不愿让别人数落自己的孩子，这是人之常情。我们与家长交流时，切记不能当着家长的面批评孩子。如果想告知孩子所犯的错误，一定要就事论事，千万不可给孩子随便定性。我们可以告诉家长孩子在学习中存在的问题，但不能说孩子没有天分；我们可以告诉家长今天孩子作业没有完成，但不能说这孩子太笨了，这么简单的问题都不会。也不要去做比较，“别人都完成了，只有他一个人没有完成”……总之，跟家长交流的内容，一定要考虑到家长会不会接受，能不能理解。尽量用委婉的言辞、诚恳的态度，动之以情，晓之以理。要让他为你的话动心，别让他为你的话伤心。回去之后如果迁怒于孩子，就得不偿失了。

第三，最好能给家长有效的指导。在和家长沟通前，我们一定要明白沟通的目的是什么。我们并不是想借此宣泄自己的不满，也不是想让家长感到多么的难堪，而是想让家长和自己一起努力，共同教育好孩子。如果只是在家长面前告上一状，告诉家长这个孩子如何如何表现不好，我想这样做，不仅达不到沟通的目的，也会让家长对孩子丧失信心。

因此，与家长沟通时，我们可以帮助家长分析一下孩子出现问题的原因是什么，共同探讨一下用什么方法教育孩子可以解决问题。不妨多给家长提供一些教育孩子的方法，针对不同的孩子、不同的情况，给出合理化的建议。如果每次请家长来都是这样沟通，家长每次跟你交流都觉得有收获，还会不支持你的工作吗？

总之，新教师刚刚踏上工作岗位，与家长的交流和沟通看上去是一个小问题，却是一门大学问，而这门学问蕴藏着无穷的教育魅力，需要我们不断学习，不断研究。

（游府西街小学　宁景位）

点评：古人云："与人善言，暖于布帛；伤人之言，深于矛戟。"案例中的宁老师富有经验，沟通前，做足功课，摸清谈话者的家庭背景，性格；确立沟通的主题，列出沟通的提纲；沟通时，尊重对方，耐心细致，注意调整自己的情绪，说话实事求是；沟通后，礼貌相送，感谢对方的支持与理解。经验先导，为青年教师做了有效沟通的示范。

新教师在与家长沟通时，要学一点言语表达的技巧，换位思考，推己及人，争取家长的理解与支持。"师傅领进门，修行在个人。"与家长有效沟通是一门学问，需要我们不断地实践，积累经验。相信，只要有诚心，善表达，互尊重，有策略，就一定能取得家长的支持，凝聚家庭教育的力量。

三、评价创新——班级管理育人策略有奇能

案例七

"阅读"暖童心，"论坛"育新苗

《我亲爱的甜橙树》在中国大陆正式发行，她和学生的感言作为书评印在图书封底；国际广播电台葡萄牙语电台主持人对他们做了电话阅读采访，中央电视台又为他们做了一期读书节目。这其中有着什么样的故事？快乐的记忆就在林老师的娓娓道来中……

2007年我刚接手一个班，用什么点子把这个比较散乱的班级凝聚起来呢？我选择了用“阅读”管理班级。这个管理智慧是怎样萌发的？又是如何持续发展的呢？

记得有一次，我看到《小妇人》时，惊讶地发现毫无文学素养的女主角，能够变成剧作家竟源于一本书——《我亲爱的甜橙树》。真有这本书？我搜寻南京各大书城，了解到这本书至今没在大陆发行。上网继续搜索，终于找到了台湾繁体版，以及个别不完整的章节，经过拼凑、处理、打印、装订，自制了一本《我亲爱的甜橙树》。

拿着自制书，我激动地告诉孩子们寻找它的经历，接着开展全班共读、配画、写感言的活动。我第一个在书的背页写读书感言，画了自画像，添上青草地，空中飘舞的蒲公英……孩子们都想得到这本书。怎么得到这本书？“只要让我看到你的进步！”孩子们每天自己和自己比进步，生活与学习多了一份乐趣。

全班共读的故事被我写成教育随笔发表在《江苏教育》上。人民文学出版社的编辑在网络上看到我的文章，希望看到我和孩子们的阅读感言。《我亲爱的甜橙树》在中国大陆正式发行，我们的感言作为书评印在图书封底。

2010年，国际广播电台葡萄牙语电台主持人对孩子们做了一期电话阅读采访。2011年，中央电视台做一期读书节目，又需要他们的视频……有趣的情节给孩子们不断带来喜悦，快乐的记忆被孩子们陆陆续续写在自己的文字里。这个班也因为阅读成为“学风浓，班风正”的优秀班级。阅读管理班级，我们还可以做些什么？

1. “流动书吧”。班级图书角，精彩纷呈，藏书统计造册后，张贴在班上，让每个学生在自己的课外书上写上名字、学号。班级流动图书角，更方便每个孩子借阅，达到资源共享。班级文化墙里张贴孩子们制作的精美读书卡、读书摘录，撰写的读书心得，每天可以共享共赏交流学习；“流动书吧”、“图书城堡”、“绿色书林”……带领着学生们畅游书海。在我们的阵地带动下，班级的书香氛围更浓了。

2. “学生诗坛”。“淡淡书香扑面，琅琅书声入耳”，每周一次的“学生诗坛”，学生用20分钟时间，以诗人为切入点，与大家讨论、研究一两首他感兴趣并且觉得很有价值的“古诗词”。自己设计讲稿，设计“教学”的流程，写出“学生教学稿”，运用信息课学到的技术精心制作PPT课件。他们设计的抢答、竞猜、讨论等环节常常让我耳目一新，热心的孩子甚至还准备了激励性小奖品。在古诗角里，每周出示一首古诗，早操后，进行两分钟诵读。琅琅诵读声,把我们带入古诗意境。就是在这样轻松愉快的状态下,我们每周一诗,以少积多,陶冶情操,打下扎实的文学功底。

3.“阅读论坛”。我带领孩子们长期共读“金牌课外书”,每月按主题推荐三四本课外书,定期交流读书心得,开展“阅读擂台”。给不同需要的孩子推荐适合他的书,用各种方法推进亲子阅读,在班级博客上开设了“读书屋”,设计“阅读讨论区”。南京市“书香田园行”志愿活动中,我积极发出班级志愿书,有一批班级小志愿者和志愿家庭参与这项献爱心、有意义的语文实践活动。阅读给孩子们以生命的滋养,阅读也正成为孩子们一种灿烂的生活方式。

4.“主题活动周”。组织各种形式的主题课外阅读展示周活动,从“师生共读”到“读书交流会”;从“同读一本书,感受大不同”到“写随笔,集书签,赠图书”活动,从优秀词句摘抄,到精彩片段背诵;从读书卡片中感受主题阅读快乐,到循环日记里开启习作的大门;从阅读心得到班级博客,孩子们发表优秀习作,记录喜悦烦恼。通过努力,阅读已生根、发芽。用阅读管理班级是一件快乐的事,既温暖儿童的心灵,也温暖教师自己。

5.“家长讲坛”。“家长讲坛”就是让家长们当学生的老师,上出一堂堂别开生面的课。学期伊始,我发出了“学生开卷,卷卷良师”的家长讲坛倡议书,创新开展了一月一次“家长讲坛”的系列活动。

倡议书中我写道:“‘家长讲坛’是构筑学校、家长和学生互动的新平台,也是孩子获得课外知识、丰富人生感悟的一个好窗口。希望家长们能用自己的专业知识给孩子们补充课外‘营养’;以自己的人生故事,震撼孩子们的心田;以自强不息的事例,让孩子们塑造健康、向上的心态;以你们热爱学习的激情,感染孩子们不断挑战自我,努力拼搏;以自己关爱别人的故事,让孩子们拥有一颗助人、感恩的心……希望家长们通过现身说法,变深奥为生动,让教育震撼,让教育无痕。孩子们可以通过你们的眼睛了解社会,了解拼搏的艰辛。这是为家长和孩子提供交流的平台。”倡议一出,立刻得到家长们积极主动的参与支持。

每月有一次班队课,我设定为“家长讲坛”,家长自主报名与孩子推荐相结合,内容可以是工作方面的,可以是生活方面的,还可以是家长自己的成长经历等等,只要对学生有益即可。形式以小故事为主,鼓励深入浅出,生动有趣。倡议书下面还设计了回执单,让家长填写预设主讲题目与希望主讲时间,班主任可以据此进行一学期的计划安排。

“家长讲坛”上,我安排家长的孩子给“校外导师”佩戴红领巾,致欢迎词，颁发“授课证书”。家长们在百忙之中抽出时间，走上讲台，与孩子们分享时，有的激动，有的落泪。我们班通讯员何心童在校报上这样报道：“陶笑寒爸爸是光荣的人民警察，他用关爱的声音，以大量翔实的案例教会我们日常自我防护的安全常识；长期奋斗于卫星第一线的余少辉爸爸用激动高昂、饱含爱国热情的语言介绍卫星高科技知识，激励我们好好学习，成为国家的栋梁；在商海博弈终获成功的创业者——李掬成的爸爸妈妈，用意味深长的语言引经据典地教导我们‘人生只要有奋斗的目标和不懈的努力就会成功’！谢谢陈老师创办了这个‘家长讲坛’！告诉大家，我们的‘学生讲坛’也是正在进行时哦！”

每次“家长讲坛”，我会在班级后面旁听，第一时间把听后感发到“班级博客”，当晚全班孩子跟帖，反馈听讲感受。所有家长也会在相同时间了解班级活动情况，大大增强了学校、家庭教育的互动与合力。

变小课堂为大社会，让社会生活走进课堂；变大社会为小课堂，让课堂走向社会生活。班主任应高度重视课程资源的开发与利用，创造性地开展各类活动。沟通课堂内外，充分利用学校、家庭、社区资源，拓宽学生学习生活的空间。

生命因创新而灵动，德育因创新而发展。智慧班主任的工作里充满创造，这种创造，让我们的教育走向纵深而广阔的天地。

（江宁区百家湖小学　陈林静）

点评：书是知识的海洋，读书对每个人来说都非常重要，它甚至可以影响人的一生。读书能影响一个人的品德，提升一个人的认识，铸造一个人的灵魂。案例中的陈老师善于调动学生阅读的积极性，借助阅读来管理班集体，组织开展各种形式的阅读活动，巧妙地在读书中形成班级价值观。这一做法值得我们借鉴。

“家长论坛”是陈老师善于利用家长这个巨大的资源的绝妙之招，相信新教师一定会从中获益。我们要学会在日常的电话交流、随机家访等活动中，留心储备有关家长的信息，也可以设计相关的调查表，绘制本班的家长教育信息表，按家长的资源分类，需要时发挥作用。汇聚家长群体的智慧，共同发力教育学生，将会获得超乎寻常的教育效果。

案例八

依托“星卡”，完善班级管理的评价机制

古董商们的眼光总是很挑剔，明明是一块光洁的玉石，在他们的眼里全是瑕疵；一套珍藏的古代瓷器，也许被他们贬得一钱不值。育人不是“鉴宝”，在于欣赏、呵护、扶持、激励、栽培……“星卡激励”应运而生。

在小学班级建设中，还有少先队的工作。班主任还兼任中队辅导员。少先队是少年儿童成长的乐园。我们一直注重通过开展多彩的活动丰富队员的校园生活。然而如何评价一直以来是一个很头疼的问题。为了加强对队员的评价，建立完善的评价体系，少先队大队部推行了“星级少先队员”评比活动，取得了较好的效果。我们是如何实施的呢？

“星级少先队员”评比把奖励分成由低到高的五个等级，即一星级少先队员、二星级少先队员，直到五星级少先队员，分别对应发放一星卡、二星卡直到五星卡。根据评比规则，队员达到一定要求后，可获得一星卡，一定数量的一星卡累计可换取二星卡，一定数量的二星卡累计可换取三星卡，以此类推。以学期为单位，评选四星级少先队员，相当于原来的“优秀少先队员”和“三好学生”。五星级少先队员为学校最高荣誉，不定期评比。

1. “星级少先队员”评比意义

(1) 加强队员成长过程指导，及时评价

“星级少先队员”评比活动加强了对学生成长过程的指导，通过发放“星卡”的形式，将奖励物化，引导队员及时总结、评价自己的日常行为，真正发挥评价的引导、激励作用。

(2) 培养队员的积累意识，为个人成长搭设台阶

社会的发展带来竞争的加剧，要想在竞争中获胜，就要有实力，有资本。“星级队员”评比活动，培养了队员的积累意识，让队员通过自己的努力，为个人成长搭设台阶。我们提出的口号是：每周一张一星卡，每月一张三星卡，每天进步一点点！

(3) 为各级各类评比、竞选提供依据

“星级少先队员”评比活动为各级各类评比、竞选提供依据，使评比、竞选活动更加透明、公正。在“星级少先队员”评比活动的基础上，我们将各类

评比进行了整理和归并，形成了由初级到高级的评比体系。引导学生认识到，只有平时表现突出的，才能参加学期末的评比；只有在班级表现突出的，才能参加学校及校级以上级别的评比。

2. “星级少先队员”评比实施办法

“星级少先队员”评比活动在大队部指导下，主要以中队为单位进行，一星卡的发放、二星卡的兑换都在中队完成。为了保证活动正常有序地开展，各中队根据实际情况，制定了比较详细的评比规则，并完善评比程序。

(1) 制定评比规则

评比规则主要包括两个方面：①奖励的办法。主要从三个方面考虑：学习习惯良好，能高质量完成各科课内外作业；行为习惯良好，自觉遵守校纪校规，自觉维护校园秩序；有较强的集体荣誉感，积极参加集体活动，为集体争光。②惩罚的办法。除了奖励措施以外，评比规则中还包括必要的惩罚措施，对于个别同学，在学习或行为习惯方面，存在严重违规现象、屡教不改的，可视情节扣卡。

(2) 完善评比程序

各中队利用平时的晨会进行一星级队员的评比，发放“一星卡”；周五的班队会进行二星级队员评比活动，发放“二星卡”；三星级队员将由大队部每月评比一次，并通过网络进行宣传。

3. “星级少先队员”评比实施情况

活动开展一年多以来，进展顺利，取得了良好的效果。

(1) 加强了队员成长过程的及时性评价。星卡虽小，荣誉很高，得到星卡奖励的同学更加自信，更加上进。每月一次的三星级队员评比，使荣誉和同学们距离更近，充分发挥了评比的激励作用。

(2) 为期末评比提供了依据。星级队员评比制度实施以来，我们在学期末的“优秀少先队员”和“三好学生”评比时，将星卡的数量作为参评的重要依据，使学期末的评优工作更加公正、客观，评选结果也得到了更多的同学和家长的认可。

(3) 促进了中队管理制度的完善。在星级队员评比活动的带动下，各班级都制定了比较详细的班级管理制度，特别是在奖惩制度方面逐步由随意走向规范，促进了中队建设的规范化。

（南京晓庄学院附属小学　张贤　陈瑶）

点评：星卡激励，只是班级管理多元评价的一种方法。班级管理与评价中，教育者要善于建立一套健全的、多元化的、行之有效的评价机制，充分开展自评、互评、组评、师评等活动，形成“事事有人管，人人有事管，人人有人管，人人能管人”的班级激励机制，培养学生自立自主的能力。

评价前除了经常的帮助、鼓励，还要制造尽可能多的机会展示学生的能力和特长，稍有成绩或进步及时肯定、赞誉，进行强化激励。评价要有利于学生个性和潜能的健康发展，有利于培养学生的创新精神和实践能力，为学生行为习惯的养成打下坚实的基础。在各种评价制度的实施中，教师要做过细的工作，留意学生的攀比、弄虚作假等现象，及时纠正，及时教育，让评价成为激励的好方法。

案例九

巧用成长记录袋，留下孩子行走的足迹

班主任，全国最小的主任官，管事纷繁复杂。如何避免凡事亲力亲为，大包大揽？顾老师巧用成长记录袋，鼓励学生自我记录，自我管理，主动留下珍贵的行走足迹的成功做法，值得我们借鉴。

班主任是班级事务的管理者。如果一切事务都要班主任亲力亲为，显然，一个人的精力是有限的，不可能面面俱到，肯定会存在着管理的漏洞，导致班级部分工作不能顺利有效地开展。针对这种情况，我就借助多年班主任工作经验，开展了“成长记录袋”伴随学生成长的活动，将学生日常的表现都记录在成长记录袋中，以记录袋中的奖惩记录表，呈现学生的在校表现情况，督促学生，使学生能够自我约束，自我管理。这样，既减轻了班主任的负担，又提高了班级管理的水平。

在开学初期，就向学生宣布“成长记录袋”的作用。在每份记录袋中放有一张奖惩记录表，主要用于记录这学期学生在校表现的好坏。比如：学生的一篇优秀习作在比赛中获奖了，可以在奖惩记录表上记录获奖的时间、

奖项、作文的题目等；如果什么时候受到学校的批评，也要在奖惩记录表上呈现出来。

成长记录袋中除了放奖惩记录表外，还可以将获得的奖状和自己得意的作品，包括作文、美术作品等，还可以将哪一次自己认为考试比较理想的试卷放在里面。

“成长记录袋”主要用于存放学生的综合素质评定报告手册，在手册中有学生自我评价以及老师对学生的日常表现及课业成绩进行客观公正的评价。

让学生明确，成长记录袋的作用就是记录我们一个学期的成长历程，学期结束后，盘点奖惩记录表，就能见证自己的进步和退步。

为了发挥其评价的功能，首先制订评价办法。如：要制一张直接反映成长记录袋内容的一览表，表格中的内容包括学生姓名、整理情况、奖励项目、处罚内容、其他等五个项目。对于这五个项目要进行量分，整体上实行百分制，具体由班长负责打分，将整个班级分为六个大组，由班级所有同学民主选择六个组长具体操作，其他同学负责监督。六个组长实行轮推制，即一组给二组评价，二组给三组评价，三组给四组评价……总之，要保证评价结果的公正、公平、公开。

整理情况：学生要每周对成长记录袋进行整理，对于每组中整理较好的1—2 名同学奖励 1—2 分；反之，整理不好的同学就要相应地扣 1—2 分。

奖励项目：学生自己整理的记录袋中认为比较优秀的成果，如作文、美术作品、获奖证书或作品等也要有相应的分值。这一规定有效地激发了学生学习及参加班级各项活动的积极性。

处罚内容：将违反校规校纪的情况也要呈现在学生表现一览表上，每违反一次校规校纪将扣 1—5 分，将学生的整理成果以分数的形式呈现在表现一览表上。

处罚这一手段我尽量不用，只是在个别同学不能自觉遵守纪律的时候使用。如：自习课上不认真学习，值日不认真等。有时扣分也对同学有鞭策作用。

奖分、扣分只是一个手段，最重要的就是总结阶段，把总结阶段充分利用好了，才能充分发挥成长记录袋的监督功能。在班级中开展竞争活动，我们坚持每周一总结，由六个组长将同学本周的得分情况汇总，全班展示。然后将每组同学的得分情况加以汇总，将六个组进行评价，及时表扬分数较高的小组，对他们进行鼓励。在这一氛围中，我们可以看到同学们纪律意识提升了，学习态度端正了，对于学校、班级中的各项活动都能积极主动参加，同学们生活在一个积极向上的集体中，老师们也普遍反映班级的风气较之以前有很大改善。

在收集整理这些资料的过程中，我还特别注意了这些方面：

(1) 时间把握。每当学生参加一次活动(包括社会活动、教学活动等)，完成一个阶段的学习或者参加一项比赛之后，尽量在第一时间引导学生把他们的各种相关资料进行美化、整理、汇总，避免出现积攒过多资料后一次性整理带来的负面影响。

(2) 内容挑选。不需要将学生所有的资料都收入成长记录袋，而是要选择那些有代表性的，反映阶段成长结果的，内容较为完整的相关资料收入成长记录袋。

(3) 家长参与。在建立成长记录袋的过程中，要通过有效的沟通和成果的展示，让家长体会到成长记录袋的建立既可以记录孩子们成长的历程，又能帮助孩子们看到自己的进步，树立良好的自信心，从而可以充分调动家长们的参与热情，使他们主动参与学生成长记录袋的建立过程，从而也能减轻教师的负担。

(4) 竞争机制。可以利用合适的机会，把学生各自的成长记录袋中的内容进行展示，让他们互相观摩，教师再进行有针对性的正面引导，既能形成比学赶帮超的氛围，又可以促进学生的差异化发展。

俗话说："一勤天下无难事。"作为班主任，要比别的教师多留心眼，多下功夫，舍得花时间，要时时细心观察学生情况，将他们发生的一切事务认真、妥善地处理。勤于处理他们之间的大小事务，及时纠正学生每个不起眼的违规违纪行为。班主任要努力做到"勤"，班主任需要充当许许多多角色，有人说班主任也是一个官，但也是世界上最小的一个主任官，然而这个最小的主任官，所做的事情最多，最复杂，这个主任官当得如何，直接关系到一个人能否健康成长。

(南京炼油厂小学　顾　琳)

点评：用成长记录袋收集儿童成长过程中的各种资料，留下他们行走的足迹，见证成长的快乐，目的是激励、促进每个儿童的品德发展与生活能力提升。

也许，帮助学生建立与使用成长记录袋的过程会耗费一定的时间与精力，但是，让学生的成长看得见，用串串足迹证明努力的价值，还是值得的。

学校要倡导多元、开放、整体的儿童评价观。评价的目标、内容、手段和方法，要从单一、封闭走向开放、多元。评价的过程应从片面追求儿童的学业发展，走向整体关注儿童的全面发展。除了案例中提到的成长记录袋，还可以借助观察、访谈、儿童作品分析等评价方法，整合运用，力求汇集多方面的信息，准确、全面地评价学生。

专题二　案例实践：活动育人与主题教育

教育对象不是生产线上的产品，而是活生生的人。每一个人的家庭背景不同、经历不同、性格迥异，是不能用同样的模子去塑造的。一个优秀的园艺师，不会试图把各种花卉树木修剪成一个模样。同样，一个明智的德育工作者，也不应该把一个个秉性各异的孩子们往一个模子里套。

如何发挥学生的个性特长，凝聚集体教育力量呢？活动育人和主题教育是非常有效的德育途径。因为，说教式的教育很难使学生产生共鸣，生活化、渗透性和体验式的教育方式则可以深入人心，产生微妙的教育效果。

主题教育活动是教育者根据某一方面的道德要求和学生思想道德实际，按照学生道德发展规律设计并组织实施的，是促进学生获得道德知识，体验道德情感，认同道德价值和实践道德行为的一系列具有内在逻辑关系的课内外活动的组合。它不是单纯灌输一堆道德的知识，而是帮助学生树立正确的价值观，并为学生的发展提供充分的引导。

本专题的学习，我们可以从优秀的德育工作者的分享中，了解创设活动情境的方法，懂得抓住时机借助外力展开活动的妙招，明白依托学校整体氛围细化育人目标的教育策略。学习之余，希望我们的职初教师大胆实践，尝试从校情、班情、学情等因素，确立活动主题，善于设计教育活动，形成活动传情、动心动情培养学生的道德品质的模式，师生共同感受德育活动的魅力。

一、主题开掘——活动育人的必要前提

案例一

“拒绝零食入校园”主题教育活动的前前后后

一个班主任，每年要组织200多节晨会，开展20多次班会或队会。选择什么话题或主题？伤透脑筋的班主任们，让我们一起学习南京晓院附属小学林海清老师的成功经验吧。

职初教师刚走上班主任的岗位，面对千头万绪的管理工作，常常会手足无措。头疼医头脚疼医脚，凌乱无序是家常便饭。我也曾经历这样的苦痛。

后来在导师的帮助下，我学会从学校的德育活动中提炼教育的主题。如，节日、纪念日主题，学生生理心理主题，道德礼仪主题等等。例如：结合端午节、中秋节、清明节、五四青年节、六一儿童节等重要节日和纪念日，开展主题鲜明的德育活动。随着教育经验的丰富，我也学会捕捉学生中各种苗头，防患于未然，针对班情，开展主题教育，帮助学生形成良好习惯。

如何遴选班会主题，有效组织班队会呢？

（一）大事小事，生成班会主题

关注国内外大事，清楚历史上的今天，了解身边的变化，这些都可以成为班会的主题来源。关注孩子的习惯养成，关注孩子的心理卫生，关注基本学习技能、人际交往等。

作为班主任要努力做到：心中有计划，手中有方法，课间留心观察，空闲及时记录，分门别类整理，确定主次先后。

可以在班级中设置“悄悄话”信箱，便于及时了解孩子们的想法，编成小故事，拍摄成情境剧，展开讨论。

（二）时时处处，发现班会契机

根据学生年龄特点、心理特点、自己班级中学生具体情况，充分利用各类少先队活动阵地，如班队会、晨会、午会、黑板报、班级小广播、班级日志、班级报纸、班级博客等开展主题活动。考虑普遍性与特殊性、目标性与多样性、计划性与偶发性、常规性与阶段性相结合。一年级可以考虑小品表演、故事评比等；二年级可以通过拼凑图形、哑剧表演等活动方式吸引学生；三

年级可以指导学生掌握人物模拟、角色体验、现场操作等活动方式;四年级可以组织智力游戏、趣味展览、故事接力等活动方式;五年级增加实验演示、游戏比赛、专题讨论等方式,注意发挥学生的理性思考和自我组织潜能;六年级引入命题构图、选词作画、软化头脑训练等抽象程度较高的活动方式,纠正学生不良个性倾向和行为习惯。

(三) 心动行动,凸显班会意义

确定主题的过程要师生共同筛选。在筛选的过程中,教师要与孩子充分沟通交流,让学生按意愿分组,认领任务。在这样的情况下,学生积极地投入主题的活动,或调查访问,或实地观察,或采访记录……当学生们信心十足地投入行动时,他们就能主动地投入问题的探究,亲眼见,亲耳听,对其触动会更大。教师作为引领者、提供帮助者的角色参与其中,充分以孩子为主体,教育意义会更有价值。

下面就是我组织开展"拒绝零食入校园"主题教育活动的方案。

【活动目的】

通过一系列活动教育学生养成不在校内携带零食、吃零食的好习惯。

【活动准备】

在了解学校的通知后,全班同学按自己的意愿分成若干小组,以小组为单位分工、认领调查任务:小记者组(负责提出问题与采访);三无零食调查组;收集吃不健康零食危害资料组;健康零食调查组;现状观察组(拍摄校园内、校门口地面零食包装袋散落等相关照片及有关视频短片);倡议书撰写组等。

以小组为单位展开观察、调查、分析行动,形成汇报资料,展示成果等。

【活动汇报】

一、午会:班长宣读学校关于拒绝零食进校园的通知,让全班同学初步了解学校的规定、活动的意义。

二、小组认领所负责的调查任务,如:现状观察组(负责拍照、录像等),提出问题组,零食危害调查组,倡议书撰写组等。

三、主题班会:拒绝零食进校园。

(一) 录像导入

1. 小记者提问组:展示采访低中高年级部分同学的视频,并相机提问:

你喜欢吃零食吗? 为什么?

你平时都喜欢吃什么零食?

你每天大约吃多少零食? 什么时候吃这些零食?

学校发出拒绝零食进校园的通知，能谈谈你的想法吗？

在听到班长宣读这份学校关于拒绝零食进校园的通知时，你有什么感受？请真实地描述。

2. 现状观察组：展示照片、视频。

以一名同学的视角把放学时、课间看到的现象拍成几组画面：校门口及校园内的地面上散落的零食包装袋，课桌椅旁有零食屑，抽屉中有散落的零食，值日生扫出来吃剩的零食，教室内垃圾桶中堆满的零食包装袋。

（二）讨论：零食进校园会带来什么？

1. 可现场敞开自由回答：如环境、健康、节约行为、学习专注等方面。

2. 小组针对课前的观察、调查进行逐一汇报（借助展板、图片、表格、文字或幻灯片等汇报形式）。

（三）三无零食调查组汇报

1. 现身说法：校门口流动货摊上或小店里的三无零食买不得，更吃不得！

这些零食大多是由非法地下作坊生产出来的“三无”食品。百度网上有资料说：曾有记者探访这些地下作坊时看到盐、味精、辣椒粉等作料随处摆放在又脏又湿的地上，更令人恶心的是，旁边有一桶豆制品烂得发臭，且蛆虫滚滚！而这些腐烂发臭的东西，在处理后就有可能成了货摊上的零食！记者还看到，锈迹斑斑的机器上沾满了苍蝇，到处都是脏物！

2. 深度探究：配以相关的网上搜集的“三无”零食加工制造图片。

你们说，吃这样的“三无”食品我们的身体健康有保障吗？在学习的时候能安心吗？

（四）贪吃零食、不健康零食危害资料调查组汇报

1. 出示小记者组了解到的数据（抽样调查统计：全校同学吃零食的时间、数量等数据）。

2. 现场演说。

（1）常吃零食会给同学们带来潜移默化的身体伤害。因为常吃零食，你的胃得不到应有的休息，日子长了，“少年胃病”也就多了；因为常吃零食，牙齿得不到应有的清洁，时间长了，蛀牙的也增多了；因为常吃零食，一日三餐吃不饱吃不好，时间长了，营养不良的“干瘪枣子”、“瘦黄瓜”也变多了。

（2）身体是学习的本钱，没有健康的身体，你的任何美好的愿望都很难实现！

（3）常吃零食还极易引发同学们的贪图享乐和无意义的攀比心理。有

一段时间，你是否曾经因为自己有零食吃而眉开眼笑，忘记了学习？你是否曾经看到别人在吃零食自己控制不了也想过一把瘾？你是否曾经为了吃零食跟你的父母长辈无理取闹？你是否曾经为了吃零食而偷偷地把家里的零钱带来用光？你是否曾经为了吃零食而花掉了捡到的钱或者拿了同学的钱？如果你已经符合了两条以上，我可以说，同学，警惕啊！你已经被零食“毒害”了！

（五）健康零食调查组展示班级中调查情况

(1) 你平均一周用于买零食的钱是几元？

(2) 你最喜欢什么零食？

(3) 你试过戒零食吗？

(4) 你在课堂上吃过零食吗？

(5) 因为买零食上课迟到过吗？

(6) 你父母反对你吃零食吗？

根据调查结果，小结零食进校园的危害。

（六）分析零食的分类

专家建议，将零食分为：健康、中性、不健康三类。

哪些零食会给我们的身体带来危害？哪些零食是健康的，可以在家吃的？

主要判断标准是看：成分是否天然，是否经过精加工，营养成分是否单一，添加剂种类如何。

不健康零食列举：

(1) 果冻

吃果冻不仅不能补充营养，而且会妨碍某些营养素的吸收。少量吃并没有什么害处，也不会发胖，但是不能用来“增加营养”。

(2) 薯片

薯片的营养价值很低，还含有大量的脂肪和能量，多吃破坏食欲。容易导致肥胖，还是皮肤健美的大敌。

(3) 话梅

话梅含盐量过高，如果长期摄入大量盐分，会诱发高血压。

(4) 方便面

脂肪含量过高，营养价值低，多吃不利于饮食平衡。

(5) 饼干

饼干属于高脂肪、高能量食品，维生素和矿物质比较少，多吃不利于饮食平衡。

(6) 泡泡糖

泡泡糖营养价值几乎为零，一些产品含有防腐剂，对人体健康损害很大。

(7) 膨化食品

营养尚可，但含有大量色素，多吃不利于健康。

健康零食列举：全麦饼干、坚果等。

发布零食等级小分类

健康级零食：主要有水果、牛奶、酸奶、坚果、豆类、果汁、全麦饼干和麦片等。

健康指数：★★★★★

食用频率：可以每天食用。

中性级零食：例如小蛋糕、牛肉干、鱿鱼丝、巧克力、冰激凌、罐头等。

健康指数：★★★

食用频率：可以适量食用。

不健康级零食：例如碳酸饮料如可乐，高糖饮料，油炸膨化食品如薯片、蜜饯、糖果等，以及其他含有反式脂肪的高热量食物如人工奶茶、咖啡伴侣。

健康指数：★

食用频率：尽量避免食用。

小结：为了我们的身体健康，方便面、麻辣条、虾条等“三无”食品、不健康的零食一概不准带入学校，在家中可以适当吃些健康的零食。

(七) 拒绝零食进校园倡议书

由倡议书撰写组朗读。

倡　议　书

四(4)中队的少先队员们：

我们努力做到：保护环境，勤俭节约，拒绝零食进校园。

1. 坚决不带不健康零食、“三无”零食进校园。

2. 坚决不带饮料，尤其是碳酸饮料进校园。人人多喝白开水，这是最健康、最好的饮品。

3. 彻底远离油炸食品及小摊小贩上的烧烤等不卫生的食品。

4. 每个同学及时保洁自己的“一亩三分”：桌面、抽屉、地面。

5. 合理使用自己的零花钱，让自己的零花钱用得有意义。

同学们，为了你我的健康，为了整洁的校园，养成勤俭节约的好习惯，就从拒绝零食进校园做起！

6. 定人定岗检查：

(1) 每日由当天值勤班委检查教室的纸篓是否有零食包装袋；

(2) 室内值日生负责检查抽屉、地面是否有零食屑、包装袋；

(3) 对于没有发现的小组加分；对于发现的个人采取说服、没收，阅读不健康零食危害资料及参与检查等方式进行相关教育。

【活动总结】

在学习了学校关于拒绝零食进校园的通知后，全班同学有序分工、共同合作，通过观察、调查、统计、分析等方法，把心中关于零食的种种问题给解答了，对于学校提出的这项规定、本次活动的意义有了充分的认识与理解。

期待同学们在今后的生活中，远离“垃圾”，珍爱身体。

（南京晓庄学院附属小学　林海清）

点评：林老师的案例启发我们，学生的家庭生活、校园生活、社区生活都蕴含着可资利用的教育主题。

我们要拓宽视野，透过现象，抓住本质，策划丰富的主题教育活动，如，地铁站里文明行为的调查研究；小区内黑车的调查与分析；校园里一日用电的统计与分析；午餐浪费现象的追踪……只要教育者留心，主动思考并提炼成生活教育的主题，就不愁晨会、班会的内容。

作为学校德育管理部门，要注意整合学校班团活动、晨会、队会等内容，形成体现学校育人目标的大主题，最终形成班级学校主题德育的校本课程。

案例二

“保护耕地，争做国土小卫士”主题班会

生长在农村的孩子，田野、耕地、农作物是他们再熟悉不过的事物啦。然而，有谁真的留心，真的关注它们与自己、与家人的密切关系呢？佘老师因地制宜，就地取材，将耕地的研究作为班队会的主题，确实是匠心独运。

【活动目标】

1. 了解耕地，知道6月25日是“中国土地日”。

2. 微观感受身边的耕地面积也在减少的现状。

3. 正确认识耕地与人类的关系。

4. 增强“珍惜土地，保护耕地”的意识，做自己力所能及的一些小事。

【活动准备】

1. 分组调查

陆游有言：“纸上得来终觉浅，绝知此事要躬行!”为了让学生真正感受到本地区耕地面积不断减少的现状，并找到耕地减少的原因，组织全班学生进行分组调查。

一个行政村的学生分为一组，调查自己所在村的耕地情况。由小组长带领成员采访所在行政村20户人家近三年耕地的变化情况。

附调查表如下：

八卦洲街道行政村耕地情况调查表

调查对象：________行政村

调查人：________　　　　调查时间：________

调查年份	随机调查20户家庭耕地变化情况 （耕地发生变化的家庭有几户？耕地变化最大的情况）	引起耕地变化的原因
2012年		
2013年		
2014年		
保护耕地你的设想		

然后对调查结果进行数据统计，并整理数据进行分析、总结，最后作为小学生对如何保护耕地提出自己的设想。

同时，让学生以小组为单位走到农田里去调查，通过照片的形式来反映耕地被占用的情况。最后制成《家乡土地小调查》PPT。

2. 节目准备

(1) 排练小品：《严重警告》

(2) 诗歌朗诵：《土地都去哪儿了》

(3) 演唱歌曲：《在希望的田野上》

【主题班会汇报】

（一）古诗导入，了解耕地及其重要性

主持人1：同学们，还记得李绅写的这首《悯农》吗？“春种一粒粟，秋收万颗子，四海无闲田，农夫犹饿死。”（出示）

主持人2：（出示象形文字“田”）这首诗中的“田”，你们知道是什么意思吗？（指名回答）“田”这个象形文字的意思就是可以耕种的土地，也就是耕地。相信我们这些土生土长的农村娃家里都有“田”，都有耕地！

主持人1：我国古代有这样一句话：民以食为天，食以土为源。意思很清楚：人是一定要吃饭的，人民把粮食看作生命的根本，而饭从哪儿来？来源于土地，所以人们把土地看作粮食等食物的来源。

主持人2：（出示漫画）简单说吧，就是有了耕地才会有粮食，有了粮食人民才可以生存，所以保护耕地多么重要呀！大家看图，如果没有了耕地，我们吃什么呀？

（二）了解我国耕地的现状，感受我国耕地面积逐年减少

主持人2：接下来请大家观看一段视频资料。（出示视频）

主持人1：有一个数字反复出现，你发现了吗？（18亿亩）

主持人2：以目前中国13亿多的人口现状来看，这18亿亩耕地是一条不可逾越的红线，如果我国耕地面积达不到18亿亩，你觉得会有什么样的后果呢？

主持人1：你看，这是一名非洲儿童在捡地上的面粉吃，多可怜啊！假使这18亿亩的红线被撞破，后果一定很严重！

主持人2：虽然我们国家还没有像非洲那样面临着粮食危机，但是我们国家的耕地面积已经越来越少了！你们看，这是我国耕地面积的统计图，你们发现了什么？

主持人1：此时此刻你想到了哪些词语呢？

主持人2：真的是岌岌可危！就像这幅画所表达的意思一样。（出示感叹号和图片）

主持人1：你们看，这根18亿亩的红线即将要被各种工厂等建筑压断了，保护耕地迫在眉睫。

（三）家乡小调查，了解耕地减少的原因

主持人1：哎？到底是什么原因导致了耕地以这么快的速度在减少呢？

主持人2：这个我知道，让我带领大家学习一下。

◉ 图1 生态退耕（退耕还草 退耕还林）

◉ 图2 城乡建设占用

◉ 图3 灾害损毁

主持人1：接下来让我们一起欣赏一个小品《严重警告》，放松一下！有请何嘉雯、杨子然上台，掌声欢迎！

主持人2：同学们，看了之后你们都笑了，这说明他们的表现很棒对吗？接下来我要采访几名同学，请他们来谈一谈，看完这个小品之后的收获！

主持人1：现在我们知道了我国的耕地面积在逐年减少，而且减少的速度较快。那么，咱们身边耕地的面积有没有减少呢，你们知道吗？

主持人2：这，我可不知道，但有人知道呀！谁知道呢？

主持人1：瞧，你看。（出示我们的调查）

主持人2：啊！我们五(1)中队的同学做了这样多的调查，请他们上来汇报汇报。有请第二小队的同学向大家汇报他们的调查。

第二小队薛雨婷汇报。

主持人1：真不错，有理有据！让我想到了陆游的那句名言了："纸上得来终觉浅，绝知此事要躬行！"还有没有别的小组汇报了？

主持人2：当然有了，有请第三小队上台汇报。

第三小队汇报(视频展示)。

主持人1：现在的孩子可真行！动不动也学着《非诚勿扰》来一段VCR了！

主持人2：VCR这算什么，我听说咱们班有些同学在做过小调查之后，文思如泉，情不自禁就写下了一首小诗，题目叫《土地都去哪儿了》！

主持人1：真的吗？我们班有诗人？

主持人2：那是必须的，有请他们上台给大家朗诵《土地都去哪儿了》。

主持人1：我说：你该哭！同学们，你们认为呢？

主持人2：听了同学们的汇报，我才终于知道了：原来我们这里的耕地面积也是在不断地减少的啊！那么作为少先队员的我们，该怎样严守这18亿亩的底线呢？同学你们有什么好的做法或者建议呢？

（四）分小组讨论，提出倡议。分小组讨论，汇报交流

第四小队队长：主持人，我们小组合作创作了一份《保护耕地倡议书》，可以读一下吗？

主持人1：当然可以！

第四小队小队长宣读《保护耕地倡议书》。

主持人2：说得真好！希望在今后的日子里，大家真的能像倡议书里写

的那样去行动，真正地去保护我们身边的耕地，做一名“国土小卫士”。

主持人1：最后，用歌声传递我们的心声吧。

齐唱《在希望的田野上》。

主持人2：我们希望，“我们世世代代在这田野上生活，为她富裕，为她兴旺”。

主持人1：我们希望，“我们世世代代在这田野上奋斗，为她幸福，为她争光”！

【收获与反思】

回想班会主题策划及汇报的整个过程，学生们都有很大的收获。

一、活动中学会合作与坚持

本次班会，学生全员参与准备，期间遇到了很多的困难。在学生写调查问卷、排演小品、朗诵诗歌等所有的环节中遇到的最大困难是学生不会合作，比如，有的小组成员在写调查问卷时，一起去访问农户就会吵架，却又不善于沟通，导致调查工作中断；有的在进行诗歌朗诵排练时，总会想着放弃，这些问题都要由我不断地和学生们沟通、协调。学生在不断的沟通交流之后都能够坚持下来。其实，学生在坚持中就慢慢地学会了合作与坚持。

二、活动中培养社会责任感

在调查的过程中，学生们通过访问真切地感受到了耕地在不断减少的严酷现实，同时也通过自己的眼睛发现了耕地减少的原因。其实学生在平时的生活中早就看到了田地中矗立的高楼，但从来没有觉得那是错的。但当他们一起参与到耕地情况大调查之后，他们自然而然地有了保护耕地的意识。这种亲身经历所带来的教育胜过老师的千言万语。

通过这次班会课，我有很大的感触：班会课不仅要关注学生的成长，也要关注社会，让学生从小要有社会责任感。只有让他们从小有社会责任感，长大以后才会有担当。

（栖霞区八卦洲中心小学　佘余华）

点评：土能生万物，地可出黄金。佘老师每天在上下班的路上观察到：清澈的河水遭到污染；葱绿的农田，时有违建的小楼拔地而起；治理不当的小作坊，悄无声息地侵吞着人们赖以生存的耕地……佘老师敏锐地捕捉到这一现象，并将自己的观察凝练成教育主题，带领学生开展研究活动。这既锻炼孩子们交往、沟通等能力，又增强了他们热爱土地，保护家园的情感。

农村，有着城市学校可望而不可即的教育资源。我们可以走出课堂，依季节变化，带领学生开展多样的班级教育活动，如观察芦蒿的种植、收割、运输的过程，体会农民的辛劳与喜悦；观察捕捞鱼虾的场景，感受渔民的艰辛与快乐……只要我们做有心人，就能让学生领略别样的教育精彩。

案例三

“我的梦，中国梦”主题班会

每个人都有自己的梦想，梦想也会随着人生发生很多变化。作为一个中国人，都有一个属于自己祖国的梦。身处辉煌的时代，感受祖国日新月异的变化，怎能不心潮澎湃？将“中国梦”的教育融入学校的理想教育之中，是校本主题德育的典范。

【活动目的】

1. 以我校《理想教育大纲》为依据，积极帮助初中学生树立远大理想，锤炼现实目标，形成应有的人生目标。

2. 针对现在中学生在物质条件逐步丰盈，缺乏忧患意识的基础上，通过名片设计、人物访谈、小组交流、师生互动，让学生认识到祖国幸福生活的来之不易，培养忧患意识，为实现“中国梦”而树立“我的梦”，成为新时代具有正能量的中学生。

【主题策划】盛军丽、汤依薇、张琳、张芷玥

【班会时间】2013 年 5 月 3 日

【班会地点】初一 8 班

【活动准备】

1. 提前搜集关于中国梦的绘画、诗歌、报道等，制作 PPT。

2. 学生提前准备歌曲《蜗牛》。

3. 邀请家长全程录像、拍照。

【班会主持】汤依薇、张琳

【班会汇报过程】

一、播放视频音乐《走进新时代》

（下午两点左右，老师家长陆陆续续走进教室，此时反复播放《走进新时代》并打开幻灯片该页面）

二、音乐结束，正式开始

齐：敬爱的老师，亲爱的同学们，大家下午好！

主持汤：今天由我们南京外国语学校仙林分校初一（8）班的我汤依薇和张琳为大家主持主题班会。

三、切入主题

（打开习近平主席讲话音频及幻灯片页面）

主持汤：总想告诉世界，中国命运自己主宰；总想告诉未来，我们走进新时代。

主持张：习近平主席说道："中国梦归根到底是人民的梦，必须紧紧依靠人民来实现，必须不断为人民造福。""实现中国梦必须走中国道路；实现中国梦必须弘扬中国精神；实现中国梦必须凝聚中国力量。"2013 年 3 月 17 日，新任国家主席习近平为 13 亿国人再绘"中国梦"，并寄语全国广大青少年："要志存高远，增长知识，锤炼意志，让青春在时代进步中焕发出绚丽的光彩。"这是党对青年的殷殷期盼，这是国家对青年的深深呼唤。在实现中国梦的征程上，飞扬的青春将是最亮丽的一道风景！

主持汤：梦想在长城脚下放飞，希望在黄河岸边点燃。是中国梦，造就了中国许许多多的伟人与千古佳话。我们都是中国人，我们都有一颗中国心，我们都有一个中国梦！中国梦，和梦联系在一起的国不再空洞。一百多年前，梁启超在《少年中国说》中写道："少年智则国智，少年富则国富，少年强则国强。"广大的青少年是国家最宝贵的资源，是国家的希望和民族的未来，少年有梦则国有望；少年追梦则国富强！

四、引起话题

主持汤：我们的祖国有过许多梦想。当朝代兴替遍地战火时，她梦想统一；当西方列强虎视眈眈时，她梦想和平。现在，时光推进到 21 世纪，中国 56 个民族已实现了大团结。从 2008 年成功举办奥运，到 2011 年经济腾飞，我们同学生活富足，那么今天 2013 年，中国梦又是什么呢？

主持汤：同学们眼中的中国梦是怎样的呢？

齐：我的中国梦是雅安尽快重建；

我的中国梦是国家国泰民安；

我的中国梦是早日解决台湾问题；

我的中国梦是我们国家人均 GDP 再有提升；

……

五、设计名片

（打开名片页面）

主持汤：大家都与我们分享了自己眼中的中国梦。同学们课下交流时的一个话题便是自己的梦想了，那么，你们的梦想是什么呢？

活动设计：请每位同学为自己设计一张名片，上面是你期望中的30年后的自己。（设计名片，播放轻音乐）

主持张：现在，当时光前进30年，2043年，已至中年的我们又在这间教室里相聚，见到我们的盛老师、朱老师、周老师，这时，我们互相交换名片，那么，你的名片上又会写着什么呢？让我们有请我们的老班长张芷玥。

同学1：嗨，大家好。我现在是一名翻译。刚刚我在校门口遇上了一位同学，大家猜猜他是谁？

同学2：还记得我吗？我现在是著名影视明星。

同学3：我是五星董事长。上初中的时候，我就立志要把三星改造成五星，把苹果改造成西瓜，把联想改造成幻想。今天我成功实现了我的梦想。

……

六、梦想在前，路在脚下

主持张：有理想就有希望，但光有希望还不够，我们要将为理想的奋斗，落实到每一个月、每一天、每分每秒上，从今天做起，从现在开始，为理想而努力，那么，我们又该做些什么呢？（此时汤走到目标卡旁）

主持张：我们教室后方的墙上，挂着我们37位同学的目标卡。（右手指向目标卡）

主持汤：它上面记录的不是远大宏伟的理想，而是同学们在一个月内的短期奋斗目标。而正是每一点一滴的积累，成为我们走向成功的阶梯。我们从一年级就学到："合抱之木，生于毫末。九层之台，起于累土。千里之行，始于足下。"让我们来看看——（读几位同学的目标卡内容）

主持张：不仅如此，我们学校，更是十分重视过程性学习。同学们都知道，从本学期始，我们的期末总评成绩中过程性学习和期中、期末考试得分的占比发生了很大的变化，过程性学习得分占比高达五成，而期中、期末考试成绩总和占五成。除此之外，还出台了针对各科出勤及课堂学习的详细对应打分表格。

主持汤：今天让我们也把我们的近期目标写在桌角的目标副卡上。

（活动设计每位同学填写目标副卡，时间三分钟，简单汇报。）

七、教师点评

盛老师：谢谢同学们！

其实啊，每个人都有自己的梦想，梦想也会随着人生发生很多变化。我记得，盛老师大学期间想当导游，也考到了导游证，也带团出过国，那时候我特别想当一名国际导游。但是当我真正走入学校，成为一名老师的时候，我发现我的梦想发生了转移，我的梦想在哪里呢？在学生身上，在你们身上。

刚刚看到了你们那么多的梦想，盛老师非常欣慰，那么接下来老师有几句话想送给你们：

第一句话，"有志者立长志，无志者常立志"，有了梦想能够去坚持是非常重要的。著名导演卡梅隆在拍摄了巨片《泰坦尼克号》之后，十年沉寂，十年准备，终于新的巨作《阿凡达》在全球引起轰动。

第二句话，做每件事的时候，都想一想，这件事情是能帮助我梦想实现还是妨碍梦想实现，理性思考的人才能获得更加幸福美满的人生。

第三句话，期待有一天，你能将你的梦想和自己的家庭、国家、社会的发展融合在一起，正如开头的时候，习总书记所说的，中国梦是每一个人的梦，也正如习总书记所说的，"功崇惟志，业广唯勤"，勤奋踏实的人才能实现自己的梦想。

八、合唱歌曲《蜗牛》

主持汤：我要一步一步往上爬/等待阳光静静看着它的脸/小小的天有大大的梦想/重重的壳裹着轻轻的仰望

主持张：我要一步一步往上爬/在最高点乘着叶片往前飞/小小的天流过的泪和汗/总有一天我有属于我的天

齐：让我们一同演唱歌曲《蜗牛》！（配合幻灯片）

九、结束语

主持汤：看历史长河，载着兴衰荣辱，奔流东去；听时代号角，吹响复兴强音，响彻云霄。辉煌的2012年已经过去，崭新的2013年已经来临。作为炎黄子孙，我为中华民族所取得的伟大成就而骄傲；作为中国青年，我的心中更怀有不曾改变的梦想。我的梦，民族梦，中国梦：梦东方巨龙崛起，直上九霄；愿伟大复兴实现，国更富强；看中国青年奋斗，民族希望。

齐：每一个民族都有一个传奇，每一个人都有一个属于自己祖国的梦。我是中国人，我的中国梦——实现中华民族的伟大复兴。尽管说我的梦想有点夸张，有点遥远。可谁又能怀疑我的这个梦呢？

本次班会到此结束，谢谢大家！

（南京外国语学校仙林分校　盛军丽）

点评：有人说，给梦想搭一把梯子，梦会轻轻地走进我们怀里。落入怀中的梦，会成为我们心里一轮明亮的月亮，照耀我们的一生……盛老师巧妙地利用大时代的“梦”作为教育资源，在学生心中播下理想的种子，启迪学生的成长智慧。

作为德育管理者，号准时代的脉搏，带领学生经历伟大的时代，用“中国梦”作为时代记忆，是非常有教育价值的。我们的职初教师也要学习盛老师关注时事政治，善于从时代倡导的主流价值中捕捉德育的主题，借助媒体资源，开展富有时代意义的主题班会，在学生成长的记忆中增加一抹爱国记忆。

二、活动组织——主题教育的智慧实施

案例四

“亮出底线”
——校园近德向善的基础

亮出底线，划出禁区，摒弃“假、大、空”，注重“真、小、实”，让德育从天上回到人间；通过不厌其烦的反复历练，让儿童拥有人生第一张通行证！江苏省特级教师唐隽菁是如何在校园这块德育沃土中实施这一理念的呢？

一、“我们不能做”——亮出底线，划出禁区

我们对每个人在公共领域的行为划定最小边界，为此设定最起码和最基本的道德原则：“勿伤害。”

1. 设定底线，让儿童为自己立法

儿童不可能把自己的生活、自己的感受远远地丢在校门之外，怀着纯而又纯的学习愿望来到学校。尽管来自不同的家庭、不同的社区，毕竟“人性本善”，在过往的生活中他们的启蒙老师——父母大都是按照社会主流道德标准进行教育的。因此，走进学校的儿童已经了解并熟识了一些道德标准。那么作为学校教育者，我们要做的不是重新来过，更不是另起炉灶，而是要

借力用力。

我们鼓励同学们发现学校生活中的公共问题，共同制订“人人都能做到，个个都是优秀”的相关管理制度。

“给他们信任，还我们精彩。”当孩子们学校小主人的角色被充分肯定，当他们的公民权利被充分尊重时，他们的智慧就得以充分的展现。经过筛选、整合、调整，学生在校各项活动的管理制度相应出台：

北京东路小学文明饮奶管理制度

1. 由班主任落实好本班学生饮奶名单，并贴在前门墙壁上。
2. 各班民主选举“课间奶箱管理员”，负责检查本班的文明饮奶情况。
3. 第二节课后的休息时间为全校饮奶时间，第三节课上交奶箱。
4. 取奶时，不得插队，请排队领取。
5. 学生不得将奶盒带出教室，更不允许在校园里边走边喝。
6. 学生将牛奶饮完后，不得将空牛奶盒放在牛奶箱以外的任何地方，未经管理者允许后不得离开。全班饮奶完毕，将奶箱放在本班前门走廊的班牌旁，并靠墙摆放好。

在构建底线时，我们采取“内生式”的方式，即不是由每个人在主观上都以自己为尺度并推广到其他人，而是由客观上人们共同活动和交往的社会关系结构、特定的活动方式及其条件等本身，向内、向下提出一定秩序或规则性的要求。更为重要的是，通过参与校园生活底线规则的制订，他们原有的良好道德行为得以延续、强化、迁移，从而有力地推动了学校道德教育。儿童，也成了学校道德教育中一支不可忽视的强大力量。

2. 表述底线，用“不”划出禁区

我们现有的众多规则都秉承着同样的思想：告诉儿童应该做什么。推出的众多规章制度也都是以肯定的方式来描述的，而这些描述的美丽语言又极为空洞，孩子们迷惑在这些“海市蜃楼”、“空中花园”中也就不足为奇了。没有了明确的评价标准，我们学校的道德教育就会成为一纸空文。为了改变这一现状，我们大胆地提出：用“不”来划定禁区。以体育大课间管理为例：

体育大课间管理制度	旧制度	新制度
	快、静、齐	不推搡；不落队；不超前；不说话；手不扶栏杆

两相比较，我们不难看出，原有制度过于宽泛，“究竟该怎么做？”儿童并

不知晓。自然在执行过程中，也就依照各自的理解，花样百出。“没有提及的，我该怎么办？是做还是不做？”于是，儿童或是成了生产线上的模具，循规蹈矩，束手束脚；或是天马行空，肆意妄为。在进行道德教育时，众多规章也成了老师们手中的面团，想怎么捏就怎么捏，想怎么说就怎么说，真是以其昏昏使人昭昭。

我们反其道而行之：不去试图把所有的行为都包含在规则之中，只是简单明了地指出不能为、不应为的举动，而这些不当举动就是不能触犯、跨越的道德底线。那么没有提及的，就是儿童可以享有的自由了！

3. 坚守底线，让行动成为习惯

行为心理学研究表明：21天以上的重复会形成习惯，90天的重复会形成稳定的习惯。即同一个动作，重复21天，就变成习惯性动作；同一个想法，被重复验证21天，就会变成习惯性想法。度过了90天的稳定期，这项习惯就成了你生命中的有机组成部分。

为了让德育教育能够切实改变儿童的日常行为，让行动成为习惯，我们通过一系列的“主题”活动坚守底线，层层推进。

我们一学期紧紧围绕一个主题“让校园成为净的天地”开展系列活动，从全校同学争当“学校（班级）卫生打扫小能手”入手，进而推动“三星级卫生班级”创建；从儿童学习生活场域出发，首先让班级洁净，进而拓展到班级走廊、校园文明监督岗（学校公共场所），“无纸校园”这一终极目标在坚守中达成的过程，也是儿童原先的不良习惯在潜移默化中被替换的过程。

道德根源于“习惯”。著名儿童心理学家林崇德教授指出：“习惯是在生活过程和教育过程中形成与培养起来的。习惯的形成方式主要是靠简单的重复和有意识的练习。”我们坚信，虽然儿童的道德从本质上说是自我建构、自我发展的结果，但儿童发展的无限可能性，决定了他们的道德是需要并且必须后天养成的，我们就是在日常学习、生活细节中，不厌其烦的反复历练中，使这些基于底线的道德规范久而久之内化为儿童的自觉行为。

二、“我们必须做”——精致规则，规范行为

北小的情智学生应该是怎样的？孙双金校长做出了如下阐述：“灿烂的笑容，美好的心灵，好思的大脑，灵巧的双手，健康的身体。”作为德育工作者，让“灿烂的笑容、美好的心灵”成为每一个北小学子人生的第一张通行证，我们责无旁贷。而仅仅是依靠亮出底线，划出禁区，这远远不够，我们必须让孩子们知道应该怎么做，并努力这样做，才能达成这一目标。

1. 小处着眼，礼仪先行

“德成于中，礼形于外”，礼仪作为一种既具有内在道德要求，又具有特定的外在表现形式的行为规范，不仅是人的内在道德品质、文化修养、精神气质和思想境界等的外在表现，更能折射出一个班级、一所学校乃至一个国家、一个民族的道德风尚。我校的礼仪教育，以儿童的社会生活为基础，向家庭、学校、社会逐一扩展，并依此确立了五大主题：问候行礼、待人接物、餐桌礼节、集会规范、社会礼仪。在逐步扩大的生活领域中，点面结合，综合交叉。

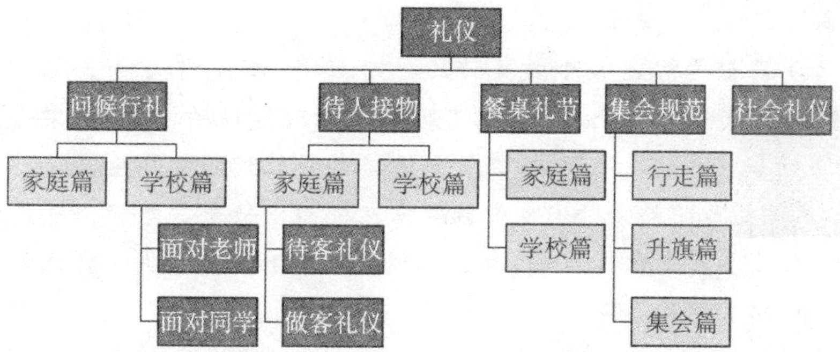

2. 兼听则明，精致规则

为了明确小学生在学习和日常生活中应当遵循的道德规范，教育部于2004年颁布了新版《小学生日常行为规范》、《小学生守则》。和1981年颁布的相比较，新版在内容上虽然做了部分调整和添加，但是笼而统之的表述方式如出一辙。比如《小学生守则》第八条：“尊敬师长，团结同学，对人有礼貌，不骂人，不打架。”《小学生日常行为规范》中：“2.尊敬父母，关心父母身体健康，主动为家庭做力所能及的事。听从父母和长辈的教导，外出或回到家要主动打招呼。3.尊敬老师，见面行礼，主动问好，接受老师的教导，与老师交流。”

只有将空洞的语言转变成具体的可操作的行为指导，将可以有不同解读与理解的文字转变成了能够立即执行的规范言行，我们的行为养成教育才能成为儿童的所需，也才能被儿童所认同并悦纳，进而成为他们无意识的行为表征。因此，以我校德育处为龙头，经全体班主任共同讨论，编写出的北小礼仪教材，力求简化、细化、童化。简化条条框框，细化规定动作，将儿童已经养成的良好行为举止推而广之。

“问好”必做动作：微笑　看　挥手　说

"接物"必做动作：微笑　看　双手　道谢

于是，每天的晨会就是我们学校的礼仪课堂。尽管只有短短10分钟的时间，但老师们的教育方式却多种多样。有的老师将全班同学带到了校门口，让他们一个个走进校门，练习和老师问好，和保安问好；有的老师让同桌进行演练，并在全班展示；有的老师一边讲解动作要领，一边以身垂范。为了强化训练效果，每天早上德育处专门安排了各班的礼仪小标兵站在校门口，既主动向老师、同学问好，也对全校同学的问好情况进行检查督促。每天课间，各班的文明监督岗也在发挥着作用。

3. 从师开始，身正为范

为了让孩子们能够养成良好的行为习惯，学校明确提出：从老师做起！领导先行！每天早上7:30，当天担任行政值班的校长和担任总护导的中层领导就会站在校门口，微笑着迎接每一位到校的师生，主动向他们问好，风雨无阻。而老师们也带着笑意在校园中行走。老师们感慨：孩子们正悄然发生着变化。以前，我们总说北小的孩子很少向老师问好，对于来校参观的老师更是鲜有问津。而现在，"老师们好！""保安伯伯好！"在校园里此起彼伏，许多孩子远远就向你走来，主动和你热情地打招呼。是老师的热情点燃了孩子们的热情，是老师的行动影响了孩子们的行动。教育不就是这样吗？一棵树摇动另一棵树，一朵云推动另一朵云，一个灵魂唤醒另一个灵魂。

亮出底线，划出禁区，我们并非拒绝崇高，而是强调分清教育的层次，防止思想道德教育的架空和伪化；精致规则，规范行为，我们不是豪情满怀地憧憬高峰，而是理性地回归平凡，摒弃"假、大、空"，注重"真、小、实"，让德育从天上回到人间；通过一系列"不作为"细节要求，通过不厌其烦的反复历练，让儿童拥有人生第一张通行证！

道德教育是为了所有人，面对所有人的。它具有草根性，是芸芸众生都能够达到的，并非卓尔不群；它享有全局观，是关注全体行为养成的，并非少数卓越者的专利。

因此，当务之急就是要从细节入手，通过旗帜鲜明地"亮出底线"——这一近德向善的基础，在一系列"不作为"细节要求中，对儿童进行尊重他人和自律的教育；通过坚持不懈地"精致规则"，在规训的养成中，让儿童"少成若天性，习惯如自然"。

（北京东路小学　唐隽菁）

点评：学校是学生德行成长的重要基地。学生品行养成的过程不会是一蹴而就的，学生能力的培养也不是一触即发的，必须经过一段时间的强化。

南京市北京东路小学经过筛选、整合、调整，出台了学生在校各项活动的管理制度。在此基础上，北小的老师根据班级的情况进一步细化目标，在日常的教育教学生活中创设情境开展活动，提供学生体验的平台；将德育活动渗透到日常教学的方方面面，创新常态，促进学生将道德知识转化为自己为人处世的准则。

职初教师在开展主题活动时，可依托学校的整体氛围，结合自己班学生的现状，开展形式多样的活动，从而发挥学校德育基地的作用。主题来源于学校，行为培养在学校，不断促进学生的道德成长。

案例五

"诚信超市"，培养守信品质

1 块钱一瓶矿泉水，投币取水，无人值守。校园"无人售水处"开张营业了。生意火爆，第一天就卖了 243 瓶水，却没有收到 243 块钱。这亏本的生意能不能做呢？

很多年来，我们学校一直没有食堂。两年前，学校通过招标引进了快餐公司送餐到学校，解决了学生午餐问题。但随之又出现了新的问题：从早晨上学到下午放学，学生一整天待在学校，饮水问题怎么解决？出于安全、卫生、场地等因素考虑，班级配备饮水机的方案被否决了。最后，学校买了两个大保温桶，提前盛满温开水，学生自己带杯子接水喝。但僧多粥少，两桶水常常撑不到半天就被喝光了。特别是夏天，学生上完体育课，满头大汗，口渴难忍，却无水可喝，看着真让人不忍心。于是，想到了卖矿泉水。但校内开设小卖部，显然又不合适。

到底怎么办呢？有一天，受到街头无人售货机的启发，我灵机一动，既然有人卖水不合适，干脆无人卖水，1 块钱一瓶矿泉水，投币取水，无人值守。于是，"无人售水处"开张营业了。生意果然火爆，第一天就卖了 243 瓶水，然而，没有收到243块钱。

新的问题又来了，这亏本的生意能不能做呢？一番思考之后，我决定生意继续做下去，我倒要看看能亏到什么程度。接下来的情况出乎很多人的预料，经常一分钱也不少，有时甚至还多钱，我猜想，可能是前一天赊账的同学第二天把钱补上来了吧。

于是，在“无人售水处”又多了一块小白板，上面公布了前一天卖出的水的数量，收到的钱数，如果两者相等，在后面再加一个“笑脸”标贴；如果钱少了，就贴一个“哭脸”标贴。再过几天，“无人售水处”又多了一条标语：无人售水处，诚信试金石。

以上就是“诚信超市”的来龙去脉。之所以将“无人售水处”改成“诚信超市”，主要是因为，天冷了，卖水的生意不好做，又开始卖书了。学生将自己阅读过的课外书贴上个人信息和定价，放在专用货架上，进行转让销售。书卖出去以后，将钱再还给书的主人。

“诚信超市”系列活动，带给我诸多的思考。

一、“诚信超市”为德育生活化作了生动的诠释

受市场经济发展的影响，社会诚信在一定程度上出现了倒退。“毒奶粉”、“瘦肉精”，让我们一次又一次地感受到了“诚信危机”。但如果我们要对孩子进行诚信教育，似乎又无从谈起。“诚信超市”的设立巧妙地化解了这一难题。活动过程中，我们除了每天公布投放水的数量和收到钱款的数量外，并没有做其他的要求或规定，更没有派人监管。我认为，当看到投放水的数量和收到钱款的数量相等或不相等的时候，每一个孩子都会有自己的道德判断——我该怎么做？每一个孩子都会有自己的道德选择——我会怎么做？这样的判断和选择，决定了他下次买水的时候投币或是不投币，按规定的数量投币或是少投币。而不论最终他做出什么样的选择，他都在接受着“德育”。

有一次，我在清点钱款的时候，发现钱箱里有一张小纸条，上面写着：“老师，对不起，昨天我买水时少投了5角钱，今天补上。”我相信，当这个孩子用5角钱买一瓶水以后，他的内心一直是不平静的；我相信，他看到公布的售水情况后，主动补上少投的钱，一定是鼓足了巨大勇气的；我更相信，在这样痛苦纠结的过程中，他将逐步建立起真正属于自己的道德准则。

“诚信超市”活动启示我们，德育只有真正融入孩子的生活，才会变得鲜活、有效，甚至魅力四射。

二、“诚信超市”提供了解决难题的智慧路径

困难往往孕育着教育的契机。“诚信超市”的建立，起源于学生饮水的困难。而这一困难恰恰又成为一次绝好的教育契机。在遇到困难的时候，只要我们善于思考，就一定能够找到解决困难的办法；在解决困难的过程中，只要我们眼中有孩子，心中有孩子，就一定能够找到更好地服务于孩子成长的办法。

三、"诚信超市"为学生参与活动管理提供了成功的范例

随着参与人数的不断增加，"诚信超市"的工作量越来越大，但除了一开始比较忙碌外，现在我倒越来越轻松了。因为，搬水、点钱、记账等超市日常管理工作都交给学生来做。当然，他们可不是一般的学生，他们是"诚信超市"的"值班经理"，每两人一组，值一天班，一个星期轮换一次。别小看了这群"经理"，戴上胸牌，还真像模像样的，上岗半年多了，从没出过一次差错。我对他们说，今天你把诚信超市的值班经理当好了，明天你就是"苏果"的CEO。

这样做的意义绝不仅仅在于减轻了老师的负担，而是为学生的成长提供了新的舞台。陶行知先生说"社会即学校"，而要使学生将来能够适应社会这所大学校，今天，就要在学校这个小社会中接受不同层面、不同形式的锻炼。参与活动管理的过程，就是培养孩子的责任意识、办事能力、团队精神的过程。

四、"诚信超市"启发我们对丰富德育活动内涵做出了新的思考

"诚信超市"开张的第一学期，营业34天，光矿泉水就卖了4 320瓶，净赚1 570块钱。赚钱不用怕，关键看这钱怎么花。陶行知说"爱满天下"。于是，我用这笔钱成立了学校"博爱基金"，用于对家庭困难的学生的资助。每年儿童节和春节，我们都会举行面向特殊家庭的资助活动，让这些特殊家庭的孩子感受到学校大家庭的温暖。

"诚信超市"从一开始的卖水到卖书再到现在的书籍、玩具交换，从解决学生饮水困难到培养学生的诚信品质再到设立"博爱基金"，形式、内容、目标、意义在不断丰富。这启示我们，一个看似微小的活动，当我们不断丰富其内涵的时候，它的德育价值将不断增值。

（南京晓庄学院附属小学　张　贤）

点评：主题活动要使学生感兴趣，才会有持久的生命力。教师要善于抓住当前学生生活、学习、劳动中的困难与问题，加以提炼、深化，形成活动主题。南京晓庄学院附属小学没有食堂，学生的饮水问题怎么解决？这个问题关系到每个学生。学校先是采取了"无人售水机"的方式，虽然解决了学生的饮水困难，但出现了一个新的难题：卖水收入低于卖出矿泉水的金额。怎么办？张老师从现有问题入手，因地制宜，经过深入思考，提出了奇思妙想——“诚信超市”的主题教育活动，培养孩子的诚信意识。

“诚信超市”既解决学校的难题，又为全校的每一个孩子创设了开展诚信教育的情境，将德育融入孩子的生活中。之后，学校又相继设置了“诚信书吧”、“诚信农场”等系列教育场馆，全方位地开展诚信教育，取得了良好的教育效果。

案例六

“拜师礼”，传承民族文化

教师节的活动年复一年，难免单调乏味。怎样出新招，亮新意呢？“拜师礼”活动的开展，将中国传统文化的教育与节日的庆祝相结合，可圈可点。让我们听听设计者的心路历程。

我是一名新教师，由于缺乏经验，在组织开展班级和学校的团队活动时，常常遇到许多困难。为此我也产生过许多疑问：“如何开展主题活动？采用什么样的方式？需要哪些道具？如何安排人员？是否需要媒体的介入？”

在随后的工作中，我尝试做个“有心人”，向许多老教师请教，不断地吸取和积累经验，慢慢形成一套组织开展德育活动的方式方法。

下面结合我“拜师礼”的活动策划与实施，说说自己的心路历程。

一、活动主题的策划

9 月 10 日是教师节，是每校每年都会开展“尊师重教”主题活动的纪念日。如果年年开展同样主题的活动，难免重复单调，无法提高学生积极参与的兴趣。于是，我就在活动前期认真收集资料，多方寻访，最终确定将教师节与中国传统美德教育相结合，开展具有传统文化特色的教师节活动，将活动主题定为“拜师礼”活动。

二、活动过程的组织

1. 把握时机，发挥时效

如果错过了恰当的开展时间，活动的影响力将会大大缩减，所以一般要在活动开展的前两周进行方案的确定和筹备。例如：“拜师礼”活动是安排在9月10日教师节当天的，但是我从9月1日开学时就从多方面开始准备。首先确定方案和人员，联系了服装和道具，随后接触了多家媒体，为本次活动提前做好外部宣传的准备。

2. 方案预设，分工到位

在撰写方案前，首先要进行活动流程的预设。要预想活动天气状况如何，场地的选取，道具的准备(服装、背景板、音乐、活动用品)，参与人员的选定，流程的实施是否合理，可行性有多大。而在自己无法确定的情况下，最好向有活动经验的人请教，所以一般德育活动的成功开展往往是团队合作的结果。在我校"拜师礼"活动开始前，学校德育处召开了多次部门会议，讨论活动方案。首先由我提出活动预案，大家集体讨论修改，最后定稿和确定人员分工。

3. 撰写方案，确保完美

常说"细节决定成败"，德育活动的设计更是如此。在活动方案中往往需要写明活动主题、目的、时间、地点、参与人员、所需道具、活动流程等内容，其中每一个环节都需要标明参与活动的人名、所需物品的名称、背景音乐的类型等等细节。而对于数量较多的重复物品，可以采取编号的方式来记录数量和摆放的顺序。

4. 彩排预演，避免疏漏

为了达到更好的活动效果，大型的德育活动最好都进行活动预演。这样不但可以使学生了解活动的流程，尽快进入角色，还可以避免因为学生不明就里引发的事故。活动预演一般分为两部分，一部分是主要学生或教师的预演，另一部分是全体师生的预演。例如在拜师礼活动中，领誓的24名学生要提前学习行礼的方式，熟悉拜师礼的念词；而教师要知道如何站位、走位和回礼。随后，要将在全体师生集会时"行拜师礼"这个主要环节多次演练，以达到最终整齐划一的活动效果。

5. 及时反思，提炼经验

虽然德育活动有前期的预演，可是在许多方面仍然会超出预想的范围。那么活动后的反思则显得十分重要了，它可以为下次活动的开展提供有用的经验和素材。通过在活动中总结反思，从他人身上吸取经验，这对新教师而言都是助其快速成长的方式。

6. 克服困难，多方协调

其实开展德育活动并没有想象的那么困难，如果你将开展活动当成领导布置的任务，那么你就会觉得压力大，困难多，但是如果你将开展活动当作一项挑战和自己的兴趣，能利用身边一切的可利用的资源，充分调动身边老师和学生的积极性，得到别人的认可和帮助，开展活动，那么你就不会觉得它很可怕了，甚至你能体会到成就感，并且乐在其中。

下面就是我们策划的“拜师礼”活动的方案。

【活动目的】

9月10日是一年一度的教师节，南京市第十八中德育处、团委、少先队联合举办“拜师礼”活动。目的是为了传承中国传统文化，弘扬尊师重教的美德，同时也希望借此活动让老师们感受到学生的爱，重塑师道尊严，谨记师德师责。

【活动时间】2013年9月10日上午

【活动地点】南京市第十八中学操场

【参与人员】全体学生、全体教师、江苏城市频道记者、南京教科频道记者、教育局领导

【活动准备】

(1) 六礼束脩（肉干、芹菜、莲子、红枣、桂圆、红豆、红布、托盘、碟子）、拜师帖竹简、竖条纹信纸、小红袋

(2) 背景音乐

(3) 服装（学生、教师的汉服）

(4) 活动背景板

(5) 拜师礼活动介绍展板

【活动流程】

(1) 全体师生噤声肃立（××老师放古典音乐）

(2) 主持人宣布活动开始（××主任）

(3) 学生集体读拜师帖（每班一人，共12人宣读竹简）

拜师帖内容：先生之处事、为人，可为天下楷模，学生久慕先生武艺，欲拜师门下，请先生不辞。课艺期间，愿执弟子之礼，谨遵师教，团结同道，刻苦钻研，传承通备武艺，弘扬民族文化！情出本心，绝无反悔。诚具名帖，以昭郑重。

拜师人：南京市第十八中学初×(×)班全体学生

(4) 学生向老师呈上拜师帖

(5) 教师双手接受拜师帖

(6) 学生向教师赠送六礼束脩（学生两两上前，其中的内容具有象征意义）

学生念词：一送肉干——以代束脩，传道授业；二送香芹——勤勉自励，业精于勤；三送莲子——感谢师恩，苦心施教；四送红枣——事业有成，吉星高

照；五送桂圆——富贵连连，圆满自在；六送红豆——鸿运亨通，顺心如意。

(7) 教师接受学生的六礼束脩，赠送班级寄语

(8) 教师回赠礼物

(9) 全体学生行“作揖礼”（三拜）

(10) 学生将提前写好的信放入小红袋中送给自己喜爱的老师

(11) 全体学生与班主任合影

(12) 主持人宣布仪式结束

（南京市第十八中学　杨意仙）

点评：德育是塑造青少年美好心灵的工作。案例中的杨老师将平平常常的教师节活动与传统文化教育相结合，创意设计了“拜师礼”的活动，赋予班会主题以诗的外衣，润物细无声地传承博大精深的尊师文化。

每一个德育活动都凝聚着教育者的智慧。学校生活中有许多这样的契机可以把握与创造。我们可以节日文化为线索，开展拜访屈原、王维等古今名人的教育活动；以时令文化为纽带，开展民俗文化的研究活动……教育需要发现，工作需要创新。经历了，就会有收获。

三、延伸实践——活动育人的有效保障

案例七

亲子阅读，奠定家校育德的基础

以书为媒，以阅读为纽带，让孩子和家长浸润在书香之中。共读中收获互相陪伴的生命快乐，也一同获取欢喜、智慧、希望、勇气、热情和信心。用书籍滋养家长与孩子的心灵，这是“免费”的德育活动。读一读顾老师的案例，看她是如何组织家长做到的。

父母是孩子的第一任老师，在长期的共同生活中，父母对孩子潜移默化的影响是孩子成长的基础。一般来说，父母在孩子的心目中是安全与力量的化身，是孩子崇拜和模仿的对象。

我在班级QQ群中发布即将开展“亲子阅读，沟通你我”的主题班会课通知时，家长们都非常激动，非常赞成并支持这个活动。但是也有的家长提出了疑问：“是不是陪孩子读书，拍点照片就可以了？”“老师，是要陪孩子一起读书，我们写一些读书感受吗？”“我们给孩子买书，陪着他读，督促孩子读书，这样算亲子阅读吗？”……看来家长还不是很了解亲子阅读，于是我首先和家长聊起亲子阅读，告诉他们亲子阅读又称“亲子共读”，就是以书为媒，以阅读为纽带，让孩子和家长共同分享多种形式的阅读过程，在学生课外阅读当中起到重要的作用。通过共读，父母与孩子共同学习，一同成长；通过共读，为父母创造与孩子沟通的机会，分享读书的感动和乐趣；通过共读，可以带给孩子欢喜、智慧、希望、勇气、热情和信心。

在接受的前提下，家长们也都积极参与，为亲子阅读出谋划策。短短的一个小时集体探讨，决定在正式班会课之前做一些铺垫。首先是环境的布置，充实班级的图书角，开展捐书活动；班级要营造一个宽松、开放、自由的充满浓郁书香的阅读氛围。一个支持的、宽容的阅读环境，是促进学生自主阅读、个性化阅读的前提。教师要呵护学生的阅读热情，鼓励学生保留自己的阅读见解，使阅读趋向感性化。在亲子共读中，不布置或少布置作业，保证孩子和家长的共同阅读时间。其次是我告知家长读书计划，并指导家长如何亲子阅读。最后签订读书协议，明确责任。

在接下来的时间里，家长基本上都能配合老师，做到每天陪孩子读书30分钟，休息日不少于1个小时，并做好记录，反馈到学校。家长们定期和孩子一起做读书小报，写一写读后感，到校进行评比。每日的夕会也变成了读书交流会和演讲会，学生们每天都期待着这一时刻的到来，展示自己的读书成果。

近一个学期的读书、交流、反馈、评比以及展示之后，大家盼望已久的“亲子阅读，沟通你我”的主题班会开始了。虽然这次班会只是集体性的一次展示，但都是大家平时所付出的、积累出来的。班会课中展示了亲子阅读的家庭情景剧，亲子阅读的一系列成果，学生和家长分别讲述亲子阅读的相关故事。在展示之后综合评选出了最佳书香家庭5个，并给予了奖励。

虽然最后的班会只是一个学期亲子阅读的总结，但是能得到家长的支持，学生的积极配合，给我们带来共同成长，这是这次活动的最大收获。

（栖霞区实验小学　顾　宁）

点评：美国优秀教育者雷夫曾说："阅读不是一门科目，它是生活的基石，是所有和世界接轨的人们乐此不疲的一项活动。要想让孩子在长大后成为与众不同的人，拥有和他人讨论伟大想法的能力，热爱阅读是一个必要的基础。"

热爱阅读的孩子将拥有更美好的人生。阅读可以培养孩子的价值观，在书中学习良好的习惯。顾老师亲子阅读的举措，加强了家庭与学校的沟通，促使家庭教育和学校教育保持高度一致，形成相辅相成的教育影响力，促进学生在阅读行为和学习习惯方面得到良好发展。

家长是学校教育的丰富资源，职初教师的实践经验相对匮乏，开展主题活动时，可以借助家长的力量，根据主客观条件，选择最适合自身的家校合作方式，提高合作的效率，使家庭和学校既能充分发挥各自的教育优势，又能相互取长补短，弥补各自教育的局限性，更好地促进青少年的成长。

案例八

野菜种植基地，社区弘德践行的摇篮

八卦洲，野菜资源极其丰富，芦蒿、马兰头、荠菜、枸杞头、苜蓿、香椿头、马齿苋、菊花脑八种野菜最为有名。学校建立"野菜种植基地"，从"八野"资源中挖掘德育元素，独具慧眼，令人耳目一新。让我们一同领略其中的风景吧。

我校地处八卦洲，这里享有"中国芦蒿第一乡"的美誉！这儿的野菜资源极其丰富，以芦蒿、马兰头、荠菜、枸杞头、苜蓿、香椿头、马齿苋、菊花脑这八种最为有名。有这么好的地域资源为何不去利用呢？于是我们想到了：把地域资源与德育教育活动结合起来，以创新的理念，从"八野"资源中挖掘德育的元素，从而加强未成年人思想道德教育。

有了这样一个巧妙的构想之后，我们又是怎样具体操作的呢？

1. 广泛深入调查，发现存在的问题

在对全校60%的学生进行调查问卷后我们惊讶地发现：学生的劳动意

识淡薄，劳动态度不端正，劳动技能较差，劳动的成果不知珍惜，甚至连小麦和韭菜都分不清！“土生土长”的农村娃，怎会“四体不勤”、“五谷不分”呢？怎么办？怎样才能从根本上改变这些现象呢？

2. 利用现成资源，开展参观学习

我们想到了积极开发和利用本土资源。一方面，我们发挥学生家长的作用，让孩子回去向家长求教（认识农作物和野菜，认识农具，掌握一些劳动技能）；另一方面，与街道的种植基地联系，安排学生参观，请基地工作人员介绍基地的规模、管理、种植方法、产值等各方面知识，使活动有针对性。参观结束后，安排学生讨论、写参观日记等，提升学生对劳动的认识。

3. 建立种植基地，学技能搞研究

我们还利用幼儿园的一块土地，开辟“‘八野’种植基地”。那儿原本是一块堆满瓦砾、垃圾的土地，我们正好可以利用它来培养、锻炼学生的劳动能力。于是首先开展清理工作，然后，我们根据地理特点，选择了八种野菜（芦蒿、马兰头、荠菜、枸杞头、苜蓿、香椿头、马齿苋、菊花脑）作为种植内容，分配到中队，每个中队负责一块基地的整个种植过程。学生自己从家里带种苗，自己管理。在管理过程中，学生还可以发现问题并开展研究性学习、综合性学习。

4. 开展特色活动，丰富课余生活

在开展种植活动的同时，我们注重了特色活动内容的延伸和形式的拓宽，每学期在各班都评比出种植小能手，还在校内开展了生动有趣的野菜绘画比赛，野菜摄影比赛，优秀标本、优秀观察日记评比；“八野”知识竞赛、“八野”话剧、“八野”图片展览、“八野”图标设计等系列活动，使特色活动深入每个师生的心田。

5. 进行学科渗透，野菜走进课堂

遵循特色与课程结合的理念，我们让特色活动在课堂中得到延伸和更深层次的发展。语文课上，老师们适时地指导学生将自己的观察与感受写成日记、作文；科学课上，孩子们能运用自己的所学，去解释一些现象，并将自己种植的野菜制作成精美的标本；美术课里，学生们把各种野菜用彩笔勾勒成了一幅幅美丽的画卷；音乐课上，学生们唱着八卦洲人自编的野菜歌曲，跳着老师自编的野菜舞蹈，感受着丰收的喜悦；活动课上，老师带领学生包饺子，炒芦蒿，拌马兰头，其乐融融……

（栖霞区八卦洲中心小学　吴良才）

点评：南京市八卦洲中心小学是一所农村小学，他们利用校本资源开展课外主题活动，让孩子们在校园中体味淡淡的书本香，在校园外体验芬芳的野菜香，培养孩子多方面的能力。

为了扩大德育实践能力，吴老师在班上开展丰富多彩、形式多样的特色活动，学以致用，寓教于乐。同时向多个学科渗透，让野菜融入课堂，融入学生的学习和生活。从种野菜、尝野菜到画野菜、写野菜、唱野菜再到提炼“野菜”之魂，由外到内，由表及里，步步提升，层层深入。

职初教师在开展主题活动时，可结合学科教学内容，细化学校的育人目标，进一步拓展活动的内涵，丰富活动的形式，延伸和巩固各学科的内容，促进学生各方面能力的提升。

案例九

玩转秋游，巧妙开展“环保教育”主题活动

踏春、赏秋，一路高歌，一路美食，这是孩子们盼望的快乐日子。一年一度的春秋游，能否因统筹策划而华丽转身，玩出不一样的精彩呢？

2014年秋，借栖霞区组织的“两校共建”契机，我有幸交流到南京晓庄学院附属小学学习，除了平常的教学工作之外，校长还交给我一个重要任务，开发学校的“环境教育课程”。一段时间的迷惘后，我瞄准即将进行的秋游活动，将参观青奥博物馆的体育文化学习与游玩世博园的休闲文化相结合，依据不同年级的特点，探索环境教育的课程内容。

基于这种想法，于是，我选择学校德育成效比较突出，班主任工作比较扎实的陈新涛老师的二(4)班作为试点，看一看在老师“前瞻性引导”下的秋游与以往的秋游会有什么不同，从而探索出基于校情的春秋游主题教育行动策略。

一、开好秋游前的主题队会课

分管学校的德育工作，不能拍脑袋想计划，得依靠经验丰富的班主任。二(4)班的陈老师，注重学生的常规教育，班级管理井井有条，班风积极向上，特别注重家长亲子活动的开展。

在秋游的前两天，班主任就把学生分成四大组，依据不同的主题，布置收集相关资料。因为孩子年龄小，她号召家长参与行动。队会课在紧锣密鼓的筹备中。

终于到了周五下午第一节队会课，我如约来到二(4)班的教室，参与这堂主题队会。

(一) 激情开场，点燃热爱自然之情

师：同学们，今天这节课呀，我们就来一起商量秋游的事情，好不好？

生：好！（大家脸上都洋溢着兴奋的笑容。）

师：首先，我要请一位同学背一背一年级时学的课文《秋游》，谁会背？

生："秋风起了，天气渐渐凉了！……"（不少孩子小手举得高高）

师：现在，秋天也真的来到了我们的身边。下周一呀，我们就要秋游了，走入秋天，感受秋天，拥抱自然，你们开心吗？

生：开心！（整齐而响亮！）

师：秋游呀，就是让我们共同走进秋的世界，到大自然中领略自然之美！走进自然，我们就是自然的一部分，我们要为美丽的自然增添一抹亮色。欣赏秋的美，不伤害美丽的秋色，怎样做个爱护环境的小公民呢？

下面，我们就来分组交流交流。

(二) 主题分享，激活生活德育因子

1. 食物选择组的汇报

组员1：秋游时可带些充饥的面包、三明治、牛肉干之类的，还可多带些水果和小零食。

组员2：我要带一大瓶白开水。妈妈做的寿司可用来当午餐。

组员3：我提醒大家，带的水果最好是可以剥皮的，或者在家就弄好，放在餐盒里。

组员4：可乐、雪碧、芬达等饮料喝多了对身体不好，我只带白开水。另外，我要让爸爸妈妈给我准备好可以吃得饱又有营养的午饭。

主持人：我还想做一下补充！我们小组一致认为秋游时要吃得安全，吃得开心，吃得有营养，这才是最重要的"绿色饮食"。

师：第一小组的同学们倡议大家，在这次秋游食物的选择上要做到"绿色环保"，这样对我们的身体是有好处的，请同学们一定要做到噢！

2. 垃圾处理组的汇报

组员1：人每天都会产生许多垃圾。垃圾又分为可回收和不可回收的。我们扔垃圾的时候，一定要分清。

组员 2:我们在秋游时会有垃圾产生,我为每个小组都准备了垃圾袋,希望大家都把垃圾处理好,不要乱扔。

组员 3:乱扔垃圾是不文明的行为,还会污染环境。秋游时,要把垃圾用塑料袋装好,再扔到垃圾箱中去。

组员 4:我给大家带来一首小诗:“瓜子皮不大,请你别乱扔。一张废纸小,只需不弯腰。”

主持人:我做一个小结!处理好身边的垃圾很重要。秋游时,看到地面干净,我们要保持。如果看到垃圾,及时捡起来。

师:秋游是一件开心的事。在开心游玩时,一定要爱护周围的环境,爱护我们的大自然,这才是“环保”。

3. 纪律维护组的汇报

组员 1:下周一就要秋游了,我们都很开心,但一定要遵守纪律,上车、下车要排队,不能拥挤,在车上不要大声说话,不能吃东西。

组员 2:游玩的过程中,我们要听老师的安排,不能随意离队,不玩危险的游戏。

组员 3:游玩时,我们要注意言行的文明,爱护公共设施,不乱涂乱写,注意公共卫生。

组员 4:我们小朋友在走路时,要跟紧队伍,不要单独行动,一切听老师的指挥,不要追逐打闹。

主持人:秋游是一件开心的事,我们要开开心心地去,也要安安全全地回,所以我们一定要遵守纪律。

师:我们二(4)班的同学出去就是一个集体,我们每位同学时时刻刻都要想到为集体荣誉而努力。上车、下车、在车上、在路上、游玩时,每时每刻都要做到遵守纪律,你们都能做到吗?

生:能!(非常有信心地保证!)

师:是的,我们出门开开心心,其实爸爸妈妈一定在出门时叮嘱大家一路上注意安全,对不对?为了让父母放心,为了自身的安全,我们一定要做到时刻注意,不该玩的不玩,不该带的不带,不该做的不做,能做到吗?

生:我都能做到!

(三)回顾总结,提出游玩要求

今天这节队会课,全班同学就“食物的选择”、“垃圾的处理”、“纪律的维护”三个方面做了研究和交流,同学们和自己的爸爸妈妈准备得都很充分,谈得也很好。老师期待下周一秋游时小朋友的优秀出色的表现,争取人人都做“环保小卫士”！

二、言出必行，出发前面对面

秋游当天一大早，我早早走进二(4)班的教室。同学们纷纷邀请我看他们准备的食物。

生1：老师，你看！这是我妈妈早上刚刚给我做的寿司，你闻一闻，香吗？

生2：老师，我妈妈给我准备的全是水果。我们小组，我负责带水果，另一个同学负责带主食，其余的同学负责带白开水……

生3：老师，这是我妈妈给我刚炸的鸡翅，你摸摸还热着呢！想不想吃一个呀？

师：(摸一摸)真的还热着，颜色金黄，真好看，好有食欲。你留着和小组同学分享吧！

师：(一番交流之后，同学们早已和我熟识起来)同学们愿意把你们的水举起给我看看吗？

(瞬间，每一个孩子都举起了自己的水！)

生齐：老师，我们带的都是白开水！

我知道，孩子们都爱喝饮料。但是，在集体的引导下，他们今天选择白开水是积极的行动。也许有些孩子心中有点遗憾，但是，毕竟是一次健康的饮水选择。

三、学习之余，分享秋游大餐

虽是二年级的小同学，在参观青奥博物馆时，都能认真聆听讲解员的讲解。从他们的眼神中，我能感受到他们在了解奥运文化。队会课的纪律组的要求化为今天的行动啦！我想：如果没有秋游前的充分交流、明理，哪会有孩子们今天的出色表现呢。

一晃到了中午时分，该吃午餐了。小朋友们都按照老师的要求，选定地点，分成小组，开始铺上自己小组的“地毯”，期待已久的“盛宴”即将开始。

每个小朋友都拿出了自己准备的食物，真是丰富，有寿司、面包、零食、水果……可谓是“应有尽有”。

“来，大家吃我的水果，这可是妈妈一大早和我一起准备的，新鲜，有营养！”一边说着，一边把自己的水果递到小同学的手中，很是热情。

“请大家看！这是我的寿司，我们小组的每个成员都有！它就是我们的中饭啦！这里面有妈妈对我的爱，现在我要与大家一齐分享。”说着，每个小伙伴都愉快地伸出了小手。

小组长拿着一个塑料袋走过来，说道："大家请注意，一会儿所有的垃圾都要放到这个袋子中，千万别乱扔噢！"

……

下午，娱乐时间开始！小朋友们手拉着手，排着队，跟在导游后面，听从老师的安排，玩转了整个游乐场，开心不已。

四、总结反思，寻找活动育德的契机

经历了以上三个环节的主题实践活动，对比其他班级孩子的表现，我明显地感到"预先主题教育"的效果。

其实，春秋游只是学校许多主题教育活动中的一个"小点"，如何将这样的一个个"小点"展开，并"连续性"开展主题实践教育活动，其主题的开发、活动的操作流程预设，都是值得探索与研究的。以"一点"带动"全面"，得出方法，发散开去，这样的实践活动才会有真正的意义。

1. 学校主题教育需要活动作支撑

任何活动前，适时进行主题教育是有一定成效的。教师的引导在孩子的心中会产生一定的影响力。但是，孩子在课堂中所受到的教育影响一开始也只是"知"层次的，如果没有活动的检验、及时巩固与评价，时间久了就会"淡化"。所以"主题活动"，是将课堂所知道的"道理"引向行动，最终促进孩子在各项活动养成习惯，形成能力，知行统一。

2. 学校主题教育需要家长的配合

离开学校，回到家庭中的孩子们，要将所学的道理自觉运用在实践中，体现在行为中，需要家长教育的跟进。学校开展的主题教育活动也离不开家长的全力支持。本次秋游活动，从搜集资料，到准备物品，再到秋游心得，处处都有家长"陪伴"的身影。正因为有家长的参与才使得活动成效显著。

3. 学校主题教育需要有效的设计

本次的秋游主题教育实践活动设计为"前有主题队会，中有实践跟踪，后有活动反思"，此次主题活动的组织与实施，玩转秋游，让秋游不仅仅是一种玩，更是获取知识、享受愉悦的"玩"。孩子们的进步实实在在，收获满满当当！

学校给每个孩子提供了受教育的大环境，作为教育者要充分利用集体的力量去熏陶每一个孩子，让每一个孩子在集体中感受到集体的温暖与力量。学生个人的成长离不开集体，能够在集体中进步、长大是一件快乐的事。让每一次活动，成为学生终生难忘的记忆，这需要精心策划与有效组织。

（栖霞区八卦洲中桥小学　施鸿梅）

点评：春秋游是学校最常规的外出活动。案例中的施老师围绕学校的“环保教育”主题，调动班主任、家长、学生的积极性，立体设计秋游活动。创新常态化管理，活动前的前瞻性引导，帮助学生内化所学的知识；活动中环环跟进，有布置有检查，教育留痕；活动后及时小结，分享快乐。玩转秋游，寓教于乐，功在整合资源，精心设计。

德育工作是一份责任，也是一份使命，没有模式可以复制。当然，学校还有一些外出活动，如参观博物馆和爱国主义教育基地、公民教育实践研究、主题游学等，我们完全可以把多样的活动，结合自己地区的、学校的、班级的、个人的实际，进行富有新意的创造、重组，扩大并形成教育的合力。

专题三　合作跟进：行为示范与师表育人

“师者，人之模范也。”“学高为师，身正为范。”教师的劳动是用其心灵智慧去陶冶、塑造受教育者的精神世界。因此，在育人的道路上，可谓任重道远，应通过自身的学习和陶冶，真正为人师表，率先垂范。

教师承担着百年树人的伟大工程，因此，教师必须以人格来培育人格，以灵魂来塑造灵魂；要使学生的人格得到健康发展，教师应首先致力于塑造自己高尚的人格。教育的本质是创造幸福，在创造社会幸福的同时，也是在创造个人的幸福，更是在引导或者发展感受幸福、创造幸福的能力。所以，教师要做学生的榜样，与儿童的精神相守，倾听他们的心声，享受静候花开的幸福。

作为职初教师要加强道德规范的学习，自觉约束教育教学的行为，展现育人者的个人魅力。魅力何来？我们需要浸润书香，阅读经典，从教育书籍、教育影片中获取破译学生精神密码的方法，享受文化滋养的喜悦。

我们职初教师更应注重反思，在反思中自主成长。德育工作者的反思，在问题发现中求超越，从事实梳理中求真意，在行动改善中求发展。反思，意味着精神的觉醒、理性的彻悟，意味着坚定、成熟与练达。专业日记是我们反思的成果表达。信息时代，可供表达的平台很多，我们可以借助个人博客、QQ空间、微信、易信等媒介，记录自己个人成长得失，见证行走的心路历程，从而发现并形成自己的教育个性。

案例一

与孩子精神相守

每个孩子都是一个故事，既复杂又简单。离异家庭的孩子也渴望拥有最单纯的幸福。期待有人读懂他们的内心，破译倔强、愤怒、顽劣的密码。“教师的幸福就是成就孩子的幸福。”品味杨老师的这句话，我们的内心也不禁漾起甜蜜的幸福感。

小史同学生活在一个重组家庭里。父母离婚后，亲生母亲在遥远的城市生活，爸爸再婚。他本能地认为是继母导致他失去了美好的家庭幸福，对继母恨之入骨。爸爸忙生意与他见面的次数很少，对他关心、照顾、沟通的机会更是少得可怜。长此以往，形成了他乖戾的性格，加上不理想的成绩，总让他觉得别人瞧不起他，所以把自己保护得特别严密，也特别敏感，就像一只马蜂为了保护自己就去蜇别人，同时自己也受到伤害。

累——“绝望”的杯水车薪

忙碌的一天终于结束了，每天最欢喜的就是放学铃响的时刻。学生们在班级门口迅速地排起两队，回家的渴望一点也不输给我。只有王同学在队伍里窜来窜去，还不时地大声说着：“老师，小史被老师留了下来，他不去！”我向小史望去，只见他头歪着，丝毫没有挪步的意思。王同学还在叫着，突然小史大步走出队伍，向办公室方向走去，经过王同学身边，一脚踢向他。“就你能！”说完消失在楼梯口……顿时我的心又沉重起来。

自从接手这个班，他的麻烦事就一件接一件，好不容易看到他有一点进步的时候，却又故技重施，我对他的教育，分明就是杯水车薪。简直绝望！可是还是必须得去解决这“愤怒脚”。

“你为什么要踢王同学？”我忍住心中的怒火，用貌似平静的语气问小史。

“我上课明明没讲话，他还向数学老师打小报告让我留下来。”他一边说着，一边还咬牙切齿，好像有多大的委屈。

“可是，你问过数学老师为什么留你了吗？你——”

“没有。”还没等我说完，他接过话茬，“反正我没讲话！”

“你在没有弄清楚情况的时候，就去踢人，如果换了你挨踢，你会怎么想？”看他似乎还不知道自己的错误，只好让他换位思考。

……

“我知道不应该踢他，我太气了，忍不住就踢了。”他低下头，揪着衣角，低声说着。

哎，能知道自己的错误总算是个好的开端了。“那咱们就约定今后不要随便发脾气，遇到事情先想三秒钟，好吗？”

“好！”他爽快地答应了。

“要不咱们签个合约，怎么样？说话要算话！”

“老师！不会吧？”他咧开嘴，黑黝黝的脸上露出了两个深深的酒窝。

每次都是这样，招牌式的微笑总让我感觉他不是个难教育的孩子，可是此刻，连我自己都恍惚，我还能这样一次又一次地忍耐多久……

惊——“晨读风波”见“光明”

早读还未结束，准备到班上讲事情，刚跨进教室门口，我们班的“急报小先锋”康同学就开始向我汇报：小史早读瞎读，害得大家都读不起来，都给值日生扣分了……大家叽叽喳喳开来。是他？最近在班上惹的事还不嫌多？想不发火都不行。“站起来！”“为什么又不好好早读？”看着那张无所谓、理直气壮的脸，我真是气不打一处来。“又不是我一个人讲话！”小史把头横了一下，甩给我一句话。“就是你讲的！”一石激起千层浪，其他同学都义愤填膺起来……“咣当”一声，一张椅子倒了下来，淹没了所有的声音……“你们都不尊重我！又不是我一个人讲话的，干吗就说我？”小史喘着粗气，像刚从战场上回来的伤病员，泪水悄悄地从那双愤怒的眸子里滑了下来……

放学后，我把他留了下来。看他比早上已经平静了许多，我便拿出一本书，递给小史。“你能把第20个故事看完吗？”在我的期待中，小史无声地接过我手里的书，面向门后（这是他认为在办公室最惬意的方式）看了起来……几分钟后，我试探着问：“读完了吗？你能给我谈谈你的感受吗？”也许是被书本中的故事所吸引，他也认真地谈着：“我觉得书上这个人肚量挺大的，能宽容地对待他身边的人。”“那你是不是觉着早上同学对你不够宽容？”小史仍然低着他的头：“不是的，我的确没读书，还跟别人讲话的。”我心里有些许惊喜：“噢，我觉得你也挺大度的，这么快就不气了，真是难得！相信你一定能理解同学们那么做是为你好，你说是吗？”他默默地点了点头……

第二天一大早来到教室，又看见小史手正搭在班上一个瘦小的男生肩膀上，我以为他又要去惹事了，赶忙走过去，却赫然看见他手上拽着一本书——昨天我给他看的那本书！

第一次！一个整天上课一个人在角落里晃荡的人，主动看书了！

喜——温暖中“飞跃”

英语课下课，我习惯地往我们班级走去，刚好撞见小史正气呼呼地跟着英语老师到办公室去了。后面一群“看热闹”的叽叽喳喳道：“老师，小史上课又发火了！”“他不认真听课，老师要把他跟李同学调开！”……

原来是这样！李同学是班上男生当中挺出色的孩子，尤其是体育，跑起来像一阵风，是很多男生佩服的同学。记得他曾经提过要跟李同学坐，我跟李同学谈过后他也挺乐意帮助小史的。看来一段时间的帮助还是有效果的，不然他不会听到调座位就发火。

小史来到我的办公室时，若无其事样。

“老师把你座位调开了吗？”我想知道事情是不是真如我想象的那样。

“杨老师，我不想调座位！”

“可是你上课总这样，会影响别的同学，这次我不能做决定，除非别人愿意跟你坐。”犯错总得自己要承担后果吧，这样也许才能让他更清楚地认清自己。

上课时，我在班上宣布：“谁愿意跟小史坐？”好久，没人反应，看来平时的不良表现让其他同学都对小史敬而远之。小史似乎也沮丧了，耷拉着脑袋。“老师，还是让小史跟我坐吧！”我微笑着，看着小史蹦跳着又把书包、文具等都挪到了李同学的旁边……

同学的温暖胜过万千，之后这段时间，上课乱晃的小史也有了进步，每天课堂上能看到他高高举起的手……虽然学习成绩还不如人意，但至少他不再像以前那样动不动就挥拳头了。想到这，我心里还是很高兴。每天在办公室里都能看到几盆难养的盆栽在角落里散发着晃眼的绿，我想，正是每一个人对它的精心呵护才成就了它今天的茁壮成长吧！

其实教师的幸福就是在成就孩子的幸福！

英国教育大臣戈夫在回答记者提问“关于孩子在不同的阶段给予他们什么样的教育环境”这个问题时回答道：“在孩子小的时候，对于他们最重要的是有吸引力，有包容力，温暖的环境。”对此我想，这对于任何国家的孩子都一样。因为他们是孩子，作为教育者的我们应该宽容地对待他们所犯的错误。一个温暖的童年回忆可能会激励他们更勇敢地面对今后的困难。我们都在说现在的孩子太脆弱，需要经历挫折教育，可是当离婚家庭越来越多时，我们是不是更应该给予他们更多的温暖？

（高淳区砖墙中心小学　杨　月）

点评：幸福的教育生活是一种有理想追求的生活。一个富有爱心的德育人，就会选择对孩子一生幸福的守候！案例中的杨老师选择社会问题——离异家庭孩子的教育，啃一块教育的"骨头"，萃取值得推广的经验。这，就是一个教育者社会良知的呈现。

班主任工作很平凡，但只要细心，善于洞悉儿童的生存状态，关注他们的精神家园，就能捕捉育人的契机。从来没有一个孩子生下来就是坏孩子！小史的家庭环境导致了他性格上的缺陷，如果在其一次次犯错后对他不闻不问，可能后果会更严重。作为职初教师，眼中要有人，关心学生的校内外生活，引导他们正确认识家庭的问题，面对生命成长中的各种遭遇。教育是生命的回归，生命的教育里爱是主旋律。作为教育工作者，应该尊重每个孩子，敬畏每个生命！

案例二

耐心等待，静候花开

种子会慢慢地发芽，花儿会悄悄地开放。教师耐心等待每一株鲜花争奇斗艳、每一棵小草勃发生机。教育也是一个等待的过程，在等待中付出，在等待中收获。让我们一起耐心等待，倾听花开的声音，守候花开的幸福……

1. 跳绳风波

记得那是一个冬日的午后，我正坐在办公室里批改作业，门突然被推开了，只见吴梦已哭成了小泪人。"怎么啦？谁欺负你的，快告诉老师。"她伤心地哭着说："我今天刚带来的跳绳不见了，这是我南京的大姑新帮我买的……"我忙问："是什么样儿的？什么时候不见的？"和她同来的同桌连声说："她的跳绳可漂亮了，还是带计数器的，早上第四节体育课时，我和她还在一起比赛的。可中午到校后，就不见了。""你把它放在什么地方啦，会不会带回家了啊?""没有,我放学时就把它放在了抽屉里,我想下午来的时候再跳。"

"那我们快去班里找找,说不定放在角落里没发现呢?"于是我来到教室,发动全班孩子,对大家说:"你们见过吴梦那根漂亮的跳绳吗?"同学们都叽叽喳喳地说见过。"吴梦想把跳绳借给大家玩,可是忘了把跳绳放在哪儿了,你们能帮忙找找吗?"全班孩子一起找遍了教室的每个角落——但令人失望的是——没找到。看来不得不承认:是有人喜欢上了这根跳绳,把它悄悄"借"走了。

2. 出谋划策

怎么办?望着一张张天真可爱的小脸蛋,我实在找不出怀疑的对象。还是等等吧!兴许跳绳能自己出现呢!回到办公室,其他老师帮忙出谋划策:"你一个一个地仔细观察,也可让孩子互相观察,发现异常情况向你报告。""找一面他们未见过的镜子,可以美其名曰'魔镜',让全班孩子都来照一照,不敢照的那肯定与这根跳绳有关系。""你干脆告诉孩子们教室里有监控……"看着好心的同事,我不免有些担忧:这些主意也许会有效,可也会给孩子们心理造成一定的压力:互相揭发会使孩子们互相不信任;照"魔镜",利用监控,会让"借跳绳"的孩子心怀恐惧而不愿上学。

3. 灵犀一闪

思考再三,这些办法都不太理想。怎么办?总不能让这事不了了之吧。事发第二天,我在著名特级教师李镇西的班主任日记《心灵写诗》中找到了答案:班主任最重要的不是管理,而是走进心灵,用"悄悄话"的方式可以解决很多问题。我想要是老师和孩子之间说悄悄话,是不是可以拉近我和孩子的距离?如果孩子都把我当朋友,跟我说实话,那么,"借跳绳事件"也就迎刃而解了。

虽然这么想,可心里还是没底:先试试这种方法,看看能否奏效。于是,我立即在班里举行了一个"朋友,我想告诉你一个秘密"的讲悄悄话活动。我对大家说:"小朋友,老师就是你们的大朋友,今天我这位大朋友想和你们做一个讲悄悄话的游戏,愿意吗?"教室里一下炸开了锅。"太好了,我想和老师交朋友……"这群顽皮的孩子忍不住欢呼起来。我借机鼓励道:"我们每个人都会犯错误,老师也会,如果大朋友做错了事,现在知道错了,很想改正错误,你们会原谅我吗?""会!""我也会!"……孩子们回答得很真诚。眼看时机成熟,我赶紧揭示游戏主题——"知错就改",并宣布游戏要求:"下面我们就找自己要好的朋友,向他诉说压在你心里的秘密。倾听秘密的朋友要做到：帮助他保守秘密，提醒他改正错误！悄悄话游戏开始！"

一年级的孩子，心灵是那么天真、纯洁。话音刚落，一些活泼可爱的孩子就离开了自己的座位，走向好朋友，开始轻声细语起来。看着小朋友一个一个从自己的身边走过，感觉有点失落：孩子能把他们的秘密告诉我吗？毕竟我是他们的老师！万一没有孩子来找我，丢失的跳绳怎么办？还能找得回来吗？我的心中充满忧虑。这时，性格活泼开朗的高宇蹦蹦跳跳地来到我的身边。"高宇，你想和我交朋友，对吗？"他咧着嘴呵呵地笑着说："大朋友，我告诉你一个秘密：有一次，我的同桌李响把我的文具盒碰翻了，我就悄悄把他的橡皮藏了起来！"我趁势引导："朋友，你一定知道该怎么做吧！"他马上就把橡皮还给同桌，还对李响深深鞠了一个躬，说："对不起！"我本以为他会让我为他保守秘密，没想到孩子能当场认错，我情不自禁地为他竖起大拇指。不一会儿，又有许多孩子来承认自己犯过的一些小错误，他们都得到了我的表扬。"真是勇敢的孩子，记住，这只是我们俩的秘密！"

4. 等待花开

"丁零零"下课了，可还是没有任何有关跳绳的消息，可我想：只要我把这个游戏坚持下去，相信会有更多的惊喜在等着我。第二天放学，我正在教室关门窗，一个平日里性格内向的孩子晓菁正在慢吞吞地整理书包。"要不要老师帮忙？"她低着头，不说话，我走到她身边，她红着脸低声说："毛老师，我也要告诉你一个秘密，吴梦的跳绳是我拿的，你不要告诉别人，行吗？"我心里长长地吁了一口气：经过短暂而又漫长的三天等待，"借跳绳事件"终于可以结案。"知错敢于承认，你真是个了不起的孩子！那你准备怎么办呢？""我不敢自己还给她。""明天你悄悄把跳绳放在老师讲台的抽屉里，我帮你还。不过，以后借东西时，一定要先征得别人的同意，好吗？"她使劲地点点头。我笑了，她也笑了……

每个孩子都是一朵花，每朵花的成长都有一个过程。我们之所以会犯错，就是因为过重的功利心让我们等不到花儿开放的那一刻，等不及孩子经历完成长的过程；就是因为浮躁的态度让我们少了一种宽容的胸怀，少了一双智慧的眼睛。而今，我回过头以一个旁观者的身份去回味这一切的时候，却发现那微笑的瞬间，我品尝到了教育的喜悦。这一次成功的教育案例给了我很多思考。

我明白教育的等待并非守株待兔，它是一种积极主动的无声呼唤，是一种智慧的等待。"孩子犯错，就是上帝也会原谅"，更何况是孩子眼中神圣的教师？我们怎么有理由不去耐心等待呢？等待是一种爱——一种需要爱心与信心的爱。很多时候，孩子的豁然开朗、顿悟清醒，也许就在我们耐心等待的一刹那之后。对于晓菁的这份等待，是我对她犯错的宽容，更是对她自尊的呵护。正是这份等待让她在愧疚之后能够平静而从容地抬起头……也正是在等待中，我享受到了别样的幸福。

其实，一个孩子从幼稚走向成熟是一个过程，我们不能用成人的眼光来看待孩子，不能用同一个标准要求所有的孩子。对于有些孩子来说，成长的过程可能需要更多的时间。这就需要我们教师，放慢爱的脚步，用我们的真诚、宽容、耐心、期待、信任、尊重……学会等待，在等待中守候花开。

（南京市江浦实验小学　毛　静）

点评：每个孩子都是一朵会开的花，或迟或早，或长或短；或迎风招展，潇潇洒洒；或含苞欲放，羞羞答答……需要我们用爱去呵护。对待犯错误的孩子，更需要我们怀有一颗爱心，送上一缕阳光温暖他们，化一丝春风爱抚他们，那时，你就一定能听到花开的声音！

一个人能否快乐，取决于他是否愿意发现，愿意珍惜。案例叙述者毛老师从专业发展的角度记录一个人的转变过程及其深刻的体验，把个人成长的经验得以提升为人生积淀。通过专业日记的形式，班主任用自己成熟的价值判断标准、最熟悉的话语习惯，在生活中寻找有意义的表达内容，实际上是在改进和重建自己的教育生活，发现并形成自己的教育个性。

坚持，就是胜利。记录、思考、分析，成功就在探索之路的尽头等候我们。

案例三

做孩子心中那盏温暖的灯

陶行知说过："你若觉得小孩小，便比小孩还要小。"要想透过一些异乎寻常的表象，体察孩子心间的"黑洞"，只有静下心为他点亮一盏温暖的心灯，才能照亮他们的心房。

一封这样的来信，让我脑海中一个孩子的身影越来越清晰。"2009 年

9月，我6岁便到仙林外国语学校上学。当时接班老师是魏老师。她为人很好，开学第一天就与我们玩游戏，晚上她又去宿舍看我们，一有空就给我们讲笑话和看电影。当然，她的奖品也很丰富，有橡皮、铅笔、巧克力等。她还说要是我们表现好的话，还要请我们吃大餐。啊！她可真幽默呀！……”

发邮件给我的是这个孩子的父亲，文章是孩子写的。读完这篇文章，回忆起与这个孩子相处的点点滴滴，内心久久不能平静。

要想真正了解一个孩子，需要心平气和地和他交流

这个孩子小名叫辰辰，一年级入学报到时，他安安静静地坐在座位上，为什么对他入学的印象那么深？是因为他一直在冷静地观察着那些哭哭闹闹的孩子。当时我在心里想：这个孩子还挺坚强的。接下来住校的几天，他的情绪都不错。虽不善于表达，但课堂上举手特别积极。一年级的孩子由于刚刚开始适应寄宿制的生活，很多孩子在课堂上还会忍不住想家，辰辰就显得冷静多了。孩子们终于熬到了星期五放学的日子，爸爸妈妈们把孩子们搂在怀里，有些眼里还闪烁着激动的泪花。可是，辰辰却不见了。这可把我们班管小组的老师急坏了。我们兵分几路，在校园里到处寻找他。就在我们焦头烂额的时候，门口保安叔叔打来电话告诉我们，他站在门口呢！我们把他从门口接回班级，一路上他一直在问我：“魏老师，是不是我妈妈来了？”我点点头，心里很生气，几个老师跑得满头大汗，他却丝毫没有觉得自己做错了。

回到班级，他的父母也来了，正在教室里等他。辰辰妈妈告诉我之前在幼儿园时他也出现过这样随便乱跑的情况，还说老师和家长都习惯他这样的举动，也不再去管他了。当时我有点小小的震惊，作为孩子的家长，面对这样的事情，没有想过好好地教育孩子，从而改变他的做法，反而一点作为也没有。我决定好好找孩子谈谈，了解他跑走的原因。第二个星期，一个阳光的午后，我问辰辰：“孩子，星期五的事情还记得吗？”他点点头，不说话。我接着说：“那天老师们为了找你跑了整个校园几圈，老师们都是一头的汗啊！”他看看我，脸上露出难过的表情。“我们都很担心你，你离开教室的时候，有没有想过关心你的人会着急啊？”

孩子摇摇头。说到这里，我以为自己了解他了，这个孩子要学习体谅他人。可是听了他后面说的话，我才知道我想错了。我摸摸他的头问：“孩子，你为什么在放学的时候一个人跑走了呢？”他犹豫了一会儿，说：“我不想看见妈妈，不想让老师和妈妈见面。”“不想让老师和妈妈见面？”我一脸的疑惑，“这是为什么呀？”“老师会跟妈妈说我不好，我讨厌这样。”哦！原来是这样啊，看来这是个自尊心很强的孩子。我语重心长地对他说：“孩子，你担心老师说你什么不好呢？这个星期，你表现得挺好的呀，你看，你多坚强呀！有些孩子想家都哭了，你却一滴眼泪都没有掉下来，老师都打心眼里佩服你：多么坚强的孩子呀！”辰辰的小眼睛一眨不眨地盯着我，似乎有点不敢相信的样子。接下来我们谈了很久，孩子向我保证以后周五不乱跑了。我把与他交流的情况告诉了她的妈妈，让妈妈在与老师沟通时照顾辰辰的感受。又是一个周五，辰辰没有独自跑走，妈妈来接他时，他站在我身后，小脸涨得通红。我拉着他的手，当着妈妈的面，把他好好夸了一番，妈妈频频地对他竖起大拇指。辰辰终于笑了，开心地和爸爸妈妈回家了。

每个孩子的内心世界都是丰富多彩的。我们不能把孩子的内心世界想得太“简单”。陶行知说过：“你若觉得小孩小，便比小孩还要小。”孩子的一些异乎寻常的表现背后，其实都深藏着他们的一些敏感的情绪。我们只有静下心来去发现，才能找到教育的契机。

要想成功地教育一个孩子，就要成为他的好朋友

时光如白驹过隙，一转眼到了三年级。班级教育小组的每个老师都要和班级里的5个孩子交朋友，我选择了辰辰做我的朋友。因为才开学一个月左右，老师们就都来向我投诉了他的种种问题：桌肚从来不整理，铃声打响了才进教室，作业不认真等等。这些问题都可以归结为习惯的问题，我相信在我们的培养下是可以改正的。但是有个问题引起了我极大的关注：一天一个同学从辰辰旁边走过，他正在写作业。同学不小心碰了辰辰的手臂，辰辰的字写歪了。同学没有及时道歉，辰辰暴跳起来，大声指着同学说：“你干吗？”两个小朋友吵得很厉害，吵完之后辰辰哭着说：“我不想活了，死了算了，活着有什么意思？大家都不关心我，都不喜欢我。”这句话恰好被我听到了，如此绝望的话竟然出自一个10岁孩子的口？我的心揪成一团。我把辰辰带到办公室，让他坐在椅子上先冷静一下。等他的情绪平静一些后，我问他：“孩子，你很生气是吧？刚才说的都是气头上的话？”他眼睛睁得大大的看着我，就是不说话。我也有点着急了，感觉无法沟通下去了。

下午我遇见生活老师，把今天发生的事情向她描述了一遍，生活老师吃惊地说：“这个话她妈妈也说过。”我追问下去：“什么时候说的？什么情况下说的？”生活老师说：“在宿舍里给孩子挂蚊帐的时候，爸爸和妈妈为了一点鸡毛蒜皮的事情争吵起来。她妈妈就很激动地说了这样的话。”我想问题可能出在他的父母那儿。我立刻给辰辰的妈妈打了电话，并把她邀请到学校里来谈心。当我把孩子说的话告诉她时，她平静地说："老师，在家里，有时候他也会发脾气，会说这样的话。""那你们知道孩子为什么这样说吗？小小年纪却说出这么沉重的话，你们有没有认真思考过？"面对这样的家长，我的情绪稍显激动。辰辰的妈妈没有说话，脸通红，好半天才告诉我："老师，我和他爸爸平时都很忙，没有时间照顾他，所以把他送到寄宿制的学校来上学。他爸爸脾气也比较暴躁，在家里经常为一点点小事和我争吵，不管孩子在不在场……"原来辰辰一直生活在这样的家庭环境当中，我不禁心疼起这个孩子来，只有内心孤单到极点的孩子才会说出那样绝望的话来。我决定和辰辰交朋友，当我把这个想法告诉他时，他不解地看着我："老师，你怎么不和宁宁交朋友啊？所有的老师都很喜欢她。"我摸着他的头说："魏老师也喜欢宁宁，宁宁有很多的朋友。魏老师也喜欢你，你身上有许多优点，所以我想和你交朋友。"孩子天真地问："真的吗？"我微笑着点点头。他那双清澈明亮的眼睛里还是有怀疑和不解。

接下来的日子里，我一有空就拉着他的手，和他谈谈心，并经常请他帮我做事情。偶尔他还是会发发小脾气，我就等他冷静后再和他好好谈谈。我知道试图用一两次的说教就改变一个孩子，那几乎是不可能的。当我们教育孩子感到无助时，一定要整合各方面的力量。我要求辰辰的父母一定要配合我，在家里尽量避免在孩子面前发生争执，营造其乐融融的家庭氛围；多与孩子交流，鼓励他多交朋友，邀请伙伴到自己家里玩。辰辰的父母还是很爱这个孩子的，当他们意识到孩子在群体学习生活中的种种问题时，也十分着急，还领着孩子去看了心理医生。医生给他们的结论就是：这个孩子需要你们的关爱，他的反常行为不过是为了引起父母和老师的注意罢了。

心理医生的话证明了我之前的假设。爱可以融化一切。我相信只要成为辰辰真正的朋友，就可以改变他。机会终于来了，一天上午，班级里的点心少了一块儿，元元没有吃到。几个同学都说是辰辰拿的，辰辰坐在座位上，像只快爆炸的气球，嘴巴鼓着，拳头攥着，大声吼道："我没拿！我没拿！"同学们七嘴八舌地说："我们看见你拿了。"辰辰快爆发了，人群中传来一个声音："我相信你，你没有拿！"我斩钉截铁地说。同学们都盯着我，辰辰的眼泪再也憋不住了，夺眶而出。"他是我的好朋友，他不会做这样的事情的。"我拉着他的手说。他哭哭啼啼地说："老师，那是同学给我的，不是我自己拿的。"我了解了一下情况，原来那第二块点心是不想吃的同学送给他的；少的那块点心掉在了地上，被同学捡到，扔进了垃圾桶，所以有人没吃到。真相大白，冤枉辰辰的同学都纷纷道歉。辰辰大度地说："没关系。"擦着鼻涕笑了。

有一次，英语课上进行一分钟演讲，主题是：我最好的朋友。辰辰开心地对同学们说他最好的朋友是魏老师，他想一直和我交朋友。我听了心里乐开了花，看来这个孩子是打心眼里接受我这个朋友了。

成了好朋友的我们，经常聊天，谈心。我指出他的不足，他总能虚心地接受并努力去改正，偶尔管不住自己了，还会很诚恳地向我道歉。时光荏苒，这个孩子越来越阳光，越来越自信了。

孩子的内心是丰富无比的。当我们听到他们心声的时候，就找到了教育的契机。想要听到孩子的心声，就要成为他的朋友。朋友是用心来交的，在与孩子交友的过程中，要真心地关爱孩子，耐心地等待孩子，真心才能换来真心。孩子才会信服老师的教育。教育才能够成功。

孩子在信中还写到了一件事："她不仅仅平时幽默，上课的时候也很幽默。上语文课的时候，魏老师怕我们把句子读错，就用一些夸张的话来提醒我们。我至今还记得，有一次，我上课读句子的时候把'衷心'读成了'哀心'，班上的同学哄堂大笑，我很不好意思。魏老师笑着说：'你可不能再读错啰，要不然，哀心就永远跟你在一起了。'从那以后我就再没有把'衷心'读错了。"

孩子的结尾是这样写的："魏老师就像我心中一盏温暖的灯，黑暗中总能让我看见光明。"读到这儿时，我的眼角湿润了。

辰辰现在已经上五年级了，他只是我众多学生中的一个。能够成为孩子心中的那盏明灯，不仅仅温暖了他，也温暖了我的人生。

（南京外国语学校仙林分校　魏环君）

点评："大美不言。"这就是一个班主任的真实写照。案例中的魏老师是一个默默无闻的奉献者，她用美好的心灵和爱的真谛，在让我们领略人类最美好的境界的同时，也留下了无尽的回味与遐思……

选择自主发展的班主任有着高度的责任感。这样的班主任不会浪费时间在生活中自怨自艾、怨天尤人……而是迎着困难上，研究学生，读懂他们的心声，善于走进学生的心田，洞悉他们的童心世界，找寻适合开启他们心锁的钥匙。这样的班主任选择的是精神上的自觉，享受一种精神存在。

二、浸润经典——行为育人的诗意栖息

案例四

书
——班级百“病”之良药

每本书有每本书的读法，每本书有每本书的作用。有的用来欣赏，百看不厌；有的用来查阅，缺之不可；有的用来品味，安抚心灵；有的用来学习，了解世事百态。也许，你有所不知，书还是班级管理的百“病”良药。

书，是一种普通中凝聚着神奇力量的事物，自古有“书中自有黄金屋，书中自有颜如玉”的体会，有“读书破万卷，下笔如有神”的领悟，更有“书籍——人类进步的阶梯”的真理。

对我来说，除了以上作用外，书还是班级管理的百“病”良药。这百病不是指心药来医的心病，更不是病从口入的躯体之病，而是我们职业中所存在的病。那么，我们先来捋捋这百病从何而来。作为教师，作为班主任，尤其像我这种年轻却经验不足的班主任，每天同几十人“斗智斗勇”，我上有政策，他们下有对策。我抱怨他们难以管理，他们埋怨我各种施压。于是，在班级卫生、学生品德、班级凝聚力、学生的作业质量、学习态度、课堂表现各种大大小小的方面就生病了。面对这些问题，除了开口求医问药，还有一种方法是从书中寻找解除疾病的良方。这种方法让我相当受益。

有一段时间，班里学生的作业出现上交迟、质量差，甚至总有三四个学生不写作业的情况。我曾一度采用加倍罚写来惩罚他们，可是收效甚微，甚至引起了部分学生的极大不满。我该怎么办呢？在我为此发愁时，一本放在抽屉里名叫《优秀是教出来的》的书闯进了我的视线，那是入职第一学期“师徒结对”活动时师傅赠予我的一本橘色封皮的书，可是我却用“保管”的方式来“善待”它。我慢慢翻开，从第一页看起，看着看着，我被吸引住了，那是一位外国教师的一个个教育故事，许多故事与我面对的问题很相似甚至是相同的，其中一篇就是他在面对作业上交的质量和数量问题时的所作所为。我突然感觉找到了救星，于是我借鉴了他的方法，结果真的很有效。我

恨自己为什么那么迟才看到这本书的同时又深感庆幸，毕竟，我在书中找到了治疗“作业病”的良药。

每本书中都藏着大大小小的方子，等待我们对症下药。你说，书是不是班级教育的百病良药？

（栖霞区石埠桥小学　王　娇）

点评：书是班级管理中“百病”之良药，这是职初教师王娇的成长感悟。班级教育中有百思不解的问题，除了向榜样老师求助，还可以向看不见的“导师”求解。

每本书中都藏着大大小小的方子，只等我们去拜访“中医”，真诚地拜见，虚心求教，良方就在导师开出的书籍中。

很多学校在组织校本研修时，都非常重视青年教师读书活动的开展，其主旨也许就在引领教师徜徉书海，在自读自悟中找寻到属于自己的成长密码。

读透一本书，想通一个问题，寻找一个方法，厚积而薄发。读书，是免费的教育旅行。职初教师能长期坚持浸润在经典阅读中，一定能感受到行为育人的诗意栖息之乐。

案例五

一部藏着教育学生良方的影片

办法总比困难多！当我们为班级教育一筹莫展时，也许一部教育影片就会为你答疑解惑，指点迷津。收看中外教育影片并从中找寻解决问题的策略，是非常有益的专业成长方式。

《放牛班的春天》这部电影不仅是一个爱与音乐交织的故事，还是一把找回遗忘记忆的钥匙，一对勇敢追求梦想的翅膀。

记得第一次观看这部电影时还大学在读，感动如繁花盛开，乐声萦绕在仲夏晴朗蔚蓝的天空下，而爱，如镶嵌在阳光里的云朵，让我看到世间最洁白美好的风景。工作后参加校青年教师读书会——“雨竹书社”，再次以一名教师的视角观看这部影片，却有了不同的思考。

生命的曲折离奇常在无意的邂逅中获得永恒的回归。一群渴望理解而又狂妄不羁的孩子，被一群冷酷、无情并且自以为是的魔鬼"教育者"软禁着，在魔鬼的炼狱——"池塘之底"中饱受摧残。

马修——一位普通的教师，在我心中却是一位坠入凡间的秃顶天使。他的出现，让我们幸运地聆听到夜莺美丽的歌喉，让野百合迎来了自己的春天，让孩子在幽晦的池塘之底，看到黑暗中的希望之光，感受到单调生命深处的热忱。是怎样的人格魅力才能向地狱播下爱的种子？在此结合我的工作谈谈粗陋之解。

1. 平等对话是契机

做了班主任后，很多家长跟我说自己对孩子操碎了心，相处模式更像是一场斗争，孩子不学习了，威逼利诱法法皆用，可效果甚微。看到马修在影片中与孩子们的第一次接触，何尝不是另一种斗争，但是他为了在恶魔校长手中保护这些孩子，包庇了他们捉弄自己的事实，这是他第一次放低姿态换得的一次平等和信任；在得知学生勒克莱克弄伤了可怜善良的门卫大叔马克森斯后，马修找来勒克莱克谈话，答应只要他能去医院帮忙照顾被他弄伤的马克森斯，就不会把他的事情告诉任何人，他第二次用守信换来了信任和平等，让这个顽劣的孩子从心底里为自己所做的事情产生愧疚并想办法去弥补。而在我们平时的教育中我想大家可能忘了，在孩子面前我们大人是强势的，孩子是弱势群体，本身的存在就是不公平的对立面，何谈公平。若想赢得信任和坦诚，请你放低姿态，再做交流。惩罚，永远是最低级的教育手段。

2. 每个人都有属于自己的位置

一群孩子窃取了马修的皮包，同时也偷窥了他的心灵世界。这一个个跳跃的音符，一行行温暖的字迹，引得孩子无限的遐想与猜测。音乐，一个完全被学校忽视了的名词，一种贴近人类心灵节奏的律动，让池塘之底，春暖花开！

每个孩子在合唱团都有属于自己的位置。哪怕是实在没有天赋的孩子也被任命为"重要的谱架"以及"副指挥"。合唱团进行得很顺利，在聆听孩子们成长的拔节声的同时，马修也感受到自己身上潜滋暗长的力量。孩子们精彩绝伦的演唱，让他灵感澎湃，渐趋佳境。"上善若水"，我们看到写满忧郁与痛苦的脸庞上，已经一扫往日的阴霾。年轻而驿动的心被美妙的音乐点燃，倏忽之间灵魂飞舞而上，将泪痕烘干，把自我沉醉。一切都在跳跃，在奔腾，在开放，在变化。当莫朗奇将墨水投向马修时，同学们群起而攻之；

古板的校长也加入了足球队，甚至爬上办公桌，放飞纸鸽，放飞童真；刻板的朗古卢瓦的数学课堂语言中竟然充满了和谐的音乐节奏，后来他加入了合唱团，弹起了风琴；莫朗奇的母亲感受到马修对于孩子欣赏的力量，感受到未来生活的希望，从此生命也发生了完全的转向……

也许童年时代的诸多欢乐，转瞬消逝即被遗忘，但是在合唱团的日子里，这道道绚烂的音乐金光，将生命的道途照亮。

在我们的教育教学中，应该看到：每个孩子都有自己的闪光点，关键要看怎么去挖掘，怎么去教育，充分挖掘孩子的优点、天赋、潜能和爱心，孩子才能很好地成长。这部法国影片中马修的行为，莫朗奇的成才，佩尔诺的成长，有力地印证了我国著名教育家陶行知先生的一句话："漫天撒下爱心种，伫看他日结果时。"

3. 宽容是最好的教育艺术

影片采用倒叙的方式追述了马修日记里的故事，回忆者就是影片中那个幽闭而敏感的莫朗奇。他孤傲，也很自卑，从来不肯在公众面前展示歌喉的美丽，甚至以戏谑的姿态将自己出局。然而，马修没有因为他打架斗殴而反复惩罚纠缠，相反却敦促他回到合唱团。在马修的正确引导下，他走上了正确的人生轨道，成为声名远扬的指挥大师——莫朗奇。这正是马修的人格教育魅力所带来的成功。

然而，当马修与莫朗奇的母亲并肩交流时，有着严重"恋母情结"而又被蒙丹蛊惑的莫朗奇，竟然将一瓶墨汁泼向马修，犯下了无可饶恕的错误。尽管马修暗恋着莫朗奇的母亲，也格外垂青莫朗奇的天赋，马修还是适时而果断地惩罚了他——去掉莫朗奇的独唱部分。美丽的东西，在即将失去时方觉它的珍贵。在莫朗奇倚柱忏悔，茫然若失的眼神中，我们看到真正教育的魅力。当合唱团在表演哈默的《黑夜》时，马修又宽容而智慧地将手伸向他，这时我们看到莫朗奇完美地契合着指挥的节拍。在他的眼神里，马修读到了自豪，被谅解后的快乐，还有，对于他是第一次，懂得了感激。

影片的最后，尽管马修只能黯然神伤地离开，但是空中降落的一架架写满祝福的纸飞机和窗台上摇摆的小手溢满了所有爱的语言。飞逝的欢笑和无法抑制的泪水都已成为过去，却永远不能被忘怀。如果是由一段音乐、一首歌或是一组合唱连接起这遥远的回声，那么它们所打下的烙印就会更加深刻。音乐就是有这样的魔力，它可以一点点地感化人的内心。这部影片，开创了法国影坛的一个新时代，也创造了教育的奇迹。它不同于一般的运用悲情拼命煽情的悲剧电影，或极尽夸张搞怪的爆笑喜剧，却成了那个时代法国人民的心灵鸡汤。也许影片渗透出的教育意义，就是用并不华丽的花朵，开出了一世界的芬芳。

（南京师大附中仙林学校小学部　苗　菁）

点评：教育是一件奇妙的事。当我们职初教师一次次遭遇教育挫折时，请不要埋怨学生“孺子不可教”，苗老师的经验告诉我们：经典影片中蕴藏着许多教育孩子的锦囊妙计。

宽容是一门学问，一门艺术，更是一种智慧。作为职初教师，我们每天面对的是涉世未深的学生，他们难免会犯错，需要我们用一颗宽容的心来看待学生的这些错误，用自己的人格魅力去影响他们，塑造他们。这正是影片给予教育者的启迪。

在班主任的成长中，我们除了向身边的前辈教师请教外，向经典影片寻找教育的良方也是极佳的路径。像《放牛班的春天》这样的中外教育影片还有很多，搜集并组织教师观看，并结合现实的教育困惑找寻解决问题的策略，是非常有益的培训与专业成长的方式。

案例六

总有一本教育经典在等候你

一个教师，遇上一群孩子，注定了对这群孩子是有终身影响的。我们未必能成为每一个孩子生命中的贵人，但我可以这样去追求：让我成为孩子生命中的贵人！徜徉在教育经典中的邹老师的教育感悟，或许也是大家的内心独白吧。

有人说，教育是一首诗。这是对的，但这首诗很沉重，并不是一首轻飘飘的小诗。走上工作岗位三年来，一直担任班主任工作，班上有四个孩子，我一直很“头疼”。说实话，教育他们对我这个新手来说可谓困难重重，而且每一个困难都直指内心。

陆扬的父母早已离婚，这学期以前几乎没有一节课能坚持十分钟安心听讲，每一个来上课的老师都对他“感冒”。他一般不会正视你的眼神，总是“王顾左右”，有时真的很难理解他许多反常于同龄孩子的粗暴举动。罗任每天都穿那件油迹斑驳的校服上衣来上课——我几乎就没看到他穿过干净整齐的衣服；上课要么动个不停，要么有气无力地趴着，一到写作业就处于停滞状态，如果不看着他，一节课也写不了几个字；批评他时，他的眼睛里常常是一种无辜的神情。管天仁流露出的是一种和他这个年龄不相称的天真，很多时候他真的是听不懂你讲课的内容，很多题你都得手把手教他。徐默好一些，但一二年级时会发癫痫，突然倒地，口吐白沫，而一下课，你能在校园的不同角落看到他们奔跑追打的“欢快”身影。

面对这几个孩子，我一直在问自己：你究竟有多少的教育信念？你如果不是每天去面对他们，你如果不是每天去研究他们，你如果不是想方设法地去影响他们，你如果不是千方百计地激发起他们的“成长感”，那么，你也许永远也不可能改变他们。而这样的过程，是多么的寂寞与艰难！我该怎样教育他们？

我努力用一双智慧的眼睛去观察，用心去体悟，通过问自己、问孩子、问同行、问专家、问书籍，不断地反思自己的教育教学。

去年暑假，我认真阅读了《杜威教育名篇》，里面的一些思想深深吸引了我，让我有一种豁然开朗的感觉。教育家杜威说：“教育必须从心理学上探索儿童的能量、兴趣和习惯开始。”“从道德上和理智上对儿童的极端轻视和对他们过于热情的理想化，都有它们的共同错误的根源。”“每一门学科、每一种教学方法、学校中的每一偶发事件都孕育着培养道德的可能性。”“你没有认识到误用时间比虚掷光阴浪费更大，教育不当的儿童比完全没有受过教育的儿童离美德更远。”“兴趣应该是选择的基础，因为儿童对他们需要学习的东西是感兴趣的。”“训练儿童温顺和服从、小心地完成由于被强迫而被迫去做的工作，而不顾他们的心理与年龄，是适合于一个专制社会训练奴隶的方式的。”

杜威在儿童教育方面的真知灼见、精深见解，不能不让人兴叹。他注意儿童在教育中的主体性。他深度剖析儿童的兴趣、意志、家庭、环境等许多影响教育质量的关键元素——这样一位伟大的教育理论家能够注意这些精细的环节，是因为他完全是站在人性的高度，站在儿童的立场。

读完《杜威教育名篇》，我不由得想到了自己班上的那几个孩子，为什么在我和他们相处的过程中总是发生冲突和不理解呢？原来，我一直喜欢从自己的角度。把自己的思维套用到孩子身上，却从没有想过，孩子们是有自己的情感和表达方式的。

镜头1:学生测视力的现场,不欢而散

“下面,周旋和陆扬。”我按学号熟练地叫着本班的学生进行视力检测。周旋快步走上前,拿起眼罩遮住了一只眼睛,开始测了起来。可是陆扬却站在原地没有动。我走过去,一边拉他上前一边说道:“轮到你了,快点,测完回教室。”陆扬被拉到了前面,依旧不动。看医生和其他同学都看着,我提高了嗓音:“你又捣乱了,测不测?不测先站旁边。下面,徐璐和李继承。”说完,我就拉着陆扬往旁边走。陆扬甩开了我的手,大声喊道:“不测就不测,谁要测这个破玩意儿。”

镜头2:周一举行升旗仪式前,训斥无效

我检查穿校服的情况,扫了一眼,发现只有陆扬没有穿校服。他不是第一次不穿校服了,我生气地说道:“陆扬,你怎么又不穿校服,知不知道学校周一统一穿校服?”陆扬没有回答,在下面小声嘀咕着。老师继续说:“有的学生就是喜欢给班级添乱,讲过多少次了,周一要穿校服,课后请陆扬到我办公室解释清楚。”

镜头中的我,尽力让陆扬进行视力检测,让他养成周一穿校服的习惯,培养他的集体荣誉感。可是,真的是这样吗?我又何尝不是为了自己在医生、学生面前的面子,为了班级和自己的利益去斥责他。试想,如果在镜头1中,我能蹲下身来,耐心地询问陆扬:“为什么不测视力啊?有什么担心的吗?”或许我就会知道,原来他是不知道如何去遮住眼睛进行检测。在镜头2中,如果我能事先单独和他聊聊:“为什么最近总是不穿校服啊?”或许我就不会责怪他,原来他的校服嫌小了,穿不下,爸爸又没有给他订新校服。如果我平时能多信任、关爱陆扬一些,用一颗真诚的心对待他,站在他的角度多想想,那么,他也会和《窗边的小豆豆》中的小豆豆一样,不再是一个问题孩子。

去年教师节,陆扬妈妈来学校,交谈中提到了陆扬和她相处的几个细节:

有一次,因为和陆扬爸爸的关系闹得很僵,她有半年没见到陆扬。半年后的一次见面,陆扬见了他妈妈不怎么说话。他妈妈一接近他,他就跑开。就这样,母子俩在路上一前一后走了两三站路。(陆扬在用这种方式表达自己对妈妈的不满。他不理解他妈妈和爸爸之间的关系,但他知道自己半年没见到妈妈——这对他是一种伤害。他周围的人包括我这个班主任都忽略了一个十岁的孩子半年见不到自己妈妈的心理和情感状态。从某种程度上,他被当作了他父母可以用来要挟对方的工具。)

有一段时间,陆扬和他妈妈住一起。有一天,他要玩电脑,他妈妈只给他玩20分钟，结果陆扬和他妈赌气，不愿回家，说要一个人在楼下待几个小时。他妈也没理他，自己回去了。过了一会儿，他也回去了，并且向他妈道歉，说自己不应该这么任性。印象中，陆扬从没有主动向别人道过歉。他虽然从来不会流露出来，但可以看出，他是多么在乎妈妈，多么在乎爱他的人啊。作为老师，我又给过他多少发自内心的爱？

最近因为爸妈住一起了，陆扬心情明显好多了。他妈说，送他上学的时候，陆扬有时在临走时会说："妈，还没亲我一下呢！"从来没有想过，平时脾气粗暴的他会有这么温情的一面。当我们用很多外在的要求去衡量他、评价他、批评他、表扬他、哄着他的时候，也许从没有想过他内心的黑暗和恐惧、温情和渴求。很多时候，我们只是把他当做我们工作中需要解决的一个麻烦和问题。

那天，教师节，和陆扬妈妈谈完话以后，我感慨万千：面对一个孩子，你真的能够潜进他的世界、穿越他的情感吗？如果遇上了一个"好孩子"，你能让他走向"更好"吗？如果遇上了一个调皮的孩子，你能让他的个性更加丰满吗？如果遇上了一个"坏孩子"，你能剔除他身上的致命弱点吗？如果遇上了一个自卑的孩子，你能鼓起他前进的勇气吗？如果遇上了一个"笨孩子"，你能帮助他享受人生的乐趣吗？……我们会遇上喜欢的和头痛的孩子，会遇到负责的和令人厌恶的家庭教育，一切的一切，我们都会遇到。站在儿童的立场，教育也许真的没有普遍性，我们所遇到的每一个孩子都是不一样的，没有也不可能有抽象的学生，我们所要面对的只能是一个个具体的人。

一个教师，遇上一群孩子，注定了对这群孩子是有终身影响的。我们未必能成为每一个孩子生命中的贵人，但我可以这样去追求：让我成为孩子生命中的贵人！

（南京晓庄学院附属小学　邹海燕）

点评：阅读教育经典就像是和高明的教育家对话，在自己的外围世界树起仰之弥高的人生标的。尽管阅读本身可能很辛苦，但通过这样一种开放性的对话行为，呈现在班主任眼前的是无数崇山峻岭，吸引着我们不断地跋涉向前。那是一种无限艰辛、无比舒畅的体验。

总有一本书在等候你。实际工作中的困惑、疑问都会在那一本本教育经典中得到诠释。作为职初教师，要保持作为一名研究者的姿态，发挥初入职场的心态，永葆书卷气，定会享受经典的芬芳，在经典阅读中形成自己的教育对话方式。

三、回眸心路——教书育人的生命写生

案例七

做一片美丽的叶子

法国著名作家雨果曾说过："花的事业是尊贵的，果实的事业是甜美的，让我们做叶的事业吧，因为叶的事业是平凡而谦逊的。"教师，注定不是璀璨的星星，只能默默闪烁。淡泊以对，踏实耕耘，定能见证平凡的伟大。

教师的工作是平凡的，育人的事业是伟大的。好孩子只要稍加引导就可以心领神会，不断进步；但那些特殊学生往往被忽视、被冷落，殊不知，他们更需要教育者倍加关心，耐心陪伴，坚守奇迹的发生。有些学生顽劣，令人头疼，似乎难以转变的时候，恰恰是他们最需要爱的时候。殊不知，有时错过教育学生的一个契机，没准就挫伤了他们敏感的心，烙下了后悔的印记，甚至耽误孩子的一辈子。实际上，暂时落后的学生，也同样是含苞待放的花蕾，只要我们用爱心和赏识，用理解和宽容精心浇灌，他们也同样能绽放美丽的花朵。

1. 以生之助，友情感化

同学的帮助对一个暂时落后的学生来说，是必不可少的，同学的力量有时胜过老师的力量。同学之间一旦建立起友谊的桥梁，他们之间就会无话不说。同伴成为益友，相互影响，互相促进，影响力也会超过教师的威力。

在学生群体中，绝大部分学生不喜欢老师过于直率，尤其是批评他们的时候太严肃而接受不了。但是，同学之间，他们有自己沟通的方式，言语轻重，他们自有分寸。于是，我就让同学彼此结为帮扶对子，或同座位，或一个学习小组，或一起参与学校各种活动，如影随形，一来二去，他们无话不说。他们互相认同，结下友谊，彼此信任，渐渐地，同学之间在思想上、学习上相互提醒，互助共进。

一帮一，一对红。在关心中成长，在成长中获得牢固的友情。

2. "特别的爱给特别的你"

我班有个学生叫小厉，头脑聪明，思维敏捷，但同时也有许多缺点：贪玩，好动，作业时常不做。尤其让老师难以容忍的是他作业不做，还振振有

词；做了错事从不承认。我知道，对于这样的学生，优缺点都很明显，恰似玉石，不雕琢，不成器，需要精心打磨。我开始关注他，决心努力改造他。

一次课间巡视时，我从窗外看见教室里的小厉，正把手中的纸团一个一个地抛向远处的垃圾桶，模仿投篮，有几个纸团散落在地，他扔完若无其事地走开了。我走到他跟前，故意问："谁把纸团扔地啦？是不是你啊，小厉？"他一本正经地说："我没有，不是我。"我笑了笑说："对不起，也许我看错了。"我弯腰捡起纸团，和蔼地说："瞧，干净了，看着舒服。"

几天后的一个周一的清晨，交周记了，别的同学都把作业整整齐齐地交到团支书处，只有他故伎重演，装模作样地在书包里找。我一反常态，附在他耳边，轻声问："我相信你是做的，一定是忘在家里了吧？"没料到，他涨红了脸，支支吾吾地说："对不起，老师，我没做。不过，我马上补起来。"我点点头，心中燃起了一丝希望。在那天的班会上，我开展了"诚实大讨论"，从此，小厉诚信多了。以后，我又帮他悄悄地改正其他的缺点。他学习认真多了，上课也专心了，成绩节节攀升。期中考试，英语科目终于摆脱了倒数的"厄运"。看着他的进步，我欣慰地笑了。我的教育终于取得了成效。

我用自己的行动诠释了苏霍姆林斯基的格言："教育，首先是关怀备至地、深思熟虑地、小心翼翼地触及年轻的心灵，是尊重和转化被孤立的学生。"

3. 自尊、自信是奋发向上的原动力

记得一位名人说过：自尊、自信是奋发向上的原动力。因此，我在做后进生的转化工作的时候，首先要使他们有"我能行"、"我能赶上来"的信心。尽管后进生有这样那样的缺点，但是他们每个人都有自身的特点和兴趣，我注意平时多给他们创造一些展示才能的机会，激发他们不断进取，奋发向上。小于同学虽然学习习惯较差，但特别爱体育活动。学校要举行运动会，他不仅自己训练非常认真，还在比赛期间，发动全班同学，做好各项赛事的准备与衔接工作。运动会我班的成绩令大家满意。我微笑着说："小于，你真棒！真了不起！"

过了一天，我找他谈心，对他说："经过你精心的组织安排，这次运动会我们班的表现不错哦，希望你把运动场上的激情运用到学习的每时每刻。老师相信，经过你的刻苦努力，一定会取得更大的进步。"他激动得连连点头。

后来，小于对学习有了新的认识，不断努力，不懂就问，终于在高一上学期期末考试中取得了不错的成绩。

（燕子矶中学　王　华）

点评：每一个孩子，都是潜在的天才少年，只是要推开那扇虚掩的心灵之门才能激活他们的潜能。冰心说过："没有一朵鲜花不美丽，也没有一个学生不可爱。"每个学生都是一本需要仔细阅读的书，是一朵需要耐心浇灌的花，是一只需要点燃的火把。所以，在班级管理工作中，给学生多一些鼓励，多些关爱，就能调动他们的积极性，促使他们健康成长。教育，是需要持久的耐心的。认准教育的价值，需要坚守信念，不断追求教育的理想，这样，才能不断取得教育的最佳效果。

案例八

情窦初开在花季

每个青春萌动的少男少女的心灵深处都会留有一个小小的"爱"的角落，饶老师不和青春期的孩子较劲，用"热"——理解、关心、呵护，消除他们内心的焦虑，感受成长不烦恼；用"冷"——敲边鼓、敞心扉、促膝谈、细分析，帮助他们跨越敏感期。

最近的卿，格外文静，文静得像个女孩，包括交流时的言语与神态，课间也时常瞅见他懒散地闲坐在座位上，一副若有所思的遐想状，眉宇间时而闪现几缕难以掩饰的忧郁感。这与以往霸气、骄纵、"班级老大"的他，形成鲜明的对比。难道是那场恋爱改变了他的性情？看样子，卿的成长又进入了一个关键期！我不敢有丝毫懈怠。

对于卿"谈恋爱"的耳闻，源于一次大课间跟操，另一个班的班主任调侃提示："周末，我在晓庄广场散步时，发现你们班的卿与一漂亮女生也相伴散步，且手拉手，很甜蜜的样子！那女生好像是初三的彤。"

"他们俩在一起？还如此亲密？"我本能地质疑起来，觉得绝对不可能，因为他们是那样的极度不般配，女孩是班级学习委，综合素养与学业成绩都是班级里的佼佼者，而男孩则是咱们班级里头号"混子"，打架、欺负人、上课插嘴、与老师顶嘴等事件屡见不鲜，无论是性格，还是为人处事的风格，可谓迥然不同。如果这两个同学走到一起……真的有些不敢想象，一份担心与纠结不禁油然而生。

"先静观其变，等逮着机会再借题发挥，进而实现以静制动。"我开始思考应对的策略，因为我觉得情感问题的解决不适合单刀直入，应该循序渐进，否则会适得其反，不仅会惊吓他们，甚至会伤害到他们，更何况青春期的情愫懵懂亦属正常现象！

捋清了思路，心里便有了底气，行动亦有了方向。于是，我耐着性子，装作糊涂，开始了“侦查”行动，可几天下来，一点破绽也没发觉，哪怕是一点点的蛛丝马迹！“难道是邻班班主任认错了人？”我开始结合现状盘点思路，调整方法：亲自找卿，好好聊聊。

因为我们班的常规考核增设了一款新条例：诚信对话与交流。那是一节物理实验课下课之后的大课间，我以物理课代表要检查实验器材为由，把卿单独留了下来。“你检查实验器材真仔细！我发现你最近的表现是越来越好！”用一种切合现场的表扬拉近我们彼此间的距离，是为后期的叙谈做铺垫，况且卿一贯很在意老师的赞赏与认可，“你上周五傍晚去晓庄广场散步了吧？”我一边帮他检查实验器材，一边装作“随意”与他搭话的样子。一听这话，他立即羞然一笑！看此情景，我明白一二。“那女孩是谁？”我笑语探问。“初三的。”他没有回避，而是很主动地遵守着我们班规的新约定：师生沟通要真诚。但语气变得相当的温和与轻柔，以至于像换了个人似的，这大概就是恋爱的魅力吧！这是教师与父母无论如何苦口婆心、如何肺腑之言，都很难抵达的效果。

“真的是你啊？来，过来坐坐，我们聊聊！”我顺势拿出两张凳子，他满脸羞涩地走过来坐着，像个犯事的孩子！“你们怎么认识的啊？”没有指责，没有评价，只想了解与分享。“她主动通过QQ找我的。”他的轻言轻语中不乏幸福感，说实话，卿小子长得挺帅的，有女生看上他很正常，但主动找他，觉得这女生还是有些不一般。通过进一步谈心，发现这女生我认识，叫彤，她颇有“名气”，且与好多“帅哥”有过交往，包括我所带过的且刚毕了业的左学生。

“你们经常出去玩吗？”我没有评判女孩，而是撇开话题，因为这段感情的美好与幸福对他的人生而言很重要，甚至于与怎样的人无关，不可去破坏，强烈的呵护欲随之产生。

“嗯，红山动物园、玄武湖等地方。”他的直言让我很感动。“你每次与她出去，你父母知道吗？”我觉得休息日期间父母的监管很重要，尤其是异性交往程度的引导。

“不知道，我每次出去都说与同学一道。”他对我的信任，再次让我感到欣慰。“每次出去玩，需要花钱吗？”我试图从经济支撑缺失的角度沟通约会式恋爱的不适宜。“需要，如门票，或买零食等。”他继续如实回答。“那一般都是谁买单呢？”我继续追问。“都是我主动买。”他回答的语气中不乏骄傲感，或许男孩子那种担当在此被充分体现。

“用父母的钱去谈恋爱，你觉得这样合适吗？”我通过分析，引导他进行自我判断。“我也知道不合适，但管不住自己。”他内心纠结状态的呈现，告诉我，他很需要人帮助，但他又无法对任何人开口求助。

“经济上不允许是一个方面，时间与精力上也不允许啊。你这个年龄有朦朦胧胧的好感很正常，但发展成户外恋爱，就不合适啦，尤其是对彼此的学业会产生负面影响。”我话语未尽，他就激动表态：“我知道，但每次我都控制不了自己。”“你这个年龄阶段，对异性产生好感很正常，但交往有个警戒线，超过了就很危险，你现在差不多就要超过警戒线啦，让我与你父母一起帮助你，好吗？”我趁机出招。“嗯，好的。”他调整着自己的心态。

第二天，我把他的父母约到学校，为避免家长因冲动而进行无端的批判给孩子带来面子上的难堪、心理上的负担，以及情感价值判断的混乱，我避开孩子先与家长做了些方法、策略与情感规律的沟通，然后三人同作交流，一切沟通愉快而和谐。没有打骂，没有指责，甚至没有过多的唠叨，就成功地把热恋中的孩子带回到常态的学习生活中来，父母满心欢喜，满脸感动，而卿也异常的轻松与感激。而我并没有就此放手，因为感情的事不比其他，后期跟进的沟通很重要！

事后我经常给卿安排点事去管理，一来分散他的注意力，二来多些机会与他进行及时的沟通与疏导。或许正是从理解的角度，尊重了孩子的情感世界，从而使得我们间的沟通非常顺利而有效。

记得卿完全释怀后的一个周末，我拨通了卿母亲的电话，他母亲很激动地叙说孩子的诸多改变，话语中尽是兴奋。那刻，我真切地感受到卿母亲的蜕变成长，一位过于呵护孩子，嚼着口香糖与教师谈话的家长，在与我一起应对孩子恋爱的过程中成长了起来！接着在我的要求下，我与卿进行了一次“私聊”，且通话时间很长，目的是想引导他从这场恋爱中感受到成长的喜悦，消除种种顾虑，树立起正确的异性交往观与学习观。为了营造轻松欢快的谈话氛围，我故意创设对话情境：“下面咱们来个真心话大冒险，好不好！”“好啊！”电话那头的他很爽快。对话就此以欢快的方式拉开了序幕。

师：第一个问题，你与彤姑娘一共交往多长时间？

卿：连头带尾大概三个月！

（我暗自思忖：跨年级谈了三个月，能及时出来，蛮幸运的！万一陷入太深出不来，对他们的学业影响就蛮大的了，教育疏导的难度也会随之增大。）

师：你觉得我们现在初二、初三的学生谈恋爱合适吗？

卿：不合适，会分心而影响学习，而且浪费不少学习时间。还有就是总觉得心里不踏实。谈的时候其实很紧张，但又不知道怎么出来。

师：这场恋爱让你变化很大，你自己感觉到了吗？

卿：感觉到了！一种说不出来的变化。整个人的心情都与原来不一样，嗯……让我说出具体的变化，我也说不上来！

师：那我把我的发现告诉你，你看对不对？比如性格方面，你以前好冲动、很霸道，但现在很温和，说话不怎么犯冲；再比如你以前喜欢指使别人为你干活，喜欢殴打看不顺眼的同学，喜欢威胁别人，现在好像变得很亲切，给别人有一定的安全感了，并能主动帮助同学，且会承担一些事情；面对老师的批评不像以前会随即产生抵触情绪……

在我描述的过程中，他一个劲地用“呵呵”、“是的”、“就是这样”等词应对着。

师：那你有没有发现班级其他同学也谈恋爱了？

（我赶紧将目光辐射向整个班级）

卿：女生都还好，没发现什么。男生中韩好像也谈了，但他一直不肯告诉我是谁。

师：哦，我明白啦，谢谢！

看样子，一场“恋爱”让他成长了不少。如果不是那场恋爱，说不定他如今依旧年少轻狂着，打着、闹着、威胁着、叛逆着、顶嘴着、霸道着。有时候一场恋爱，尤其是把握好度的恋爱，哪怕是一场暗恋，对花季少年的成长来说，特别是情感的发展，是有必要的。带着几许思考，带着一份新发现（韩谈恋爱的发现），我准备与韩私下聊聊。拨通电话，一阵问候关心及优点肯定之后，便转向主题：“你蛮有时间的嘛，还谈起了恋爱！”实话是我们班的班规，他丝毫不敢违抗：“啊？老师你怎么知道啦？”“你的事就是班上的事，我怎么可以不知道呢？”我始终把他放在班集体的位置进行暗示，“说说你的恋爱故事吧！老师很想听呢。”我以哥儿们的口吻“诱惑”着。“就是9(4)班婷，她失恋了，很伤心，与我玩的初三朋友，让我先试着与她交往，安慰安慰她一把。如果觉得不合适，过一段时间就分手。”他以为我什么都知道了，就毫不顾忌地说开了。

“如果处于安慰，老师觉得不合适，因为分手以后必将造成二次伤害，那样不仅没有解决原有的问题，还会引发出新问题。”我即刻帮他理顺不合理的思维逻辑。“其实我不想跟她谈，所以每次与她在一起，我不说话，或表现出很不讨喜的样子，让对方觉得我们俩在一起很无聊，最后她受不了就会主动提出分手，这样既不会伤害到她，我也不用与她再交往。”他振振有词地解释着，一听就知道他受一些电视剧里相亲节目的启发，但不管怎样，反映出他的内心是善良的。“那万一这一招不灵，对方走极端，你怎么办？”作为一位过来人，我及时跟进提醒。“我知道，我以后不会的啦。”电话那头的他，语气很是诚恳。卿与韩是一对要好的朋友，我觉得同伴之间的影响可能也是一个方面。“那你知道卿谈恋爱了吗？”我试图找出他们彼此之间某些内在联系。“嗯，秋游那天，我们俩打电话给你，说想独自去另一个地方玩，其实就是想脱离大部队，四人单独玩！结果你没同意。”

“那次的情景我记得很清楚，原来你们另有所谋啊！”当时的我，根本想不到这一层面，原来卿说韩好像谈恋爱，而且不知道韩的对象是谁，都是浅谈浅说，他在维护着他们之间的友谊。对卿的“谎言”，我不仅理解，而且钦佩！这样重情谊懂分寸的做法，我会默默支持。

专家研究发现，最容易坠入情网的年龄，对女孩子来讲是13—14岁，对男孩而言是14—16岁。专家的发现在我看来，意味着两层含义：第一层含义，意味着最容易坠入情网的孩子是初中生，而初二便是情窦初开的爆发期；第二层含义，意味着初中阶段，是孩子爱情观、婚姻观的启蒙期，是学生交往观、家庭关系的转型期。

当我将我们班这两个孩子的恋爱故事，与邻座的班主任张老师分享时，殊不知他突然告知：“你们班班长邵同学好像与初三一男生在交往，我在燕华小区门口遇见过几次。”后期与学生本人的一番谈话，也证实了这一说法，不过家长与孩子都很配合，最终都顺利走出了那场懵懂情感纠缠的世界，并收获着成长。在后期，我又被告知我班的一住校女生王与某男生交往……一时间，我顿时觉得班级不再是一个简单的学生学习的集合体，而是一个情窦初开的百花园，每个孩子都拥有自己情窦初开的花季。

（伯乐中学　饶赛华）

点评：教育无小事，事事都育人。如何直面情窦初开的繁华景象？案例中的饶老师给我们做了诠释。不慌乱，不畏惧，不应消极抑制，甚至扼杀，而是运用积极的心态去守护与引导，这其中最有效的作为就是要懂得为他们设置安全电压值，要懂得恰到好处地利用这段情感经历帮助他们更好地成长。情感的成长，用强势的方式制止或希望孩子直接跨过情窦初开期，显然是不科学的，是违背教育规律的。

职初教师需要敏感地捕捉孩子内心情感的涟漪，珍视学生的生活经验，从发展的角度看，守护孩子安全地经历情窦初开期，恰当地引导、干预，也是为孩子未来的幸福生活奠基。

案例九

只要真诚相待，哭泣又何妨？

累，烦，苦，是德育工作者的心声。其实，累是感觉，烦是感概，苦是感受。只要我们身忙，心不忙，累并快乐着，烦并安心着，苦而幸福着，德育工作就会有滋有味，丰富多彩。我们也能享受幸福而丰盈的教育时光，饱尝师表育人的快乐滋养。

作为一名新教师、新班主任，总是会遇到许多不知所措的事情。

工作这几年来，我慢慢地思考摸索着，也逐渐感受到了老师所特有的幸福感。每每想起工作以来的点点滴滴，总是让我百感交集。想起和孩子们的相处情况，我的嘴角总是弯弯翘起。我们的相处就像朋友一样，是建立在真诚相待之上的。

记得刚工作时，当我被学校任命为初一(1)班的班主任时，我带着满腔的热情，全身心地投入到孩子们身上。然而对于初一的孩子来说，周围的一切都是新的，因此他们充满了好奇新鲜感。他们非常开朗活泼，甚至是有些调皮的，他们也会犯错让我不知如何是好。我运用各种方法慢慢尝试着，思考着如何跟我的学生相处融洽又不失威信，且让学生信服于我——这真的是个很难的问题。

初工作，既要担任两个班的英语老师，还要担任班主任，各种琐碎的事情常常让我忙得晕头转向，因此我的时间精力总是分配得不合理，每天都忙到很晚甚至开夜车。记得 9 月 29 日晚上我就因为写资料而熬通宵了，第二天的精神很不好，情绪也相应受了一点影响。但这天刚好学校组织“迎国庆、游校园”活动，每个班都要在教室准备一个游戏节目以供全校师生娱乐。就在这个时候班级的小宇，因为布置教室跟我起了冲突，让他帮忙搬桌子，他恨恨地回了我一句：“老子就不搬！”我当时很生气，加上因熬夜而情绪不稳，居然被气得眼泪直落。随后我就跑回了办公室……冷静之后，检讨了自己，觉得在处理事情上掺入了自己的情绪。重新回到班级，本想去找小宇谈谈，结果小宇和另一名学生小金主动来找我道歉了。他们两人是好朋友，小宇是在小金的劝说下来找我道歉的。

他们是我的第一届学生，我是带着满腔的热情及抱负投入到工作中来的，我很希望他们能够愉快圆满地度过初中三年。但孩子们并不知道我是个新教师，当我忍不住哭着和小宇、小金说这些知心话的时候，他们很惊讶……可能是惊讶于我的真诚坦白，惊讶于我的哭泣。后来他们两个大男生也流了很多的眼泪。在这过程中，他们做了个让我感到很暖心的事：他们站我旁边，把校服拉开挡着，刻意不让其他同学看到我哭泣。后来得知，其实他们是不希望我的眼泪而影响我在其他同学心目中的威信。一番坦诚之后，他们给了我保证，以后一定尊师守纪，认真学习，并且他们也都做到了。以后，我和孩子们之间的相处越来越融洽，很平等，很温馨。

经过这件事之后，我就发现，其实只要我对孩子们是真诚相待，就算是哭泣，他们都能够理解我，我们的相处就会日趋融洽稳定。我可以和孩子们平等交往，不端老师的架子，真诚地把他们当作我的朋友，这样我才能赢得孩子们的尊重、信任、理解、爱戴，我的班主任工作才会得心应手，左右逢源。师生关系融洽才能让我们的大家庭更温暖，让我们都觉得有幸福感，这样我们师生才能共同进步。

就是这样的真诚相待，让教育路上的风景更美。我和孩子们的关系不仅是师生，也是姐弟、姐妹，还是朋友。我会带着孩子们去理发；给孩子们缝补破缺的衣服（虽然自己不擅长缝补）；每个孩子生日时都给他们备上一份小礼物道一声“生日快乐”；每次集体活动后，不管结果好坏，都给予真心的鼓励和安慰；积极开动脑筋，创意性地在班级开展小老师制度，激发孩子们的学习热情；和孩子们一起聊天，谈自己的学习经验，讲述自己的校园生活，帮助孩子们树立正确的人生理想价值观；做孩子们的最佳听众，有任何烦恼都可以向我倾诉，我也会给予适当的开导与帮助；孩子们毕业时，带他们出去吃饭娱乐，哪怕是毕业后，我也和孩子们保持着良好的关系，成为他们生活上的引导者……同时，我也收获了孩子们对我的真诚相待，毕业的孩子们每年都会在我生日时一起回来看我，其中一个孩子还为我写了这样一首歌词：

回想一起度过的那些季节，
您慢慢走进我们的世界，
风凋零着您的双眼，
竟开始漾起浅浅的碎片。

多么希望回到最初的原点，
继续那张没讲解的试卷，

开心有您陪伴的美丽三年，
浇灌给我们知识的源泉。

如果疲惫，
我们愿意给您停靠的港湾，
这次换我们来给您打气，
谢谢您为我们操心的每一个夜晚，
对不起，原谅当初我们的不懂事。

老班，生日快乐！
祝愿您的所有都会变得美好，
愿您的所有期待都不再等待，
愿您的所有愿望全部实现！

这些朴实的话语让我很感动，我认为所有的付出都值得。我知道，初中是人生的一个特殊阶段，孩子的心智还不太成熟，但又有点叛逆，他们需要的不是训斥、苛责，而是我们的真心相待。我们付出了真心，才能成就孩子的美丽梦想！

（南京师大附中仙林学校初中部　徐媛媛）

点评：作为职初教师，我们要敏锐地发现学生身上显露的教育细节，耐心地叩问，静静地聆听，深入地挖掘，在细节上做文章，于细微处见精神。事实上，教育的个性就蕴藏在那些生动鲜活的、精彩迷人的教育细节中。我们要留心并及时记录，累积教育的智慧。

职初教师要向徐老师学习，勤于写随笔、记日记等，累积到一定的量就可以形成自己的表达方式，提炼自己的教育主张。在网络平台的交流中，也能结识到志同道合的朋友，使自己的羽翼更丰满，生活更充实。

班主任工作，因为记录而精彩，因为精彩而值得珍藏。

老子说：“天下之难事必作于易，天下之大事必作于细。”教育无小事。优秀的德育工作者必须首先具有人格魅力、道德风范，堪为大家。事事皆教育。作为职初教师要向前辈教师学习，既有成大事的胸怀，又有做小事的眼界。小事成就大事，细节铸就辉煌。

德育实践工作告诉我们，育人的工作不仅有温馨与微笑，也会夹杂着阴霾与苦涩。但是，面对蓬勃的生命个体，我们是在用心血滋润棵棵幼苗，用情意雕琢件件艺术品。我们在用宽容、信任、鼓励等爱的绿荫庇护正在成长的孩童。因此，班团集体的建设，师表形象的塑造，育人策略的提炼，都是富有深远教育价值的伟大之举。

教育要为一个人的终身发展服务，所以，班主任的工作需要有专业水准，才能实现教育的长远目标。作为职初教师，要学会享受风轻云淡的孤独，每天留出一定的时间学习充电，自我调整，反思提高。我们要坚定教育信念，做学生精神生活的关怀者，关注学生的精神成长，引领学生乐观地面对生活。

教育是以德育德、以才育才、以人格培育人格的工作，德育工作者要以开放的胸怀面对世界，用爱心演绎精彩，共建师生精神家园；关注智慧生成，追求过程育人；创新教育形式，享受教育幸福。这样做，才是真正为每一个人终身发展负责。

愿所有的德育工作者在引领学生成长的同时，自己也能在精神生活上得到充实和丰富，进而完善自己的人格，享受有尊严、有道德的教育生活。

后　记

《职业成长:就这样起步——职业适应期教师校本研修课程指南与案例》是“中小学教师教育课程建设”项目研究的又一项阶段性成果,与《职业成长:从这里起步——职业适应期教师教育读本》一起,构成职初教师教育的课程内容。

我们在项目研究中,把课程界定为“区域教育管理和学校办学中为教师发展提供的真正的教育空间”。建构这样的“教育空间”,一方面需要适应岗位的实践性知识,另一方面还需要基于岗位的学习。因为,教师的职业成长是在学校实现的,实践性知识可以通过区域研修和个人学习来了解,但需要通过学校的岗位学习来激活、内化。我们对职业适应期教师校本研修课程的研究,就是力图揭示学校教育资源转化为教师教育课程的基本路径,探索校本研修课程建设与实施的有效组织形式及运行机制,明晰校本研修中学校的管理者、骨干教师与职初教师的课程权利、责任及践行策略。

长期以来,区域教师培训机构主要承担着职初教师专业知识的研修工作,不少学校也重视对职初教师参与区域集中培训的督促,但在回到校园后则是着重于对他们的使用。有些学校也实施了一些举措,但主要是碎片化的活动形式。我们的项目研究努力在职初教师培养的孱弱之处起步,艰难地行走于教师教育的理论与实践需求之间。在研究中,我们以多种方式调研了几十所中小学校,召开了多个专题座谈会,访谈了一批学校的管理者与教师,阅读了 1 500 多份相关的工作总结、案例及叙事。研究的行进过程是研究与工作、学习融合的过程,我们把研究的对象作为工作、学习的同伴,坐在一条凳子上提炼经验,发现问题,寻找坐标。坚持“实践——反思——再实践——再反思”,竭力把理论和实践的结合贯穿于解决问题之中。我们发现,当学校的管理者与教师把职初教师校本研修由随意变为有意,并刻意去做的时候，会经常涌现出许多创造。历时两年多的研究是非常艰辛的，但一路伴随着分享创造的愉悦。

《职业成长：就这样起步——职业适应期教师校本研修课程指南与案例》就是这些创造的整理与提炼。在成书的过程中，张弛承担了“案例”第一部分的编写，项平和程莉君承担了“案例”第二部分的编写，应美华和李洵承担了“案例”第三部分的编写。书中的“指南”首先是以南京市教育局相关文件的附件形式颁发的，张弛参与了这项工作及全书的统稿。我们特别要衷心地感谢以不同形式参与研究的学校管理者和教师，并向所引资料的作者表示诚挚的谢忱。